国家自然科学基金委资助项目（51108325、51222813）
中央高校基本科研业务费专项资金资助项目（0100219117）

我国半城市化地区土地利用的区域比较：时空模式与形成机制

田　莉　等著

中国建筑工业出版社

图书在版编目（CIP）数据

我国半城市化地区土地利用的区域比较：时空模式与形成机制／田莉等著. — 北京：中国建筑工业出版社，2014.12

ISBN 978-7-112-17557-4

Ⅰ.①我… Ⅱ.①田… Ⅲ.①城市化 — 土地利用 — 对比研究 — 中国 Ⅳ.①F299.232

中国版本图书馆CIP数据核字（2014）第277949号

本书内容包括城乡关系及半城市化地区的相关理论、我国城乡关系的演变和半城市化地区发展概况；半城市化地区经济社会与土地利用特征的比较；上海、广东、江苏等地半城市化地区的土地利用等。

本书可供广大城乡规划师、城乡规划管理者、高等院校城乡规划专业等师生学习参考。

责任编辑：吴宇江
责任校对：王雪竹　陈晶晶

我国半城市化地区土地利用的
区域比较：时空模式与形成机制
田　莉　等著

*

中国建筑工业出版社出版、发行（北京西郊百万庄）
各地新华书店、建筑书店经销
北京京点图文设计有限公司制版
北京画中画印刷有限公司印刷

*

开本：787×1092 毫米　1/16　印张：12¼　字数：250 千字
2015 年1月第一版　2015 年1月第一次印刷
定价：**68.00**元
ISBN 978-7-112-17557-4
（26714）

主要编写人员及分工：

第一、二、三、八章由田莉撰写；

第四章由田莉、戈壁青、李永浮撰写；

第五章由田莉、梁印龙撰写；

第六章由卢鹏鹏、田莉撰写；

第七章由梁印龙撰写；

第九章由梁印龙、潘晓栋、田莉撰写；

研究生王博祎、李经纬参加图片的整理和文字校稿工作。

全书由田莉统稿。

序

发展中国家城乡结合地区（Peri-urban areas）的边缘城市化（Peri-urbanization）问题在21世纪初才开始得到国际城市研究学界的重视，虽然发展中国家学者早就关注有关城乡结合地区城市化的特殊现象（城乡混杂，半城半乡，城不像城、乡不像乡，村村冒火、家家冒烟等）。然而深入研究分析城乡结合地区城市化机制的文献并不多见，许多文章停留在表面描述，把现象简单归罪于城市化过程中的管理不善所致。经过对印尼雅加达大都市区的实证调查后，加拿大地理学家麦基（McGee）1991年提出的“Desakota”（城乡混合地区）的现象可能是对此相对比较完整的论述，他将原因归咎于当地高密度劳动力的水稻耕作方式，但是具体的形成机制仍然不甚明了。国内学者已经形成共识，将Peri-urbanization称之为“半城市化”，我个人认为“边缘城市化”更准确，“半城市化”强调空间特征，“边缘城市化”凸显现象的空间区位。

田莉的这本专著填补了这方面的空白。城市化向农村推进时必然会出现农村土地和农村村民转化成为城市土地和城市居民的过程。本书阐述了一些西方国家当初所面临的经历，但是其空间形态与亚洲发展中国家今天所面临的似乎很不相同。另外一个困惑是：为何改革开放之前的城市化没有产生今天所见的城乡无序混杂的空间形态？宏观的解释是城乡关系有所改变。根据文献分析，边缘城市化与农村自发的经济发展与土地集体所有制有关，是在管制缺失情况下城市向外扩张与农村自发经济发展的冲突和对撞的结果。中国特殊的城乡社会、经济和土地的二元体制显然是造成边缘城市化特殊现象的重要原因。

作者深入的上海案例调查揭示了上海中心城边缘地区城市化的不断向外延伸、扩大，非农经济显著发展，成为接纳外来流动劳动人口的主要地区。空间变化发展的推动力基本来自城市向外开发和乡村发展。在广东顺德，自下而上的发展（乡村）远比自上而下的投资（城市）强势，农村土地股份制有效地将土地开发和土地收益控制在村集体实体。因为以村为基本单位的非农发展，广东顺德的城市化细碎问题也更严重。而江苏江阴和北京顺义两地又呈现出略显不同的特色。很明显，边缘城市化的不同状态取决于政府管制的能力和乡村发展的动力。最后，作者提出“增量创新、存量优化”相结合的内涵式土地利用模式的措施，其中集体所有制土地改革的思路值得重视。

田莉女士 20 世纪 90 年代毕业于同济大学城市规划系，经过多年的工作实践，她远赴重洋，在美国麻省理工学院深造，后又转赴英国剑桥大学攻读博士学位。归国后回到母校任教，直到今天。多年坚持努力研究，田莉教授在规划界享有盛誉。值得敬佩的是，她能够同时在国际一流英文规划学术杂志和国内一流中文规划学术杂志上发表论文，在规划界确实不多见。此书是她辛勤努力的结果，值得一读。

朱介鸣

同济大学 / 新加坡国立大学

2014 年 7 月

目 录

第一章　绪　论

一、研究背景

随着全球化和信息化带来的城乡联系加强和城乡边界模糊，20世纪80年代以来，在发达国家和部分发展中国家涌现出大量的城乡职能与城乡景观混杂交错的新的地域类型，被称为半城市化（Peri-urbanization）。和西方以大量农村人口向城市转移的城市化进程不同，半城市化体现了亚洲快速城市化进程中人口密集地区从农业生产向非农业生产的经济转型，而无须大量农村人口向城市转移的过程。根据联合国的预测（United Nations，2000），到2025年东亚地区将会新增4.77亿人口，其中超过2亿人将在中国的半城市化地区产生。如今，中国的半城市化地区正在成为全球的工业中心，将在未来15年提供超过7000万个工作岗位，成为经济增长的活跃区和新增城镇人口的主要吸纳地。

在我国，半城市化区域指位于城市周边受到城市辐射影响最直接、最强烈的区域，同时具有城市和农村特征，它不完全对应于城乡结合部地区，也不等同于城市的行政管辖范围。半城市化区域往往经济发展迅速，非农产业占主导，农业用地、工业用地和居住用地犬牙交错，空间碎化现象突出（车生泉等，2007）。伴随着城镇化进程突飞猛进，中国出现了很多"城市化病"。一方面，大城市过度拥挤，房价高企、环境污染、交通堵塞问题日益严峻；另一方面，乡村人口大量外流，空心村、空壳村、留守老人和留守儿童无处不在，"乡村病"使乡村社会面临危机。而在介于两者之间的半城市化地区，由于过分注重工业而忽视社会发展，快速的工业化与滞后的城市化形成巨大反差，在社会发展中形成二元鸿沟，出现了"城不像城、村不像村"的景观。大城市的过度拥挤，乡村凋敝和工业化地区的"半城市化"三级困境（图1-1），构成了当今社会发展的3种"城市化病"（综合开发研究院，2012）。

图1-1　我国城市化进程的"三级困境"

我国幅员广大，区域发展很不平衡。在内陆地区，大多数县市仍处于工业化发展的初期和中期阶段。半城市化地区虽然仍是我国最具经济活力的地区之一，但进入新世纪以来，其发展面临着前所未有的挑战：依靠大量要素资源投入支撑经济粗放增长的发展模式难以为继，土地资源紧缺的制约尤为显著；由于城乡二元体制带来的半城市化地区土地景观破碎，环境问题突出，缺乏足够的公共服务部门、金融资本来应对当地快速的发展，城镇化严重滞后于工业化，产业转型升级乏力；城市环境质量堪忧，无法吸引高层次人才定居；管理能力难以与经济水平匹配，城乡居民相互融合并不断产生冲突，社会矛盾、社会问题凸显，影响到经济、社会和环境的可持续发展（贾若祥等，2002；田莉等，2013）。

如何规划和引导半城市化地区的发展尤其是建设用地的利用，构建紧凑高效、布局合理、发展有序的空间结构，是半城市化地区持续发展的基础和关键，也是未来我国城乡统筹发展的重要组成部分。已有的研究较多地关注外部力量对半城市化地区的影响和自上而下的政府干预对土地集中的作用，而较少关注自下而上的内生机制尤其是集体土地产权和微观主体在半城市化地区空间结构变迁中的角色，导致对半城市化地区土地利用模式形成的驱动机制缺乏深入认识。

为此，研究拟选择我国若干具有典型性的半城市化地区，对其建设用地布局的空间特征进行分析，建立空间特征的评价体系。在形成机制的分析上，从外来的辐射带动与乡村内生动力两个层面研究半城市化地区形成和发展的动力机制，建立制度变化和空间变迁之间的分析框架，在此基础上对半城市化地区土地整合与优化的模式进行探讨。对这些问题的研究具有重要的理论和实践价值。在理论层面，可以丰富可持续城市化进程和城乡统筹发展理论，弥补《城乡规划法》实施以来在乡村规划研究和政策设计方面的不足；在实践层面，对于指导城市化进程中半城市化地区建设用地的集约利用和城乡统筹发展具有积极意义。

二、研究目标

（1）本研究选择京津地区、长三角、珠三角半城市化地区的典型案例，分析半城市化地区土地利用变化的时空模式，以较为全面地了解我国半城市化地区的特征和区域差异，并在此基础上对我国半城市化地区进行界定和分类。

（2）从自上而下的城市辐射、城乡二元体制与自下而上的乡村内生发展机制角度，着眼于二元土地产权中的利益相关者，分析半城市化地区土地利用变化的形成机制，并对形成机制的区域差异进行比较和研究。

（3）综合应用土地科学、景观生态学、地理学、城乡规划等相关学科的理论与方法，就半城市化地区土地利用特征进行研究，建立较为系统的土地利用变化的影响效应的理论和方法，并通过实证研究进行检验。

（4）为半城市化地区土地利用的优化提供理论依据和政策借鉴，促进我国城乡统筹的可持续发展进程。

三、研究内容

本研究主要包括以下三部分内容：

1. 半城市化地区土地利用的空间结构变迁及特征评价体系

该部分着重案例地区的现状分析。以三大区域的半城市化地区为例，选取若干年份的遥感影像图，运用 ArcGIS 和 LANDSAT systems 进行影像处理后，结合地形图和土地使用现状图，对研究区域进行土地类型分类和信息提取，总结其空间利用特征，分析不同性质建设用地的使用模式，并建立土地利用空间特征变化的评价指标体系。

重点解决以下问题：

（1）分析半城市化地区土地利用空间结构变迁特征：通过影像图的空间重叠，借助空间统计学的分析方法，对半城市建设用地扩张的情况进行定量和定位分析，如对建设用地总量、增长方向、土地使用效率变化等的分析。对半城市化区域各类用地的相互转化，采用土地转换矩阵模型来确定其变化的方向和速度。

（2）建立土地利用特征指标体系：包括对土地利用的测度和若干指标，空间特征如区位特征、斑块密度、斑块面积、破碎度、混杂度等，社会经济特征包括人口密度、经营性用地的单位 GDP 产出、用地使用强度等，建立评价体系。

2. 半城市化地区土地利用的形成机制研究

该部分着眼于快速城市化地区的农村工业化背景，主要从土地产权和制度变迁的角度出发，研究各级政府、村民、企业等在集体建设土地利用中的利益分配机制及对集体建设用地空间分布的影响。

重点解决以下问题：

（1）半城市化地区形成过程中，大城市的辐射、外来投资和集体土地产权的模糊性促成了自下而上的乡村工业化进程。同时，城乡二元土地制度、二元社会和二元管理体制的障碍，造成这些地区的管制乏力，导致半城市化地区的产生。研究将探讨这些因素的影响程度。

（2）重点分析二元土地制度和产权在半城市化土地利用特征形成过程中的角色，探讨半城市化地区的土地制度设计如何重构了各级政府和村集体、村民的利益分配体系，改变了集体建设用地的空间分布格局？

3. 半城市化地区土地利用空间整合的优化对策探讨

该部分探讨在半城市化地区，如何通过自上而下的政府干预，如土地集中过程中对村集体、村民和企业的补偿及激励机制设计和自下而上的制度创新，实现集体建设用地的空间集中和土地利用优化。

重点解决以下问题：

（1）梳理影响要素，确定建设用地空间整合和优化的理论依据，包括社会经济、人口规模、用地规模、规划导向、公共服务设施配置、基础设施效率等方面的综合目标体系。

（2）提出配套实施政策与建议，体现城乡规划的公共政策属性，促进半城市化地区的可持续发展。

四、研究方法与技术路线

1. 研究方法

（1）跨学科知识和方法的紧密结合

在特征分析上，以地理学视角切入，借鉴景观生态学的分析方法和框架，利用 GIS 技术和空间计量方法，对半城市化区域的土地利用景观时空扩展过程和空间行为特征进行系统研究。在形成机制的研究上，以产权学派的理论分析作为依据，借鉴新制度经济学相关理论的分析框架，探索建立新的归纳研究范式。在优化对策的分析上，充分吸取规划学的相关理论和知识，与 GIS 分析工具相结合，探讨优化途径机制设计。

（2）案例分析法与比较分析法相结合

考虑到本研究的复杂性，课题选择具有一定代表性的案例开展深入研究。结合已有的研究基础，我们选择我国三大密集城市群：长三角、珠三角和京津唐的半城市化地区代表，探讨其土地利用的特征和形成机制。同为沿海快速城市化地区，三大区域的区域发展历程、城市化模式和管制模式等方面有诸多不同，各级政府在其中的作用也有较大差别。对案例地区半城市化地区土地利用特征和形成机制的比较，有利于较为全面地揭示我国半城市化的现状和土地利用优化对策。

（3）问卷调查与深度访谈相结合

半城市化地区的非正规经济特点突出，人口流动较快，官方统计数据不足以支持本研究开展所需的素材。为全面了解半城市化地区土地利用的现状和存在问题，我们深入半城市化的案例地区进行深度访谈，并在各地发放了数百份问卷。研究采取问卷调查和实地深度访谈相结合的方法，对半城市化地区的人口、社会经济、空间特征和土地制度等进行全面了解。

2. 数据分析与处理

半城市化地区土地利用数据来源主要利用各期遥感影像，进行人机交互解译，并结合不同年份的土地使用现状图和 1：50000 地形图等，将 RS/ GIS 技术与土地利用 / 土地覆盖时空演变研究的方法相结合，得到半城市化地区土地利用的数据库，然后运用土地利用动态模型模拟研究区域内时空演变过程。同时，由于土地利用的遥感影像所包含的信息量有限，如农村居民点用地中其实包含了大量的零散工业用地，但在 TM 影像中宅基地和农村工业用地被合并为一个类型，这对全面了解半城市化地区土地使用的特征是不利的。为此，我们利用在各地开展城市总体规划的契机，收集了部分案例地区，如江阴、顺德和顺义等在不同时期的、基于城市建设用地分类标准的土地使用现状图，作为分析半城市化地区土地使用变迁模式的重要依据。数据处理的过程如图 1-2 所示。

3. 技术路线

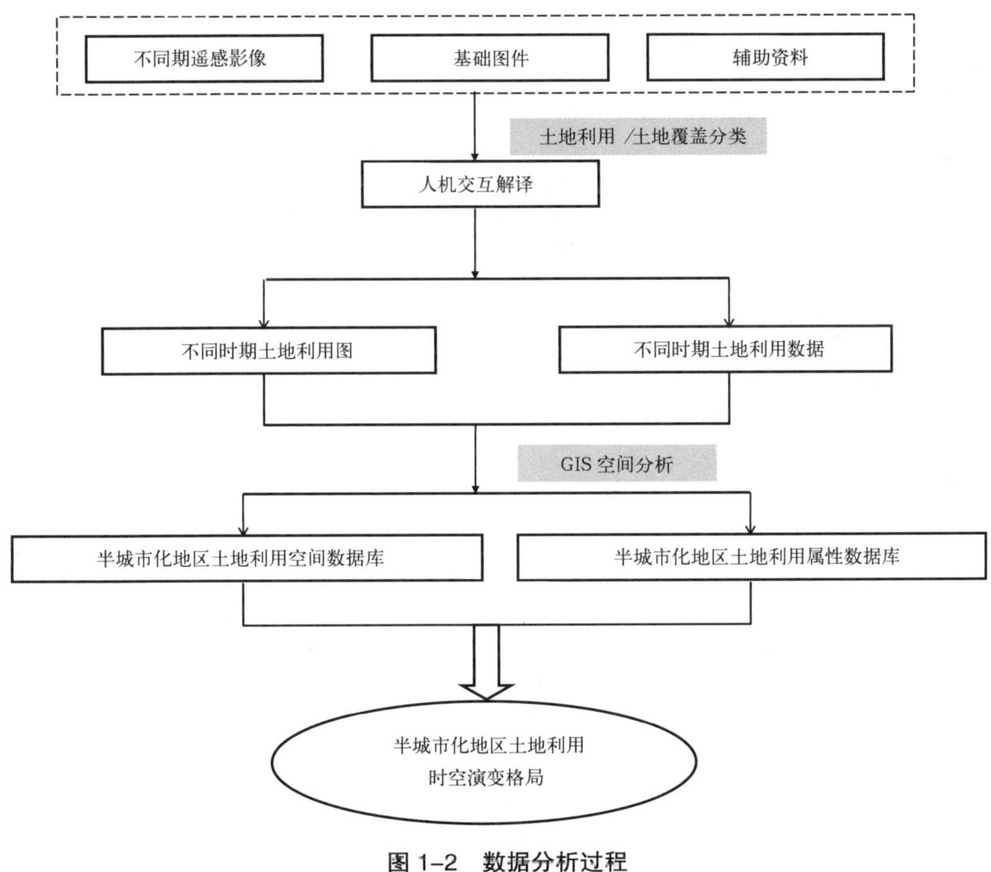

图 1–2　数据分析过程

本研究的技术路线如图 1-3 所示。

4. 研究框架

除绪论和结论外，本书主要包括 3 篇，依次为：理论篇、案例篇和区域比较篇（图 1-4）。理论篇介绍与半城市化地区相关的城乡关系演变的理论，界定半城市化地区和与其相关的各种概念，分析其社会经济和土地利用特征，并介绍国内外研究进展。同时，对新中国成立以来我国城乡关系的演变进行分析，对我国半城市化地区的特

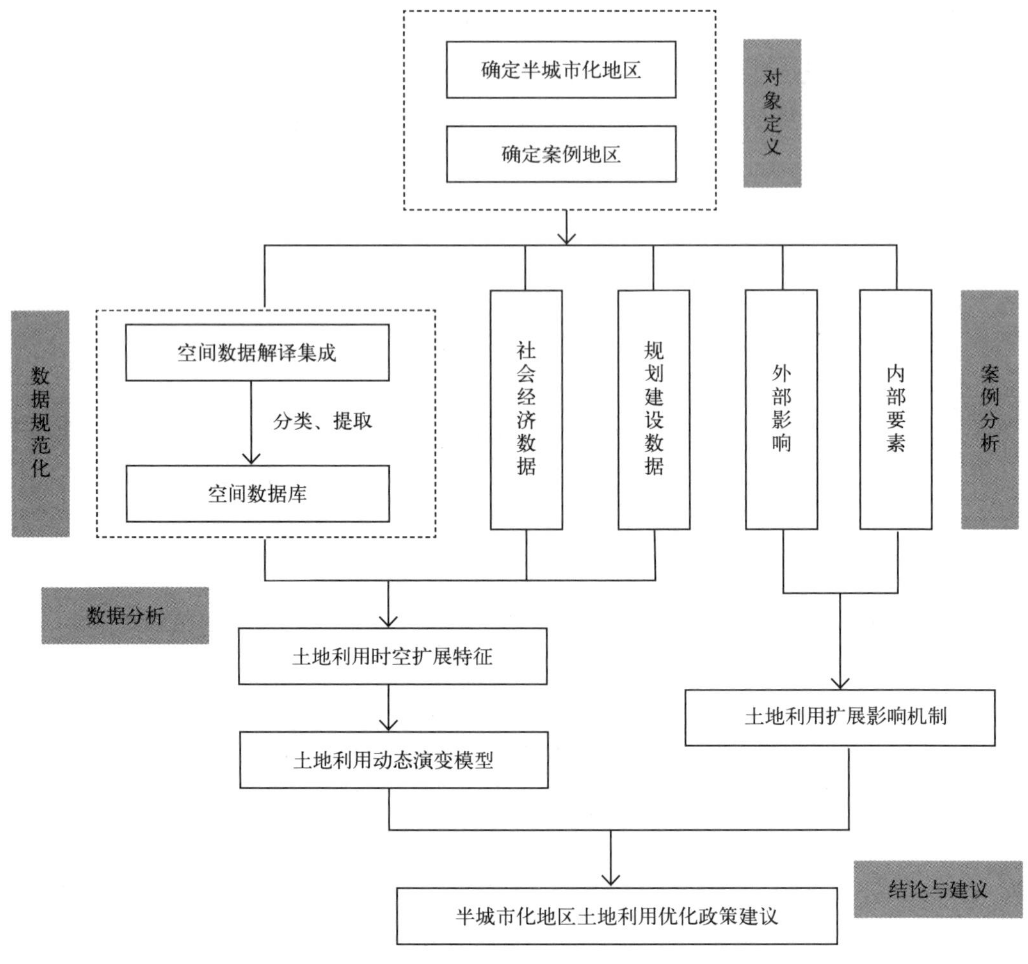

图 1–3　本研究技术路线

征和形成机制进行概述。在案例篇中，选择两种类型的半城市化地区：位于大都市郊区、自上而下的影响显著的半城市化地区（上海半城市化地区）和自下而上的乡村工业化推动形成的半城市化地区（江阴和顺德半城市化地区），对其社会经济和土地利用的特征进行分析，从政府、市场和社会三个角度剖析其影响机制。在区域比较篇中，首先选择我国三大城市群的典型半城市化地区——长三角的江阴市、珠三角的顺德区、京津唐的顺义区（这些地区同时也是或曾经是中国的百强县），对其社会经济和土地利用特征进行区域比较，并从宏观的区域角度对其形成机制进行分析；其次，选择江苏江阴和广东顺德 2001 ~ 2010 年间基于 CAD 土地使用现状图的比较，应用景观生态学指标描述其土地利用变迁特征，并从工业化和土地资本化的角度解释其影响机制。本书的结论部分，分析了半城市化地区土地利用优化的政策启示。

绪论
半城市化地区相关理论
我国的城乡关系及半城市化地区概况
理论篇
上海半城市化地区土地利用
顺德半城市化地区土地利用
江阴半城市化地区土地利用
顺义半城市化地区土地利用
案例篇
半城市化地区土地利用特征比较
土地利用变迁特征和形成机制比较
区域比较篇
半城市化地区土地利用优化政策启示
结论

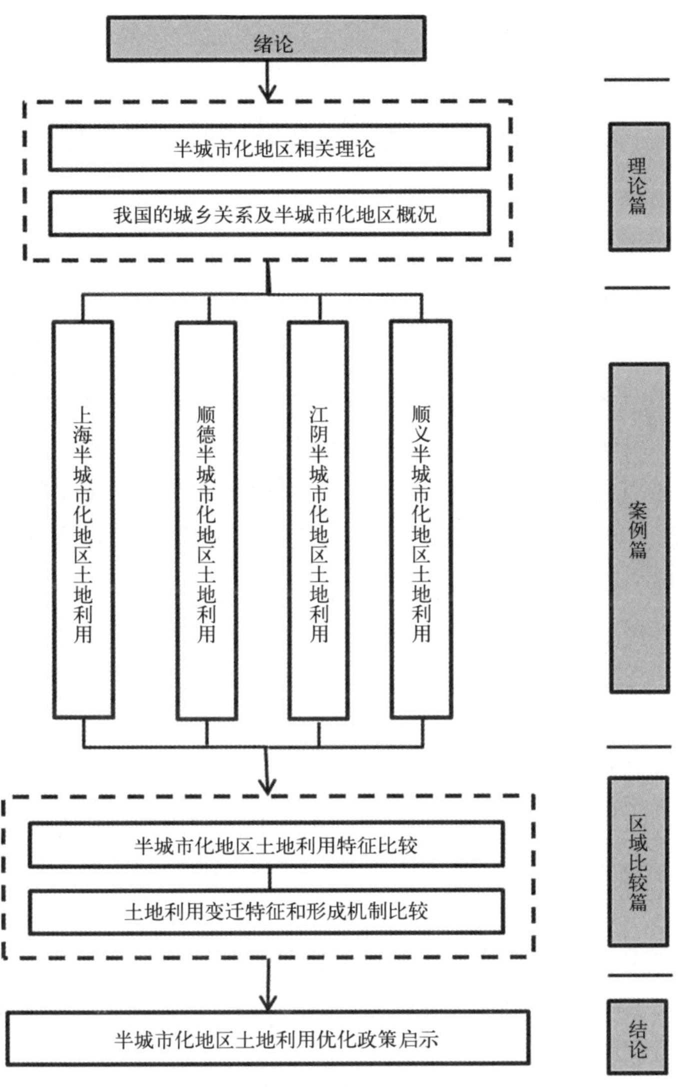

图 1-4 研究框架

第二章　城乡关系及半城市化地区的相关理论

一、西方城乡关系理论研究进展

在过去的半个多世纪里，国际学界对城乡关系的探讨从未停止过。从时间维度上来说，城乡关系理论的演进大致可划分为三个阶段：分别是以“城市偏向”（Urban Bias）为特征的20世纪50～70年代，以“乡村偏向”（Rural Bias）为特征的20世纪70年代末期和20世纪80年代随着新经济浪潮的兴起和全球化进程的加速强调城乡协调发展关系的新探讨。

1.“城市偏向”论

“城市偏向”论以刘易斯（Lewis，1954）的城乡二元经济体系和佩鲁（Perroux，1950）及布德维尔（Boudeville，1966）的增长极理论为代表，城乡之间的发展更多地体现不均衡的特征。刘易斯创立的“二元经济体系下的人口流动模型”认为：处于经济发展早期阶段的国家普遍存在着二元经济结构，即传统农业部门和现代工业部门共存。大量的农村剩余劳动力的出现，导致农业部门边际生产率低下。与之相反，工业化与技术进步极大地提升了工业部门的劳动生产率。两者之间的劳动生产率边际差异引导农业人口源源不断地从农村流向城市，其结果是农业劳动生产率提高、工业劳动生产率下降，渐次持平。换言之，发展中国家通过工业发展吸纳农业剩余劳动力，最终实现城乡经济一体化。

基于对大多数发展中国家中经济增长首先集中于一个或数个中心城市的现实分析，由法国经济学家弗朗索瓦·佩鲁于1950年提出，后经法国地理学家布德维尔发展完善，形成了一种颇具影响力的区域发展理论——增长极理论。该理论认为增长并非同时出现在所有地方，它以不同的强度出现于一些增长点或增长极上，然后通过不同的渠道向外扩散，并对整个经济产生不同的最终影响。城市作为一个增长极，城乡之间的联系主要是通过要素从城市到乡村的流动来带动乡村地区的发展。默达尔（Myrdal，1957，1968）和赫希曼（Hirschman，1958）则分别创设了内容大致相当的“扩散效应”—“回波效应”、“极化效应”—“涓滴效应”等概念及理论，用以解释区域之间尤其是城乡之间的发展不平衡过程的现象。所谓“回波效应”或“极化效应”，是指某些地区的经济发展会引起另一些地区的经济衰落；所谓“扩散效应”或“涓滴效应”，是说某地区的经济发展后，会逐渐形成经济中心，由此促进该地区及周围地区的经济发展。后来的研究者以实证方式论证了在工业化初期，“回波效应”或“极化效应”对区域副作用会逐渐增大而产生发展失衡，导致地区间差异扩大，出现两极化境地。尔后随着区域的综合协调发展，“回波效应”或“极化效应”的影响强度不断减弱，增长极逐渐为整个区域所兼容，“扩散效应”或“涓滴效应”开始显性化，并在一定时期超过“回波效应”或“极化效应”，最终使区域经济发展达成均衡，整个经济发展过程呈现出倒“U”形趋势。由于增长极理论强调高效率，多数发展中国家在区域发展的早期阶段引入了这一理论。但由于增长极的极化周期较长，往往所期望的“涓滴效应”被强化集中的“极化效应”所取代，从而保持甚至扩大了城乡差距。

20 世纪 60 年代中期，弗里德曼（Friedman，1966）提出的核心—边缘理论认为，工业化和城乡经济发展在空间上并非均衡分布，而是集中在一个或少数几个地区，它的空间组织表现为二元结构。最低层次的二元结构关系可理解为城乡关系。在发展的初期阶段，城乡空间二元化日趋明显，政府的干预作用以及区际人口迁移等因素将影响创新的扩散和资源配置的格局，最终使得核心与外围的界限逐渐消失。这种理论的规范价值对城乡发展规划者和决策者具有吸引力。然而，该理论并不回避核心地区的受益是以牺牲外围作为代价的事实，城乡联系作为全球权利链条的一环将使农村停留在贫困和欠发达的状态。 这些理论都带有明显的城市偏向性。但是，由于发展中国家对高效率和经济增长的迫切追求以及对未来均衡发展的乐观期望，“尽管对增长极的概念还存在争议，并且以往的诸多经验也表明这种政策未能达到预期效果，增长极概念仍不断出现在整个非洲大陆（包括亚洲）的规划文本中”(Doan，1995)，从而促成了作为现代化中心的城市与落后的乡村这一二元结构的延续和强化。

2.“乡村偏向”论

针对“城市偏向”带来的城乡差异扩大、区域发展不平衡等种种问题，迈克尔·利普顿（Lipton，1977）认为“对城市的偏向导致了乡村的贫穷”，“农村地区的不平等也大部分归因于发展政策的城市偏向”，认为城乡关系的不平等是乡村贫困的根源。对“城市偏向”的批评引发了对自下而上发展战略的探索。弗里德曼和道格拉斯（Friedman & Douglass，1975）提出了倡导乡村自下而上发展的“乡村都市发展战略”(Agropolitan development)。这一战略主张通过在地方层面上与城市发展相关联，乡村的发展才可能取得最好的效果；城镇应作为非农业和行政管理功能的主要场所而不是作为一个增长极，行政区是适当的发展单位。

20 世纪 80 年代，受依附论理论和新马克思主义发展思潮的影响，施特尔和托德林（Stohr & Todling，1977）提出了自下而上的“选择性空间封闭”(Selective Spatial Closure）发展理论。他们反对“自上而下”的发展模式，而提倡“自下而上”的发展模式，这种发展一般以农村为中心，以各地的自然、人文和制度、资源最大利用为基础，以满足当地居民的基本需要为首要目标。为了使这种自下而上的发展道路成功，需要在四个领域内保持平衡关系：①政治上应给予农村地区更高程度的自主权，使得政治权力自城市向农村的单向流动得到改变；②调整全国的价格体系，使之有利于农村的发展和农业产品的生产；③鼓励农村的经济活动超过当地需求以便形成更多的出口；④不仅在城乡之间，而且在农村的村镇之间也应建设交通、通信网络。这种自下而上的“选择性空间封闭”发展模式虽认识到了自上而下发展导致“城市掠夺农村、农村不断贫困”的一面，但却忽略了城市对农村的辐射带动作用，走向了城乡发展的另一个极端。

3. 城乡协调发展论

20 世纪 80 年代以来，新经济浪潮、网络社会的崛起和科技的飞速发展及全球贫富差异的进一步扩大，对城乡关系的研究出现了新的范型。这一变化是为了反对“大量地将城乡作为独立对象的研究”（Adell，1999），开始寻求城乡统筹 / 协调发展的新思路。这一时期的代表有龙迪内利（Rondinelli，1983）的“次级城市发展战略”（Secondary Cities）。他认为，城市的规模等级是决定发展政策成功与否的关键。因此，他认为发展中国家政府要获得社会和区域两方面的全面发展，必须分散投资建立一个完整、分散的次级城市体系，加强城乡联系，特别是“农村和小城市间的联系，较小城市和较大城市间的联系”。道格拉斯（Douglass，1998）从城乡相互依赖角度提出的区域网络发展模型（Network Model）等。他将流动分为 5 种类型：人、农产品、消费品、资金和信息。每一种都包含多种组成和影响，也有不同的空间联系模式，以及对城市或乡村地区的各种好处。乡村结构的变化和发展是通过一系列的城乡间的流动与城市的功能和角色相联系的，为了获得进一步发展的目标，流动必须能引导区域联系的良性循环。因此，我们应当制定更容易产生城乡互惠的流动的政策（Douglass，1998a）。道格拉斯还强调，随着新的经济组织、科技变化和全球化，城乡间的联系变得更加复杂，大量发展中国家的人口，尤其是穷人，仍然居住在边远的区域，这些区域以低速的经济增长，不可持续的土地利用和资源消耗为特征。在这种情况中，由于极度贫穷，进一步的城乡联系将对当地的文化、经济和社会完整性产生负面影响。因此，政策制定者在周围地区采取不平衡的空间和社会发展政策时，需要仔细衡量进一步的城乡联系的影响。他们不仅需要将政策框架和城乡结合地区新兴的“总体—局部”联系相结合，更要与目标区域的扶贫及经济支撑的潜力相结合（Douglass，1998b）。

二、半城市化地区相关概念及其特征

世界各国学者通过对类似地区的研究，提出了城市边缘区（Urban Fringe）、边缘城市（Edge Cities）、都市扩展区（Extended Metropolitan Regions）、Desakota、城乡一体化等理论或概念。

1. 城市边缘区

1936 年，德国地理学家路易斯首次提出城市边缘区的概念，指出这一地带在空间结构、住宅类型、服务设施等方面具有独特性。接着，美国地理协会用“城市边缘”来描述路易斯安那州的人口构成变化。20 世纪 40 ～ 50 年代，这个概念被广泛运用于学术文献中，特指城市用地和乡村用地混杂的介于城市和乡村之间的区域。洛斯乌姆（Russwurm，1975）认为城市边缘区是介于城市和乡村之间的连续统一体，其土地利用处于农村转变为城市的阶段，是城市发展指向性因素集中渗透的地带。国内城市边缘区的研究始于 20 世纪 80 年代末。顾朝林（1995）指出城市边缘区同时具有自然特性和社会特性，是城市中具有特色的自然地区，是城市扩展在农业用地上的反映。崔功豪（1990）指出城市边缘区是城市地域结构的重要组成部分，是城市环境向乡村环境转化的过渡地带，是城乡建设中最复杂、最富变化的地区。

国外学者对城市边缘区范围的界定包括定性判断、经验数据划分，构建定量指标等方法。如弗里德曼等（Friedmann & Miller，1965）依据对人们日常通勤范围的经验判断，将城市周围大约 50km 的区域划分为城市边缘区。洛斯乌姆（Russwurm，1975）将城市建成区外 10km 左右的环城地带划为城市边缘区，他还采用非农人口与农业人口的比例对城市边缘区进行了界定，指出该比例小于等于 0.2 的区域为农村，在 0.3 ～ 1 之间的为半农区，在 1.1 ～ 5 之间为半城区，大于 5 为城市区域。德赛（Desai，1987）采用聚集指数和郊区化指数的结合指数来划分城市边缘区与乡村边缘区，结合指数大于 50%，属于城市边缘区，小于 50% 为乡村边缘区。国内学者如顾朝林（1995）提出城市边缘区内边界应以城市建成区基本行政区单位——街道为界，外边界以城市物质要素扩散范围为限。同时提出内缘区的划分运用城市核心区划分的方法，外缘区采用城市影响区的判定方法。他运用人口密度指标，以街道作为基本单元，对上海城市边缘区作了定量分析。陈佑启（1995）构建了 5 类 20 个指标，采用“断裂点”法对北京城市边缘区进行了界定。程连生等（1999）应用遥感技术与信息熵原理，计算土地利用景观紊乱度熵值划分了北京城市边缘区。张宁等（2010）基于突变理论和断裂点理论，使用建设用地比率指标划分了北京城乡过渡带。王秀兰等（2010）利用信息熵理论和土地利用程度综合指数模型，结合外业调查确定北京城市边缘区范围。定性判断和经验数据简单直观，范围明确，兼顾了行政区边界的完整性，但主观性强，准确性较差。曹广忠等（2009）利用 1996 年和 2001 年基本单位普查数据，以邮政编码区为精细的空间基本单元，对北京主城区城市边缘区进行了实证研究。以产业空间特征为主要依据，借助非线性回归、空间自相关和 GIS 等分析手段，建立了一种单因素的城市边缘区空间划分方法。定量分析方法客观性较强，界定结果较为准确，但高分辨率、高精度遥感影像获取门槛较高，且打破行政界限，较难获取统计资料（于伟等，2011）。城市边缘区是半城市化现象的一种主要表现形式，但所指地理概念主要为城市边缘近郊地带，内涵较半城市化地区窄，且相关研究在理论上是以城市为中心，带有强烈的城市偏向（urban bias），乡村发展和源于乡村的驱动力考虑不足（张敏等，2009）。

2. 边缘城市

边缘城市是美国城市发展的新形式，是位于原中心城市周围郊区新发展起来的商业、就业与居住中心，而这些中心在30年前还是农田、村庄或纯粹的居住用地，是由流动性的中产阶级主导并形成的一种高度分布的城市发展模式。加罗（Garreau，1991）认为，边缘城市代表了20世纪美国城市发展的"第三次浪潮"。"第一次浪潮"是20世纪50～60年代的人口居住郊区化；"第二次浪潮"是70年代以后以超级市场为代表的商业郊区化；"第三次浪潮"即居住和商业郊区化之后就业岗位的全面郊区化。20世纪50年代后的人口郊区化是边缘城市产生的直接推动力，商业的外迁是边缘城市诞生的孵化器，而产业的信息化、弹性化、分散化丰富了边缘城市的功能。边缘城市呈现建筑低层，低密度，以第三产业为主体的专业化产业结构等特点，行政上无主体，空间上无界线，负责日常运作的是公司及次级利益团体，人口呈现多元化和社会隔离的特点。边缘城市是美国郊区化过程的特定产物，与我国的半城市化现象虽然有相似之处，但由于社会经济管理制度的本质差别，并不具有可比性。此外，边缘城市理论实质上是城市边缘区理论在新形势下的更新与发展，重视的是城市对乡村的辐射与扩散，而忽视乡村发展的作用（刘盛和等，2004）。

3. Desakota和都市扩展区

在众多与半城市化地区相关的概念中，加拿大地理学家麦基（McGee，1991）提出的"Desakota"（图2-1）最为接近半城市化地区所指的较为广泛的地理概念，而不仅局限于大城市边缘区。其中印尼语"Desa"意为乡村，"kota"意为城市。麦基在研究亚洲的许多核心城市边缘及其间的交通走廊地带时发现，亚洲国家并未重

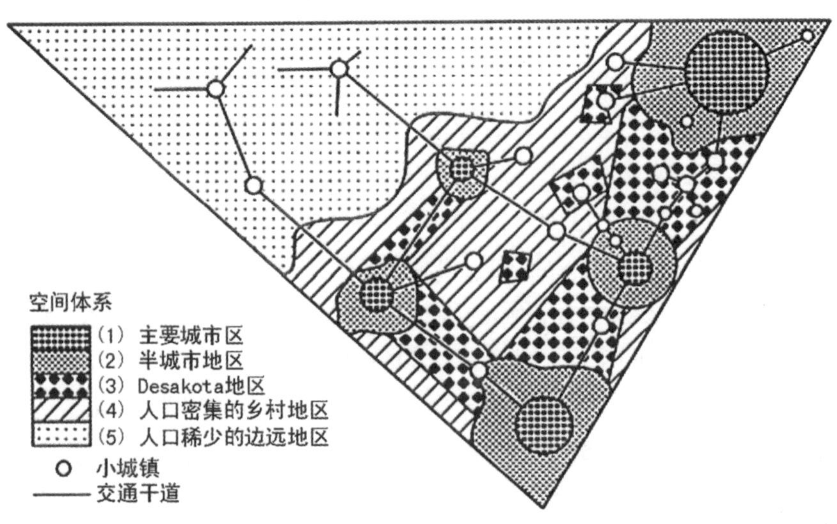

图2-1 麦基的Desakota模型

复西方国家通过人口和经济社会活动向城市集中，城市和乡村之间存在显著差别，并以城市为基础的城市化过程，而是通过原先的乡村地区逐步向“Desakota”转化，非农人口和非农经济活动在“Desakota”集中，从而实现以区域为基础的城市化过程。无论从外在景观还是内部构成及管理体制等方面来看，“Desakota”都属于半城半乡、非城非乡的“灰色区域”。

麦基将“Desakota”的特征总结为：①非农活动的增加，而先前很大程度上是农业为主。这种非农活动是相当的多样化，包括贸易、运输以及工业。非农活动的增长的特点就是这些活动的混合。② Desakota 区普遍的特征是具有流动性和机动性的人口。例如两轮摩托车、公共汽车、卡车等可利用的相对便宜的交通工具，这些地方不仅依靠大城市中心，而且本身就有大量的人口和货物的流动。③ Desakota 区域高度混合的农业用地、村舍工厂、其他等等。总体来说，这些地区用地强度高于美国的大城市，在亚洲的 Desakota，人口压力强化了空间的利用。④半城市化区的另外一个特点就是不断增加的女性参与到非农产业中。这个特点由于工厂、国内服务及其他活动需要女性劳力，但是也与 Desakota 的农业生产结构紧密相关。⑤最后，Desakota 某种程度上说是“不可见的”或“灰色”区域。这种特点鼓励“非正式的部门”和小规模的经营者，他们很难去遵照劳工和工业的立法。

在“Desakota”概念的基础上，麦基（McGee，1996）进一步提出了都市扩展区（Extended Metropolitan Area）的概念。他对亚洲一些国家的研究发现，随着城市型居民点的分散化和逆城市化程度加剧，有的地区城市核心区的土地使用性质已转变，居民和工业向外搬迁，形成都市扩展区。“全球化”和因交通、通信和计算机技术的发展而产生的“时空缩减”是以上进程或都市扩展区形成和发展的两大动力。全球化进程将不可避免地导致形成具有密切联系的全球或亚全球城市系统。如果现有的城市聚集模式得以继续，那么发展中国家将形成巨型城市地区，并成为其城市系统的主体。“全球化”第一次浪潮的结果之一即是在许多发展中国家催生了一批巨型首位城市，如里约热内卢、墨西哥城、雅加达、内罗毕等，它们在其国内城市体系中居于支配地位。同时，也导致形成社会的二元结构，大量生活贫困的乡村人口作为城市的非正规部分被小部分由殖民主义者、外来企业家和本地政治家所组成的社会精英所控制。但是，这种城市扩散的宏观趋势并不一定意味着城市分散化和逆城市化。事实上，如果改变城市聚集体的尺度或定义，这些扩散的过程如居民区外移、内部核心区土地利用的变化、工业向边缘区扩散等，均集中在一个更大的范围，即都市扩展区。全球化效用将导致更多的人口和经济活动向这些都市扩展区集中，它们是全球和本国投资建设生产制造地、开发建成区和培育消费市场的理想区域。他预测，在亚洲，2020 年将是以 EMR 为主导的时代，大量城乡人口转化将主要集中于这一区域。作为一个新的经济和人口迅速增长的区域，EMR 成为国家经济发展和城市化的催化剂，决定着本国经济的未来竞争力。

我国也于20世纪90年代以来开始关注大都市区及都市连绵区的研究，并先后提出了“城市群”、“都市连绵区”等概念，但总体上限于概念的探讨与争论阶段，有待进一步深化。显然，都市扩展区中的半城市化区域和城乡土地利用交错地区，与我国的半城市化现象在景观特征及形成的动力机制等方面均极为类似，具有较强的借鉴意义。不过，它们只能形成和出现在具有独特区位背景条件的局部地区，只包括半城市化地区的一小部分而非全部。另外，都市扩展区理论实质上也是基于中心地理论的基础之上的，对乡村发展的作用不够重视（刘盛和等，2004）。

4. 城乡一体化

城乡一体化是随着生产力的发展而促进城乡居民生产方式、生活方式和居住方式变化的过程，使城乡人口、技术、资本、资源等要素相互融合，互为资源，互为市场，互相服务，逐步达到城乡之间在经济、社会、文化、生态上协调发展的过程。恩格斯在《马克思恩格斯全集》中首次提出了“城乡融合”的概念，它是城乡一体化的终极目标。美国著名城市理论家刘易斯·芒福德认为城与乡不能截然分开，它们同等重要，应当有机结合在一起。我国在改革开放后，特别是在20世纪80年代末期，由于历史上形成的城乡之间隔离发展，各种经济社会矛盾出现，城乡一体化思想逐渐受到重视。出现各种各样的提法，如“城乡一体化”、“城乡融合”、“城乡网络化”等。

不同领域的学者对城乡一体化的理解亦呈现多元化的特点。社会学和人类学界从城乡关系的角度出发，认为城乡一体化是指相对发达的城市和相对落后的农村，打破相互分割的壁垒，逐步实现生产要素的合理流动和优化组合，促使生产力在城市和乡村之间合理分布，城乡经济和社会生活紧密结合与协调发展，逐步缩小直至消灭城乡之间的基本差别，从而使城市和乡村融为一体。经济学界则从经济发展规律和生产力合理布局角度出发，认为城乡一体化是现代经济中农业和工业联系日益增强的客观要求，是指统一布局城乡经济，加强城乡之间的经济交流与协作，使城乡生产力优化分工，合理布局，协调发展，以取得最佳的经济效益。规划学者从空间的角度对城乡结合部作出统一的规划，即对具有一定内在关联的城乡物质和精神要素进行系统安排。生态、环境学者是从生态环境的角度，认为城乡一体化是对城乡生态环境的有机结合，保证自然生态过程畅通有序，促进城乡健康、协调发展。

不过，“城乡一体化”这一概念颇有争议。有人认为城市和乡村永远不可能一体化，不可能合二为一、没有界限，盲目奉行“农民进厂不进城，务工不弃农”发展模式的城乡一体化，是小城镇建设指导策略上的一大失误（石忆邵等，1997；薛德升，1998）。另外，城乡一体化或网络化等概念具有较强的理想或主观色彩，有学者称之为“新乌托邦”，其实现目前尚没有实际操作的可行性（刘盛和等，2004）。

三、半城市化地区研究进展

1. 半城市化地区定义和范围识别

在上述概念的基础上，国内外学者从不同的视角对半城市化空间、半城市化现象等进行了界定。例如，阿德尔（Adell，1999）将半城市化地区定义为“受到城市强烈影响的地区，对市场、服务等有较高易达性，劳动力供给充足，但土地相对短缺，易受城市增长和环境污染风险的地区”。20 世纪 60 年代末，普赖尔（Pryor，1968）基于不同阶段的土地利用构成特征，针对原有的各种用来明确半城市地区变化的复杂概念，提出了一个新的分类方法，以区分半城市地区和城郊外围（Rurban Periphery）。前者代表了居住、商业和工业密度比平均水平集中的地区以及较高的人口增长速度、更强的土地转化的动力、更大的居住地和工作地之间的信息流和交通流。相反的，城郊外围是人口密度较低，土地空置率和农业用地比例较高的地区，土地转化的动力较弱，与城市地区的通勤往来较少。诺丁汉大学和利物浦大学（Nottingham University and Liverpool University，1998）认为半城市化地区是指城市地区与乡村地区相交接、混合及反应的城市边缘，它通常是一个扩散的地区而非连续的地区，具有各种城市活动所导致的特征与现象。半城市化地区的发展是郊区化的必然结果，随着城市的发展和乡村的生长，半城市化地区按波浪形向外移动。雷科迪（Rakodi，1998）认为半城市化地区是城市和乡村社会经济体系的交集，是城市化区域和农业主导区域之间的过渡地带。这里土地利用混合，边界模糊，而且常为多个行政区所分割。菲利普斯等（Phillips et al.，1999）指出：半城市化地区是指城市边缘的一种地带或区域，在此区域内城市和乡村发展过程交会、混合并且相互作用，它并不是一个确定的具体区域，而是一个只能用特征和现象的组合来描述识别的扩散型地域类型。韦伯斯特和马勒（Webster & Muller，2002）认为半城市化地区是指位于城市建成区以外，由制造业发展所驱动而形成的一种城乡土地利用混杂交错且变化快速的过渡性地域类型。依据离中心城距离的远近，将半城市化地区分为内半城市化（Inner Peri-urban）地区和外半城市化（Outer Peri-urban）地区（图 2-2）。距中心区外围 50km 范围的区域为内半城市化地区，这里受到大城市的辐射影响很大，既有中心城区由于产业结构调整而外迁的工业，也有自下而上形成的郊区工业点和为发展产业集群设立的较高层次的工业园区。中心区边缘 50km 范围之外，称为外半城市化地区。这里受到大城市的辐射相对较少，但乡镇工业仍然比较发达，这个地区的土地使用大片还是以农业为主，乡村特色较内半城市化地区浓郁。

贾若祥等（2002）从应用的角度将半城市化地区界定为已经初步具备城市的某些特点和功能，但尚未被划为城市的地区，主要是城乡结合部、小镇、乡和非农产业发达的村。位于城市建成区以外，一种城市与乡村相互融合的特殊经济地理空间，其发展受到城市中心扩散效应和远郊乡村向城市集聚效应的双重影响，同时还

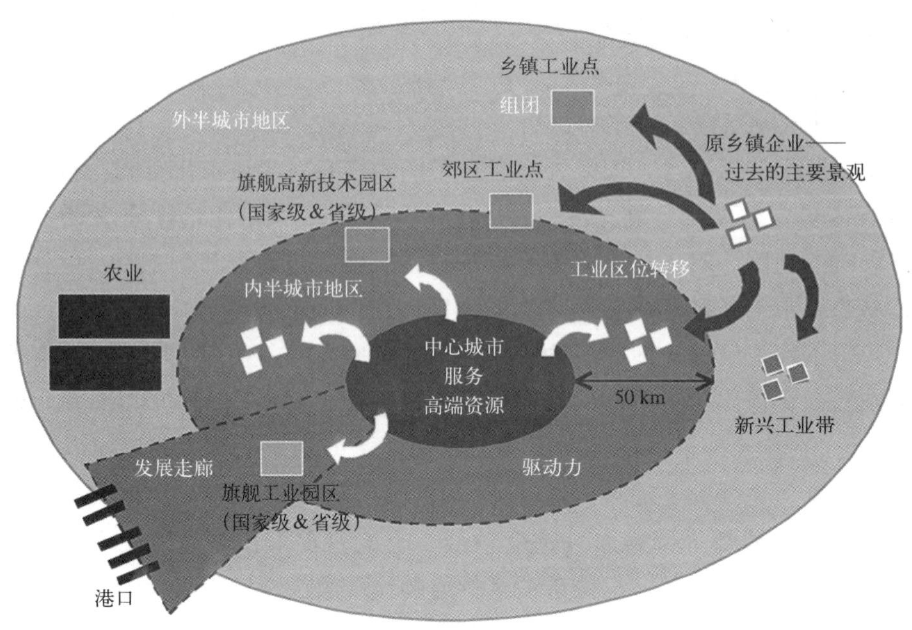

图 2–2　半城市化地区空间特征

来源：改编自 Webster，D. & Muller，L. Challenges of Peri-urbanization in the Lower Yangtze Region：The Case of the Hang zhou-Ningbo Corridor[M]. Stanford：Stanford University，2002

具有自身城市化发展的潜力。郑艳婷等（2003）从结构、变化、景观和体制等四个层面构筑指标体系对半城市化地区进行界定，其界定的空间范围以镇和县为地域单元。海基拉（Heikkila et al.,2003）则通过建立模糊集的数学方法来衡量和描述中国、东南亚和其他正在快速城市化的地区典型的半城市化区域。但由于缺少对中国不同地区的实证研究，对中国半城市化地区的认识还欠深入，在此基础上的定义和分类说服力不足。

2. 半城市化地区的类型

国外研究主要是从大都市区（metropolitan）发展角度出发划分半城市化的类型。伊尔伯里（Ilbery）提出半城市化地区 4 种类型：内部边缘区（inner fringe）、外部边缘区（outer fringe）、城市阴影区（urban shadow）和乡村腹地（rural hinterland）。在内部边缘区，土地逐步转化为城市用地，在外部边缘区，城市和农村用地共存，同时由于土地投机导致部分土地空闲，城市阴影区是受通勤方式影响的地区，乡村腹地是为城市居民旅游休闲提供服务地区。伯恩里和墨菲（Burnley & Murphy，1995）将半城市化地区划分为 3 种类型：紧靠区域中心和 CBD 的近郊（outer suburb）、近郊之外距离区域中心较远的半城市化地区中心（peri-urban centres）和处于近郊和半城市化地区中心间的外围乡村地区（exurban rural land）（图 2-3）。麦肯齐（McKenzie，1996）将半城市化地区划分为两种类型：与大都市区保持连续的建设用地占比低于 50% 的内缘型（inner-exurban zone）和 CBD 辐射半径 100km^2 以内但是与大都市区不连续发展的外缘型（outer exurbanzone）。阿德里安（Adrian，2003）发现半城市化地区两种明显的类型：①沿交通线路发展的“城市走廊型”，集聚与乡村景观完全不同的工业园区或者居住区；②由原乡村快速发展成为“城市副中心型”（陈贝贝，2012）。

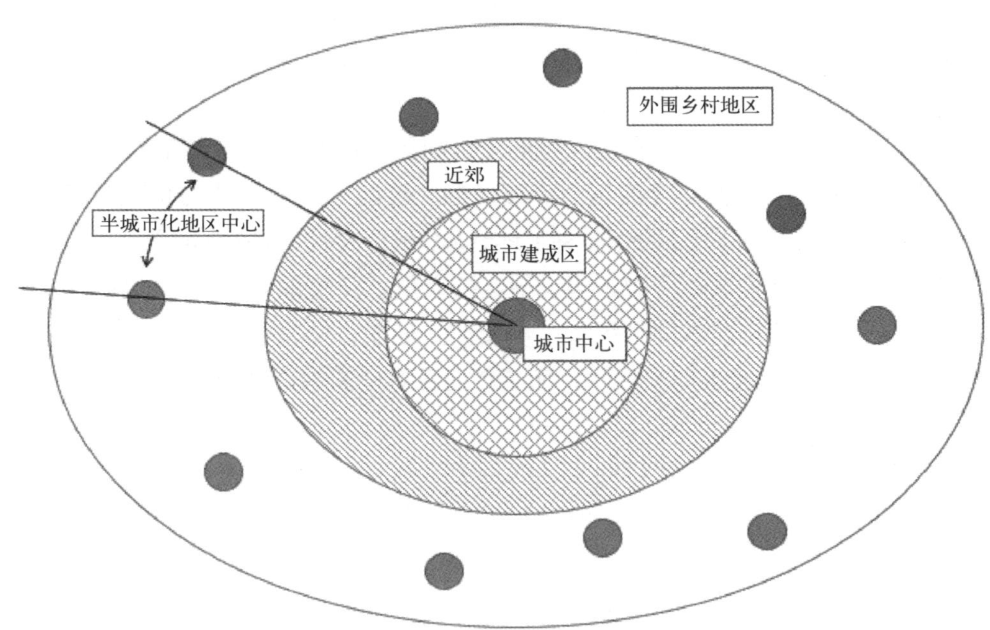

图 2-3　半城市化地区类型

（图片来源：作者自绘）

贾若祥等（2002）将半城市化地区划分为两类：城郊型半城市化和乡村型半城市化。城郊型半城市化地区是指由于临近城市，接受城市辐射，区位优势明显，因而发展潜力巨大。如北京、上海等大城市的郊区。乡村型半城市化是区位优越的乡村在发展中抓住了机遇，经过资金积累，逐步成为制造业密集地区的过程，如广东的顺德、东莞等地区。在这些地区，乡镇企业的发展构成自下而上的主要推力。

3. 半城市化地区特征及影响因素研究

麦基（McGee，1991）将东南亚半城市化地区的特征总结如下：与水稻种植相关的高密度人口；良好可达性的交通网络；高流动性的人口；非农经济活动的增加；碎片化的土地使用；女性劳动力增加；缺乏规划控制等。阿德尔（Adell，1999）对曼谷、雅加达半城市化地区的研究发现，作为过渡性的经济和社会空间，它们对城市和农村经济增长都具有促进作用，大部分居民不是从农村或集镇迁入的低收入家庭，而是从城市中心或其他边缘地区迁入的中低和中收入的居民。半城市化地区具有社会异质性、非正式经济活跃、土地管理松散、人口构成多变等特点，体现了社会阶层和空间从单中心的二元模式向多中心的大都市带转化的过程（Oatley，1997）。总结起来，现有的国际上的文献将半城市化地区的特征主要分为四个方面（Adell，1999）：

（1）城市周边农业和乡村联系的意义。例如，来自城市周边居民的本地食物，汇往乡村的现金流、商品和信息，这些主要发生在非洲的城市，拉丁美洲的大城市边缘的城乡联系还不显著，而在亚洲，地区间的可达性让经济差异变得模糊。

（2）半城市地区非正式经济的意义。这主要反映在种植小商品作物，兼职工作，自助住房，非正式贷款，无照经营等。

（3）土地产权问题的矛盾在边缘地区十分明显。这是因为来自擅自建房、私自开发、投机开发、大型住户等的压力而形成的，各地的土地市场的状况各不相同，表现在正式和非正式的双重系统，各种土地性质、租赁方式，如收取租金式和习俗权。

（4）人口增长过程反映了城市边缘地区的发展。从整理侵蚀土地发展成向边缘地区包括其中现有的乡村的规划扩张，规划扩张过程包括将城市周围的农田切块以倒卖，让市中心的穷人搬去公共住宅，“尤其在亚洲有地铁的边缘地区”的临时性（天、季度、周期性）迁移（Browder 等，1995）。

近年来，半城市化地区形成的驱动机制研究侧重于研究经济全球化和大都市区发展给半城市化地区带来的影响。澳大利亚半城市化地区变化与可持续研究指出全球化导致半城市化地区生活方式和景观变化，主要驱动因素有人口迁移、基础设施建设、就业吸引、城市中心的土地利用压力、空间规划和政府政策以及环境质量等（Buxton et al.，2007）。

英格拉姆（Ingram，1998）指出，随着家庭生活成本的上升及现代科技的发展，向城市外围发展以及将新增经济活动安置在城市外围已成为一种全世界范围的现象，因此加速了半城市化地区的形成。尤其是 20 世纪 40 年代交通工具的革新扩大了通勤范围，导致了郊区就业和住宅增长，并使经济活动靠近主要的运输动脉发展；另外，鼓励郊区住宅的政府政策和民众对郊区生活的向往都促使了西方半城市化地区的发展。因此，人口外迁成为西方发达国家半城市化地区的主要驱动机制（陈贝贝，2012）。而菲尔曼（Firman，1997）认为，在东南亚，大都市半城市化地区的形成则是由于投资导向下的农业用地转为工业和居住用地。

我国半城市化现象的发展经历了不同时期和不同阶段，张敏等（2008）将我国沿海地区的半城市化大致划分为三个阶段。第一阶段为 20 世纪 70 年代末到 80 年代，是乡镇企业发展推动的半城市化。第二阶段是 20 世纪 90 年代以后，突出表现为经济技术开发区和高科技园区大规模建设推动的半城市化，同时伴有外国直接投资，并吸引了第一代迁移人口。第三阶段为进入 21 世纪以来，半城市化地区变得更加宜居，人口增长趋于缓和；高收入阶层的外迁一定程度上导致了半城市化地区社会结构的异质化。目前的实证研究多集中在发达地区的半城市化现象，如韦伯斯特（Webster，2002）对于宁波—杭州走廊半城市化地区的研究，郑艳婷等（2003）对于东莞半城市化地区的研究，刘盛和等（2005）对浙江绍兴半城市化地区的研究，田莉等（2011）等对顺德半城市化地区的研究等。对欠发达地区半城市化现象的研究则有 2003 年亚太研究中心对我国成都半城市化地区土地利用时空演变机理的研究，张敏等（2008）对于福建莆田半城市化地区的研究等。

我国半城市化地区土地利用具有显著的过渡性、动态性和不稳定性特征，外向型非农产业发展迅速，非农化程度高，工业发展和土地开发分散，集聚程度低。田莉等（2011）将半城市化地区的特征归纳为：地方经济的主导产业和就业结构由农业为主逐步向制造业转变；制造业发展带来的流动人口大量增加；空间增长模式出现显著的斑块化和碎片化特征；土地开发极为分散，集聚程度低，土地使用呈现工业、商业、居住和农业等混合利用的特征，“非正规”或“灰色”经济盛行等。半城市化地区土地利用变化的驱动力主要包括三个方面：自上而下的大城市辐射和扩散，自下而上的乡村工业化和外商直接投资影响。此外，我国独特的城乡二元体制也是造成半城市化地区管治缺失的主要原因之一（贾若祥等，2002；郑艳婷等，2003；刘盛和等，2004）。中国东南沿海市场经济改革催生了土地使用规划，但规划的影响力和效力不足，城市边缘区土地非法使用的情况广泛，这使得城市蔓延的现象屡禁不止（Adell，1999）。

何为等（2012）将半城市化地区的驱动力划分为市场力、社会力、政府力和其他 4 个维度。对不同地区和同一地区的不同发展阶段而言，4 种力的作用过程和表现形式均不一样。如城郊型半城市化地区，以政府推动为主，兼具其他 3 种力共同作用；乡村型半城市化地区以市场力为主，同时也受社会力、政府力和其他力的综合作用。政府力包括权力下放、市场化改革和财税分权等制度背景下的圈地运动、土地财政、工业“退二进三”等；市场力包括经济全球化引发全球资源、市场、人才、技术的重新组合和配置，外资大量涌入，加工制造业的快速发展，产生大量乡村型半城市化区域；社会力包括涌入城市的大量低成本劳动力，由于大多无法在城市购房和支付中心城区高昂的房租，而选择居住在租金相对便宜的半城市化空间，也因此刺激了半城市化地区大量的非正规建设。其他则包括良好的区位条件等，交通便利性、通达性等与人力、资本、技术等流动生产要素相结合，是半城市化现象发育的重要基础。

4. 半城市化地区土地利用研究方法

由于相关理论尚不成熟，目前对半城市化地区土地利用特征和驱动因子的描述主要仍偏于定性分析。随着 3S 技术的发展，定量分析在半城市化地区的应用日趋广泛。土地利用数据的获取主要依赖不同时期较高精度的遥感影像图。借助国际科学联合会（ICSU）和国际社会科学联合会（ISSC）于 1995 年联合提出的“土地利用和土地覆盖变化”（Land Use and Land Cover Change，LUCC）研究计划，可以对研究区域进行土地类型分类和信息提取。LUCC 力图通过对人类驱动力→土地利用 / 土地覆盖→全球变化→环境反馈间相互作用机制的认识，从人类活动角度预测 LUCC，进而评估生态环境变化，并寻求积极的人为干预。当前土地利用 / 覆盖变化研究成为全球变化研究的热点课题，已有众多的研究成果陆续发表（Turner Ⅱ .B.L, et al.，1993，1995；李秀彬，1996）。在大量研究的基础上，众多学者已经意识到，只有在现有研究的基础上通过理论和方法的重新综合，并寻求新的土地利用研究思路，才能充分反映土地利用变化的复杂性，认识和理解土地利用变化的机制和各种生态影响，从而能够取得研究突破（蔡运龙，2001；Geisth，et.al.，2001）。就半城市化地区的土地利用而言，实证案例有 Sui 和 Zeng（2000）以深圳龙华镇为例，整合遥感技术、景观特征测量方法和 GIS 技术，对亚洲 Desakota 地区景观格局的动态变化进行分析，并应用基于 GIS 的元胞自动机（CA）模型对 Desakota 地区未来的增长前景进行的模拟。车生泉等（2007）将 RS/ GIS 技术与生态格局优化设计技术相结合，利用土地利用 / 土地覆被时空演变研究的方法，对上海半城市化区域的自然景观时空扩展过程和空间行为特征进行研究。花利忠等（2009）基于厦门市半城市化地区 20 世纪 80 年代末以来的 5 个时段的 TM/ETM+ 遥感影像数据，在遥感与 GIS 技术支持下获取各期土地利用信息数据，采用景观格局转移矩阵、景观格局指数和分形理论等方法研究了厦门市半城市化地区城市化过程中的景观格局空间演变特征，详细分析了城市形态演变、城市围填海特征及政策影响。

目前无论国内还是国外对于土地利用变化驱动机制的研究，在理论模型的建构上进展十分缓慢，主要原因是影响土地利用变化尤其是大尺度空间的影响因素很多，而且其中如社会、政治、制度等因素很难量化分析造成的。大量的实证研究基本上停留在定性分析，或者定性分析和偏于宏观的定量分析方面。总结目前对 LUCC 驱动力的研究，可分为 3 种途径，分别是：①经济学和社会学角度：即从土地使用者的行为分析出发，通过个案比较，探讨影响土地利用转变的各种因素的作用；②经验性诊断模型，即根据遥感图像所反映的土地类型变化，结合社会经济数据，建立彼此间的联系；③区域或全球模拟模型，即在若干假设的基础上，以回归方程或微分方程刻画土地利用目标、土地利用和土地覆被变化及他们的经济和资源环境效应，评估各种驱动力对土地利用变化的影响（刘盛和等，2008）。其中第一种方法适合于微观空间尺度如街区等，可以较为清晰地界定各种土地使用者及其行为对土地利用变化的影响。后两种方法则适用于宏观空间尺度，经验性诊断模型重在解释已发生的现象，而区域或全球模拟模型重在预测未来。

同样地，对半城市化地区驱动因素的研究，多采用定性分析。少量案例的定量研究多采用回归模型分析。如龙花楼等（2007）结合经济社会、资源与环境数据库，运用双变量统计分析模型分析了昆山市土地利用变化的社会经济驱动力。王佑汉（2009）用土地利用动态度、土地利用变化程度等对成都市半城市化地区的土地利用进行描述，并建立区域土地利用变化经济驱动模型来分析非农业人口、第二产业产值、第三产业产值、固定资产投资、房地产投资和实际利用外资等对成都半城市化地区土地利用的影响。

总体而言，目前对半城市化地区土地利用的研究方法偏于描述性，尚未建立系统的理论框架。同时随着 3S 技术的发展，对半城市化地区土地利用变化的分析工具日益强大，但对其形成机制的研究由于缺乏足够的实证案例和区域比较，还未形成具有较强应用性和普适性的研究方法。

第三章　我国城乡关系的演变和半城市化地区发展概况

一、我国城乡关系的演变进程

1. 改革开放前的城乡关系

我国城乡关系在1949年新中国成立以前，主要表现形态是城市与乡村的差异和非均衡，突出表现为城市与乡村的二元分离和对立。新中国成立后，由于以工农联盟为基础的社会主义制度的建立，城乡在形式上确立了一种平等互助的新型关系，然而由于恶劣的国际环境和百废待兴的国内经济状况，国家采取了“工业先导、城市偏向”的发展战略和“挖乡补城、以农哺工”的资金积累模式。这一发展战略以追求经济快速增长为目标，将重点放在发展工业尤其是重工业和建设城市上，优先发展资金密集型而非劳动密集型产业。这样，城市和工业不仅难以吸纳日渐增长的剩余劳动力，而且强制性地建立了一套城乡隔离的户籍制度。而与之相配套的资金积累模式也是以农业支持工业、城市剥夺农村为特征，其实现形式主要是工农业产品“剪刀差”。据朱庆芳（1989）统计，1952 ~ 1978年，国家通过“剪刀差”从农业中隐蔽性地抽走了5823.74亿元的巨额资金，加上农业为国家缴纳的税收1044.38亿元，两项合计为6868.12亿元，约占农业所创造产值的18.5%。而这时所建立的计划经济体制、人民公社体制和户籍制度等都是为现代工业体系最大限度地、便利地从农村汲取资源服务的。

2. 改革开放后的城乡关系

改革开放以来，我国开始步入了城市化发展的“快车道”。1978 ~ 2010年，城市数量从193个增长到657个，城市人口从1.7亿人上升至6.7亿人，城市人口占总人口比率也从17.92%上升为50%。随着市场经济的发展，城乡分割制度受到了强烈冲击。乡镇企业的发展促进了农村工业化，在局部领域打破了传统的“城市——工业，乡村——农业”的分工，但城乡之间的差距不但没有在经济得以快速发展的情况下缩小，反而逐渐拉大。以城乡居民的收入差距为例，1978年我国城乡居民人均纯收入之比是2.57∶1，到2002年这个比例扩大到3.11∶1，到2009年这个比例进一步扩大到3.33∶1（图3-1）。城乡差距不仅体现在收入分配上，在社会保障、就业制度、教育、金融等方面也普遍存在，如果把这些因素也考虑进来，城乡居民的收入差距可能会超过 4 : 1，远远高于国际经验值[①]。这是由于改革开放以来，国有企业改革一直是整个经济体制改革的中心环节，“三农”方面长期积累下来的结构问题、体制问题、机制问题没有从根本上得到解决，造成我国城乡差距扩大的许多因素至今仍然存在，农村经济社会发展明显滞后的局面并没有根本改观，城乡改革不配套、发展不平衡的问题更加突出，成为城乡差距问题难以从根本上解决的原因之一。

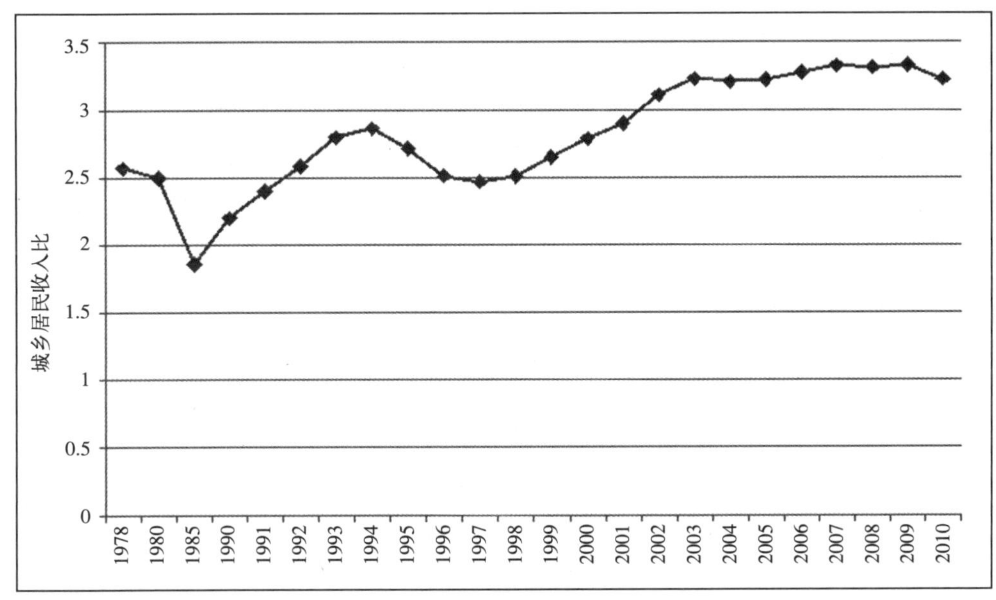

图 3-1　改革开放以来我国城乡居民收入变化

数据来源：中国统计年鉴 2011

根据城乡关系的演变历程来看，改革开放后可以大致划分为三个阶段：

（1）1979 ～ 1984 年：城乡差距趋向缩小

1978 年安徽农村的家庭承包责任制在全国农村得到推广，打破了人民公社体制下生产队内部的平均主义分配格局，理顺了农民之间的分配关系，极大地调动了农民的生产积极性。同时，从 1979 年夏粮上市开始，国家较大幅度地提高了农副产品收购价格，理顺了农民与国家及城镇居民之间的分配关系，减少了农业价值向工业与城市流出的数量，同样有利于调动农民的生产积极性。正是在这种双重激励机制下，农业生产得到了超常规增长，农民收入随之迅速提高（夏永祥，2008）。据统计，截至 1981 年年底，全国农村已有 90% 以上的生产队建立了不同形式的农业生产责任制。农村生产方式的变革立即显示了巨大的经济成就。1978 ～ 1984 年，农民人

① 按国际劳工组织发表的 1995 年 36 个国家的资料，绝大多数国家的城乡人均收入比都小于 1.6。

均纯收入由133.6元上升到355.3元，增长165.9%，而城镇居民人均可支配收入为608元，二者收入之比缩小到1.71：1。

（2）1985～2002年：城乡差距急剧扩大

1984年10月20日举行的党的十二届三中全会，通过了《中共中央关于经济体制改革的决定》。这个决定阐明了加快城市为重点的整个经济体制改革的必要性、紧迫性，规定了改革的方向、性质、任务和各项基本方针政策，是指导我国经济体制改革的纲领性文件。这标志我国的经济体制改革的全面展开，同时也标志着改革的重点由农村转移到了城市。伴随着改革重心的转移，各种资源配置也逐步向城市转移，城市改革步伐明显加快，城乡差距在这一时期急剧扩大。在这一过程中，城镇居民收入迅速增加，到2002年，城镇居民人均可支配收入达到7703元，比1984年增长11.7倍。与此同时，农民收入却在波动中缓慢增长，除20世纪90年代中期几年内农民收入增长较快外，其余大多数年份都增长缓慢，特别是1998年后的某些年份，扣除物价上涨指数，农民收入实际上处于负增长状态。到2002年，农民人均纯收入为2 476元，比1984年增长6倍。城乡居民收入之比扩大为3.11：1。而如果考虑到城乡居民在其他社会保障与社会福利等方面的差距，二者的收入之比可能达到7：1。

（3）2003年以来：城乡统筹发展战略实施

2002年中共十六大以后，新一届中央领导集体在借鉴国外发展经验教训的基础上，针对我国经济社会发展中存在的问题，提出了科学发展观，强调必须坚持“五个统筹”，其中统筹城乡发展居于首位，进入“工业反哺农业、城市支持农村”的新阶段。以提高农民收入为中心，2004～2008年，中央连续发布五个“一号文件”，着力解决“三农”问题。这一期间内，农民收入增长速度加快，到2010年，农民人均纯收入达到5919元，比2002年增长139%。但是由于政策效应的滞后性以及原有城乡差距的惯性，城镇居民的收入增长更快，2010年人均可支配收入达到19109元，比2002年增长148%，城乡居民收入之比仍呈进一步扩大态势，达到3.23：1。2008年10月，中共十七届三中全会通过了《中共中央关于推进农村改革发展若干重大问题的决定》，提出到2020年，我国要基本建立城乡经济社会发展一体化体制机制。

二、我国半城市化地区的特征及发展概况

我国幅员辽阔，区域发展不平衡，处于不同区位的半城市化地区具有特殊性，同一地区在不同发展阶段其特征、影响因素也不同。韦伯斯特和马勒（Webster & Muller，2002）对我国不同地域的半城市化现象进行了分析，指出地理因素、中央政府政策的变化和地方政府的权力是影响半城市化的重要因素。不同地方政府对半

城市化的态度和措施不同，也导致半城市化的特征呈现明显差异。例如珠三角半城市化地区的发展依靠港台投资驱动，以及当地政府较宽松灵活的工业化与城市化政策。长三角半城市化地区的发展则受到国内和国外投资共同驱动。北京的半城市化是居住和服务业引导的半城市化（郊区城市化和边缘城市）发展模式，更多呈现政府主导影响下的特点。内地半城市化动力不明显的城市如成都、武汉、重庆主要依赖于国内投资及地方区域市场在半城市化地区创造就业岗位。张敏等（2008）指出在欠发达地区，半城市化地区的特征和动力机制与沿海发达地区有所差异。他们通过对福建莆田地区的调查表明，和沿海发达地区相比，其半城市化尚处于初级阶段。人多地少，人口稠密是推动莆田中心城市外围地区半城市化进程的原始动力。民间资本和中小企业推动形成半城市化的推动力，而中心城市的弱势加剧城乡用地二元交杂及特有的地域文化导致住宅景观异化使得城市化进程乏力，正是在由乡村向城市转化的推力作用与难以彻底城市化的阻力作用下，使得这一地区维持着半城市化的悬滞状态。

1. 半城市化地区的特征

在快速城市化的推动下，半城市化地区正面临着或经历着空前的形态演变和现代转型。由于临近大都市的良好区位优势，但在管理上仍沿用乡村模式，半城市化地区体现出既不同于城市也不同于乡村的特征：

（1）产业结构和就业结构的转变

地方经济的主导产业由农业为主逐步向制造业转变，同时伴随着就业结构的转变。在半城市化地区，随着外来投资和乡镇企业的发展，以制造业为主体的产业结构特征十分突出，农业在经济发展中的地位显著下降。随着乡镇工业和第三产业的发展，半城市化地区由过去单一的农业生产和村民居住功能逐步转为集生产、加工、商贸、农耕体验、生态涵养、观光休闲、疗养度假、市民第二住所等多元复合功能。村落的同质同构性减弱，由单一走向复杂，村镇体系面临着分异与重组，呈现出集聚发展态势（韩非等，2011）。

与产业结构多元化伴生的是就业结构的转变，农业人口非农化的现象相当普遍。农业产业化发展提高了农业的生产效率，促进了农村剩余劳动力的转移，使得乡村人口进一步兼业化，进而产生了职业分化。随着乡镇工业及第三产业的发展，吸纳了农村剩余劳动力的转移，非农就业比重加大，乡村人口不断分化，部分外出打工，部分留在当地工厂就业，或仍从事农业或旅游业、服务业等，其社会经济活动的地理边界不断扩大，与中心城区的社会经济联系日益加强。其次，当地制造业的发展带来的流动人口大量增加，但未计入官方统计口径。这些快速增加的外来人口，对半城市化地区的管理带来了挑战。

（2）空间增长模式和景观形态的转变

“离土不离乡”的乡村工业化、宅基地的无序蔓延等使半城市化地区的空间增长模式出现显著的斑块化和碎片化特征，土地开发极为分散、集聚程度低。受农村土地集体所有制的影响，各乡、各村各自为政，在其属地内招商引资和建设工业厂房，呈现一种“村村点火，处处冒烟”的格局，难以实现工业的规模集聚。土地使用呈现工业、商业、居住和农业等混合利用的特征，大量土地仍然为农业用途。但工业用地分布零散，沿着主要的对外交通要道迅速扩展蔓延，与农村居民点、农业用地犬牙交错。

半城市化地区的乡村已不是原来意义上从事单纯农业生产的区域，乡村聚落景观逐步向多元功能、集聚化、异质异构的空间格局转变（图 3-2）。由于农业产业化、乡村城镇化、工业化的快速推进，乡村用地结构变化显著，乡村景观多样性增加，乡村基质变化显著，景观斑块类型之间的面积差距逐渐减小，居民点、交通、工矿企业占用大量耕地从而导致其主导景观斑块（耕地）比重不断下降。半城市化地区乡村聚落的传统建筑风貌正在褪色，丧失乡土建筑特色，逐步向现代城市景观转变。另外，传统的乡村生活方式和民风民俗在城市文明的冲击下逐渐消退(韩非等，2011)。

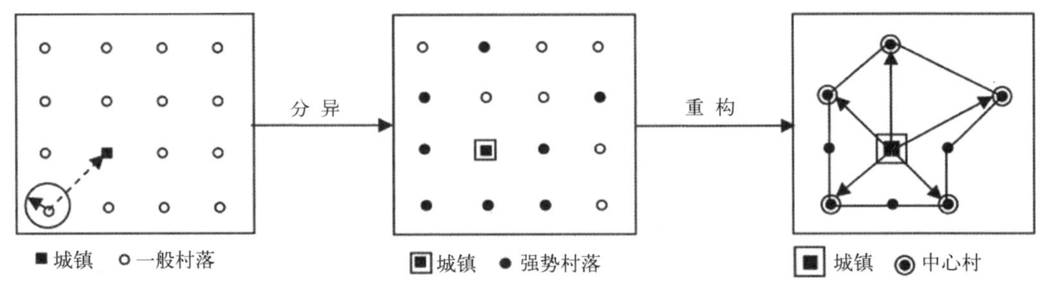

图 3–2　村镇体系的空间结构演变

来源：韩非，蔡建明．我国半城市化地区乡村聚落的形态演变与重建 [J]. 地理研究，2011，30（7）

（3）“非正规”或“灰色”经济盛行

黄宗智（2010）指出，20 世纪 90 年代中期以来中国快速发展的主要动力来自于地方政府在“招商引资”的竞争下为外来企业所提供的大力支持。它们普遍用低于其成本的土地和配套基础设施，另加各种显性和隐性补贴以及税收优惠，并允许绕过国家劳动和环保法律来招引外来投资。正是它们的这种非正规实践以及伴之而兴起的庞大的非正规经济，而不仅是外来企业，才是中国惊人的 GDP 增长的主要动力，同时也是其日益加剧的社会与环境危机的来源。而这种大量“非正规经济”的空间载体，正是半城市化地区。在我国由于城乡二元体制的存在，半城市化地区土地多为集体用地，非正规市场上的集体土地在占用和出租价格上远比国有土地价格低廉，吸引了大量工业企业租用集体土地建设工厂等。同时，城市房价高企使得一些村集体组织、农民或者开发商在集体土地上建造房屋出售。据相关数据显示目前全国“小产权房”建设面积达60多亿平方米，相当于中国房地产业近十年来的开发总量。

2. 半城市化地区的形成机制

半城市化是转轨经济背景下外来投资、乡村工业化进程和我国城乡二元体制的产物，其形成机制大致可以分为以下三方面：

（1）外来影响：大城市制造业的重新布局和住宅、大学等布局郊区化

伴随着土地价格的日益高企，很多原本位于大城市市区的制造业外迁至建成区外围的半城市化地区，或者新工业园区直接选址于半城市化地区，带动了其工业化进程。占地面积较大的科研机构如大学等，也往往在半城市化地区寻找空间，“大学城”、“科学城”等应运而生。同时，具有毗邻大城市的区位优势，且土地价格相对低廉，吸引了开发商在半城市化地区进行房地产“大盘”开发，带动了半城市化地区的房地产市场。如在全国颇具影响的广州“华南板块”中的8个大盘，就位于广州市区边缘，曾经典型的“半城市化”地区。

（2）内生动力：乡镇企业推动工业化进程和非正规住宅开发

在半城市化地区，尤其是沿海发达地区的半城市化地区，乡镇企业的发展成为其工业化进程的主要动力之一。我国农村的工业化进程和集体土地的资本化密切相关。乡镇政府或村级组织为了谋求地方经济发展，积极出面组合资源，将集体土地提供给企业。在改革开放以后十多年的时间内，形成了乡镇企业占我国工业半壁江山的局面，乡镇企业发展促使了农村富余劳动力的就地城市化，成为农村城镇化的动力之一，推进了自下而上的农村城市化进程。可以说，20世纪80年代早期，在大都市的工业尚未外迁时，乡镇工业构成半城市化地区的主要经济动力。与此同时，受到房地产开发带来的巨大利润的驱动，乡镇村政府或者村民联建“小产权房”的现象屡见不鲜，也因此影响着半城市化地区的土地使用和景观。

（3）管制缺失：城乡二元体制背景下的地区发展

1）集体土地产权主体和权能的模糊性

我国的土地使用权制度实行“双轨制”，即城市市区的土地全部属于国家所有；农村和城市郊区的土地及宅基地属于农民集体所有（图3-3）。农村集体土地的所有者即土地所有权的主体不够明确，甚至存在真空状态。乡、村、村民小组在不同程度上都是农村集体土地所有权的代表，导致农村集体土地产权的主体模糊。此外，集体土地所有权是一种受到严格限制的所有权，国家对其用途、流转、处置进行严格的管制。由于土地所有权不完整——缺乏完整性、明晰性、排他性、可转让性和权能责任利益的对称性，以及所有权主体的混乱，使得国家所有权的代表——政府，较之集体所有权处于强势地位，国家可以随时向集体征地，集体只有被征的义务，而没有拒绝被征的权利，征地的补偿条件也完全由国家决定。集体土地所有权主体的混乱和产权的模糊性造成征收集体土地的赔偿标准较低和城市的低成本扩张，同

时也引发集体土地上的“非正式开发”蔓延（Tian，2008；Zhu and Hu，2008）。

半城市化地区虽然已具备城市的部分特征，但由于我国长期以来形成的城乡二元体制，土地大多为集体土地，土地产权制度建设薄弱，所有权的归属不明，界限不清，与农村土地产权管理相关的配套制度薄弱，在管理方式上还沿用乡村的管理模式。由此形成许多亦城亦乡的“灰色区域”，导致不同投资与管理主体的利益在空间上缺乏协调，成为各种矛盾的易发地区。

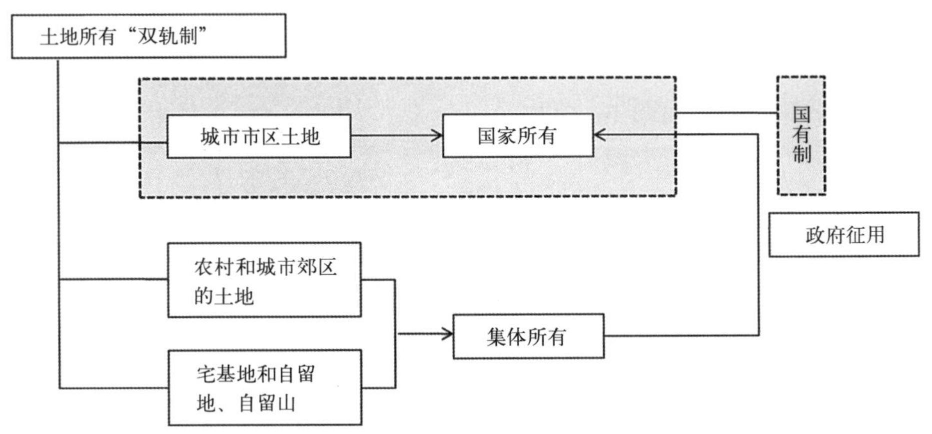

图 3–3　我国的二元土地产权制度

2）集体土地资本化背景下的农村工业化

农村地区的工业化进程和集体土地的产权界定密切相关。一方面，模糊的集体产权降低了农村工业化的门槛，使得集体经济在较低的门槛上发展工业和其他产业。乡镇企业发展促使了农村富余劳动力的就地城市化，成为农村城镇化的动力之一，推进了自下而上的农村城市化进程。周其仁（2004）指出，我国加速城市化的源泉，发生在含糊不清的农地产权限制条件下。温铁军等（2008）认为中国现有的土地村庄集体所有权制度下，村庄集体作为经济主体进入工业化或者以土地参与工业化的资产来源，就是以小农村社制为经济基础，内部化产权制度为特征的集体产权。

在集体土地的使用和管理上，只要集体土地的权属不发生改变，乡镇政府便具有很大的自主权。乡镇政府或村级组织为了谋求地方经济发展，积极出面组合资源，将集体土地提供给企业，在改革开放后 10 多年的时间内，形成了乡镇企业占我国工业半壁江山的局面，为地方经济发展和农民收入的提高作出了历史性贡献。这种由地方政府或集体经济组织主导的农村工业化，和国家工业化模式下的土地处置和土地利益分配方式相比，保留了土地的集体所有权，将土地的级差收益留在集体内部，改善了农村的生活与福利条件。同时，农民利用自己的土地创办企业，降低了创业的门槛和级差地租上升侵蚀企业利润的压力，由此带动了农村地区的快速发展，大大减少了城乡差距。

另一方面，集体土地产权的模糊性和缺乏严格管制，造成对农地的侵蚀和集体建设用地的无序蔓延和低效利用。耕地流失的一个最主要原因，是由于农村工业化和城市化进程导致的建设用地低成本和无限度扩张（Lin 和 Ho，2003）。集体土地产权的模糊性和不完整引发了对土地租金差的无序竞争，出现了大量以发展农村经济为名的非正式的土地开发，造成农用地与建设用地犬牙交错的状况（朱介鸣，2009）。半城市化地区规划滞后，集体建设用地利用粗放，城乡用地犬牙交错，生产和居住用地相互渗透，企业用地分散。这与土地高度稀缺情况下土地必须高效利用的原则背道而驰，亟须建立与集体土地产权制度变革配套的土地利用规划管理制度。

3）二元人口与社会管理体制

长期以来我国采用城乡户籍的二元管理制度。户籍制度所导致的城乡二元结构，是中国城市化进程中最大的障碍之一。农民在劳动报酬、子女教育、社会保障、住房等许多方面不能与城市居民享有同等待遇。在半城市化地区，流动人口管理与社会治安方面出现相对的管理“真空”，外来人口不断增多，租房、建房，私搭乱占等活动十分普遍，增加了城乡结合部的用地压力，成为引起半城市化地区土地问题和社会问题的重要因素之一（贾若祥等，2002）。

图 3-4 所示是我国半城市化地区形成机制的综合示意。

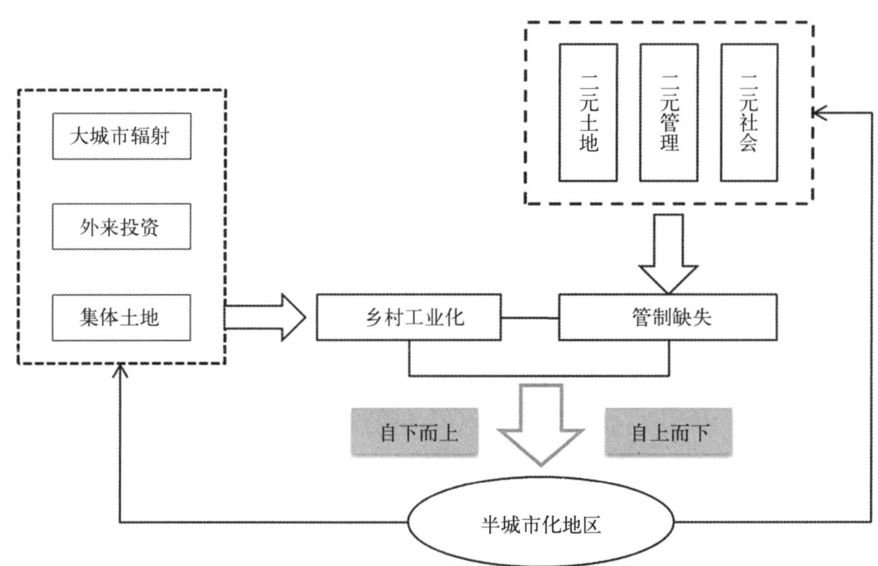

图 3-4 我国半城市化地区形成机制示意图

来源：改编自刘盛和，陈田，蔡建明．中国半城市化现象及其研究重点 [J]. 地理学报，2004，59（S1）

第四章　上海半城市化地区的土地利用：时空特征和形成机制

一、上海半城市化地区的界定

目前对半城市化地区的界定，包括定性和定量两种方法[①]。前者较为粗略，后者根据土地利用的特征来定义半城市化地区更为精确，但由于缺乏对应的社会经济统计数据，给后期研究带来不便。在本研究中，为获取相应的社会经济统计数据，仍以行政区划作为定义的依据。

2010 年末上海市辖 17 区 1 县，市域面积 6340.5km^2，常住人口 2302.66 万。在上海市域各区县中，黄浦区、卢湾区、徐汇区、长宁区、静安区、普陀区、闸北区、虹口区及杨浦区共 9 个区属于上海的老市区。而浦东新区（不包括原南汇区部分）自 1990 年建立以来，凭借优越的区位条件及强大的国家政策扶持，已成为上海新的 CBD 所在区域。目前，这 10 个行政区共同构成了上海的中心城区。

改革开放以来，上海的郊县发展迅速。随着工业化进程的推进，非农产业逐渐占据国民经济发展的主导，也相继开始了“县改区”的进程。1988 年宝山撤县设区，1992 年嘉定、闵行撤县设区，1997 年金山撤县设区，1998 年松江撤县设区，1999 年青浦撤县设区，2001 年奉贤、南汇撤县设区。由于县主要是农业地区，基础设施建设、规划等都主要围绕农业进行，而区在功能定位、城市基础设施等是按工业化和城市化建设的需要进行规划。同时，为了便于收集社会经济统计数据，本研究在定义半城市化地区时，将行政区划作为划分范围的研究。我们将县定义为农村地区，郊区的区由于紧邻中心城区，受其辐射带动，呈现出半城市化地区的典型特征，因此将其定义为半城市化地区。图 4-1 显示了改革开放以来上海半城市化地区范围的变迁过程。

二、数据来源与研究方法

1. 数据来源

本研究的主要数据源主要以美国陆地卫星 Landsat-5 获取的 TM 遥感影像为主。

① 见本书第二章“二、半城市化地区相关概念及其特征”。

TM 包括 7 个波段，地面分辨率为 30m。研究选取上海 1990 年、1995 年、2000 年、2005 年和 2009 年的 TM 遥感影像图，并参考 2009 年的“上海市土地使用现状图”，采用遥感影像人机交互解译方法，进行土地利用 / 土地覆盖遥感分类。其中，建设用地指国家所有的城镇建设用地和集体工业土地、农村居民点用地等。其他用地包括标准用地分类中的绿地、耕地、水域、林地等。解译后各期的建设用地变化情况见图 4-2。

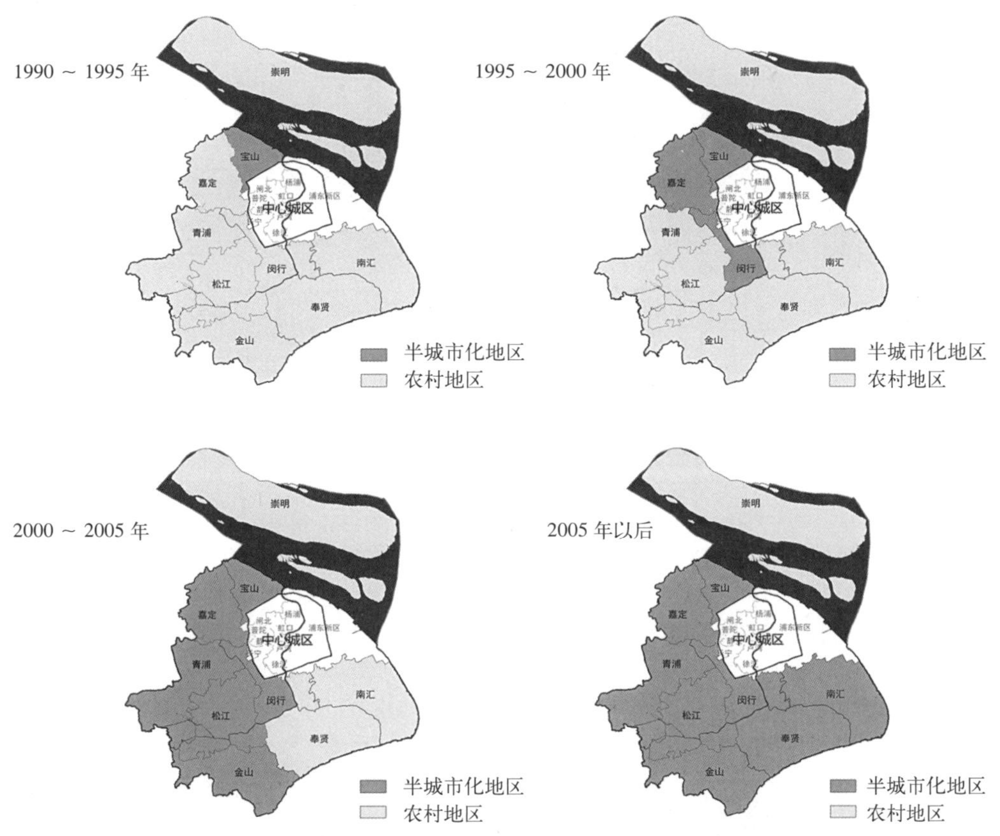

图 4–1　改革开放以来上海半城市化地区范围变迁示意图

由于 TM 影像无法判定具体的用地分类，如工业用地、居住用地等，为全面了解半城市化地区土地使用的情况，本研究收集了《上海市城市总体规划（1999-2020）》、《上海城市总体规划实施跟踪（2006）》和《上海市土地利用总体规划（2006-2020）》等规划中的相关图纸，对 1997 年、2006 年和 2009 年的三期上海市土地使用现状图进行矢量化处理，并结合影像数据进行修正。由此获得 1997 年、2006 年和 2009 年上海半城市化地区各类建设用地数据，以补充 TM 遥感影像数据的不足（图 4-3、图 4-4）。根据研究需要，将这三个年份的用地分为四大类，即工业用地、城镇居住用地和其他用地。其中，工业用地包括用地标准分类中的工业用地和仓储用地。

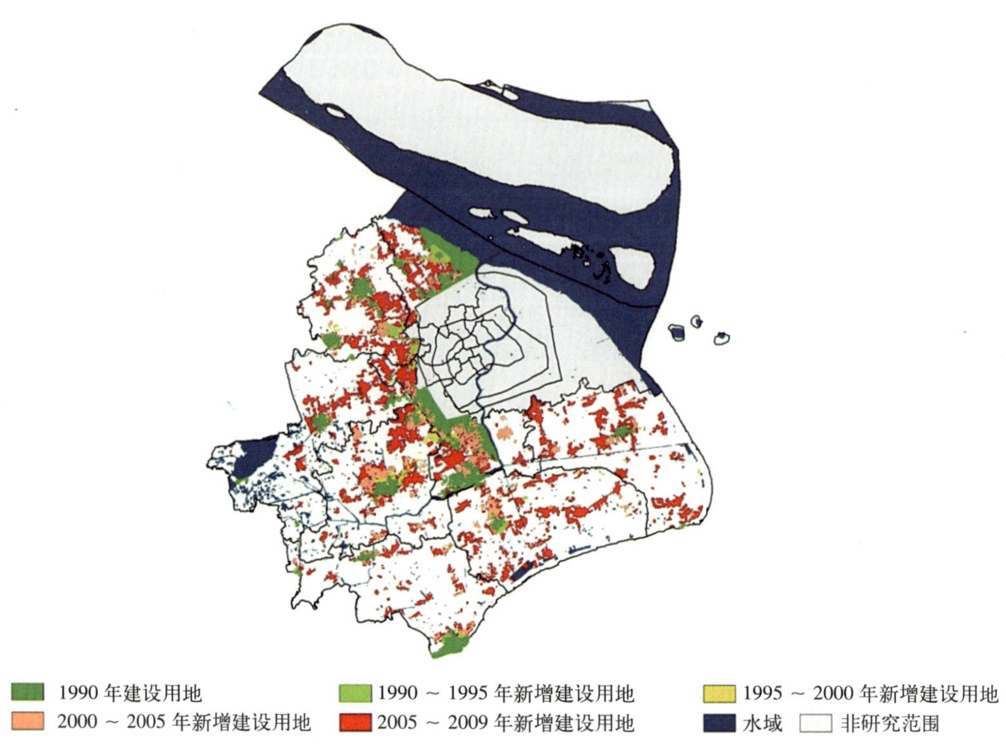

图 4-2　1990 ～ 2009 年半城市化地区土地利用变化图

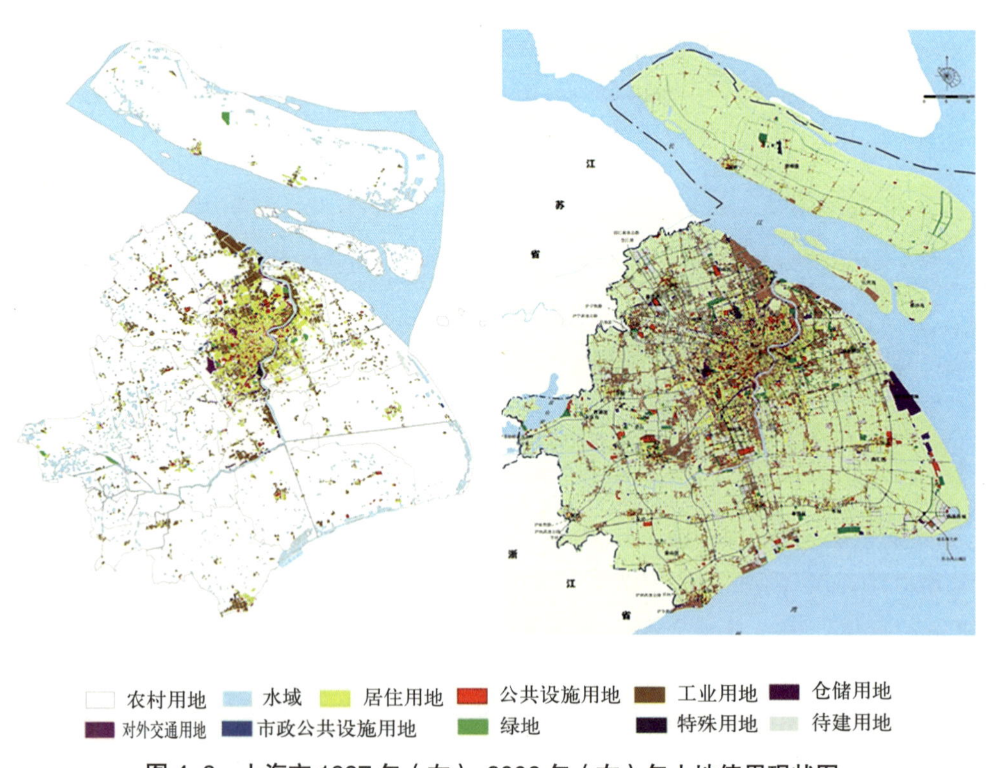

图 4-3　上海市 1997 年（左）、2006 年（右）年土地使用现状图

图 4–4　上海市 2009 年土地使用现状图

2. 研究方法

本章基于 RS/GIS 技术，采用经验性诊断模型，即根据遥感图像所反映的土地类型变化，结合社会经济数据，建立彼此间的联系。本文基于上海遥感图像所反映的土地类型变化，探讨上海半城市化地区不同时期内土地利用时空变化总体特征。结合社会经济数据，采用定性方法分析上海半城市化地区土地利用变化的影响因素。

三、上海半城市化地区的经济和社会特征

1. 上海半城市化地区的经济和产业特征

从经济发展来看，近年来上海半城市化地区整体呈较快上升趋势。2000 ~ 2009 年间，半城市化地区 GDP 在全市所占比重逐年上升，从 2000 年的 20.95% 到 2009 年的 38.04%，上升了近 18 个百分点。而 GDP 增长率则保持在每年 15% ~ 30% 之间，

增长速度高于全市每年 GDP 增长率的 7% ～ 14% 区间（图 4-5）。受益于大都市区辐射和土地成本较低的双重优势，半城市化地区的经济发展水平快速提升，并且在市域经济发展中扮演着日益重要的角色。

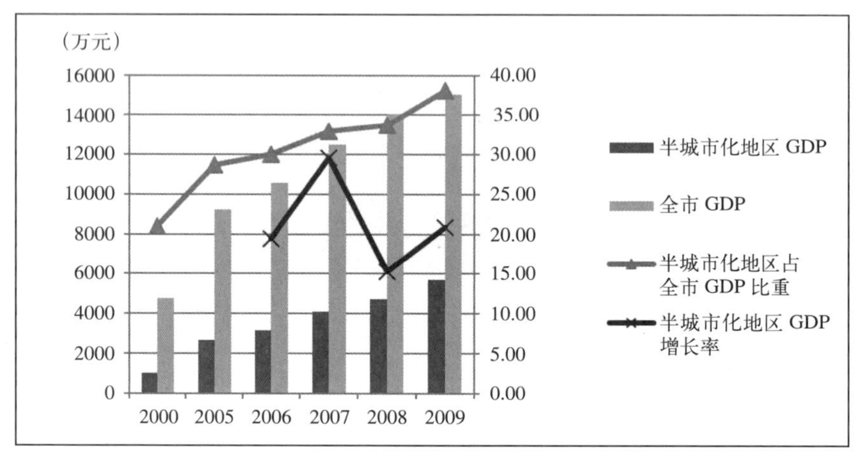

图 4-5　2000 ~ 2009 年全市及半城市化地区 GDP 变化对比

数据来源：上海统计年鉴（2010），2001 ～ 2010 年上海各区统计年鉴及统计公报

2000 ～ 2009 年，上海市半城市化地区三次产业结构由 5.4 : 57.5 : 37.1 演变为 1.1 : 61.9 : 37.0，二产比重进一步提高，并占据国民经济的主导地位。大部分村镇的二产比重达到 60% 以上，其中松江地区村镇二产比重达到 70%，而第一产业比重仅占 1.4%，表现为以非农产业为主体的“二、三、一”产业结构体系。与农村地区相比，半城市化地区的一产比重极低，而二产比重则占明显主导地位，三产比重相近，与中心城区三产为主导的产业结构形成较强的互补性（图 4-6）。

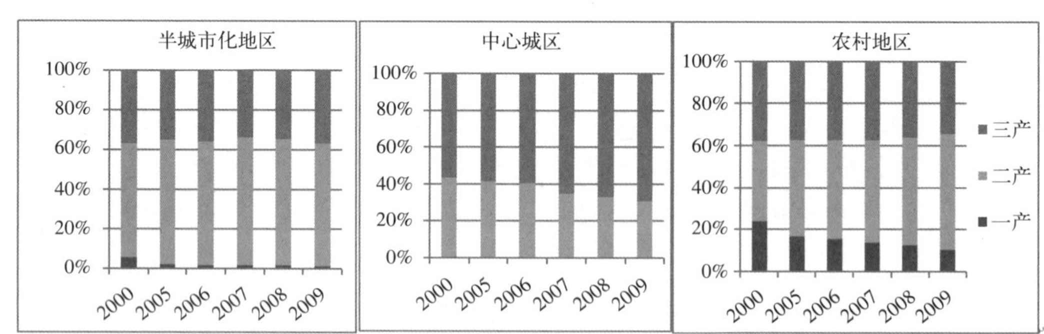

图 4-6　2000 ~ 2009 年市区、半城市化地区和农村地区产业结构变化

数据来源：上海统计年鉴（2010），2001 ～ 2010 年上海各区统计年鉴及统计公报

2005 ～ 2009 年，半城市化地区的产业结构始终保持以二产为主导的“二、三、一”结构，但比例有所变化，总体表现为一产比重逐年下降，从 2005 年的 2.1% 下降

到 2009 年的 1.1%；二产比重在 2007 年后逐渐下降，从 64.4% 下降到 2009 年 61.9%；而三产比重则从 2005 年的 34.1% 上升到 2009 年的 37%（图 4-7 左）。从各乡镇农村经济收益结构来看，这种二产下降、三产上升的趋势与产业结构相同，且趋势更为明显（图 4-7 右）。由此可见，随着上海作为全国金融中心和国际化大都市的职能需求，半城市化地区的产业结构也在发生变化，由二产主导逐渐向二、三产结合发展的多元结构转变。

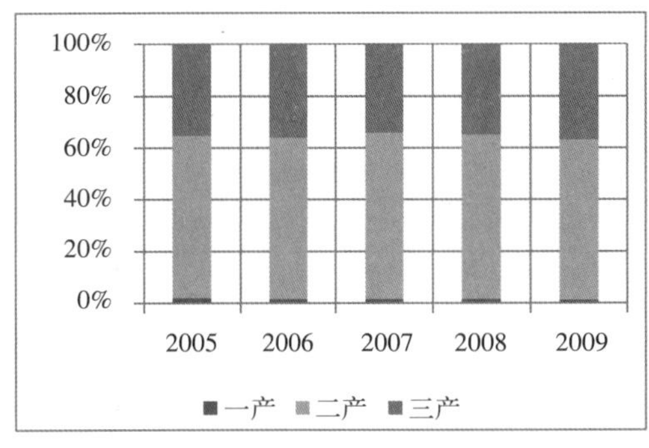

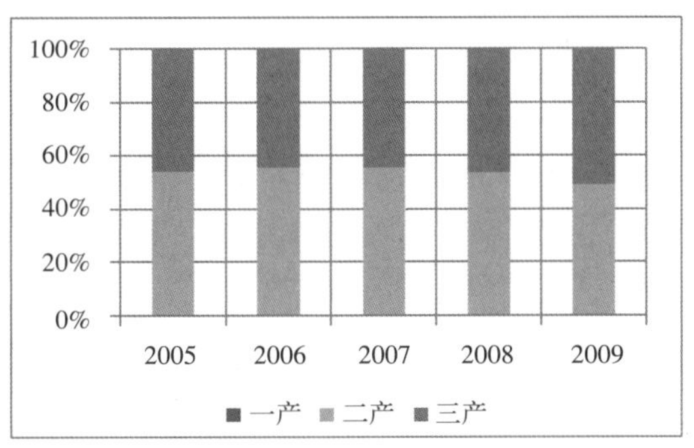

图 4-7　2005 ~ 2009 年半城市化地区产业结构（左）及农村经济收益分配结构（右）

数据来源：历年上海各区统计年鉴及统计公报

2. 半城市化地区的就业结构变化

在非农产业比重上升的同时，大量农业人口和农村劳动力也向非农化转变。2005 ~ 2009 年，上海郊区的非农人口占户籍人口比重从 70% 上升到 80.1%(图 4-8)。2009 年，郊区各乡镇的农村劳动力非农化水平达到 85.73%。大量劳动力脱离了传统的农业劳动，由农村户籍转变为城镇户籍，但仍滞留在农村，在当地从事二、三产劳动，不能享受城镇的公共服务设施，大量分散的农村非农劳动力同时也不利于产业和公共服务设施的集聚。

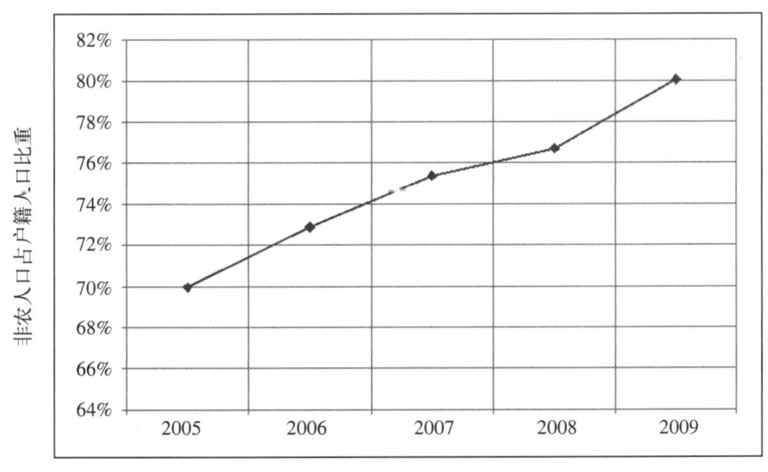

图 4-8　户籍人口非农化水平

数据来源：上海统计年鉴（2001 ~ 2010 年）

上海半城市化地区的从业人员以外来人口为主，近年来这一地区已代替中心城区成为吸引外来从业人员的主要场所。2008 年上海全市共有 517.42 万外来人口，其中 353.21 万流入半城市化地区，占全市外来人口的 68.3%。大量劳动力从中部、西部省市的农村流入上海郊区,他们当中有超过 70% 的人从事第二产业劳动（图 4-9）。近年来，外来劳动力数量逐年上升，在半城市化地区劳动力中所占的比重也越来越大。以宝山区为例，2009 年，由外省市流入本区农村的从业人员占总从业人员比重的 72.6%,比 2005 年上升了 9.2 个百分点,而本地农村从业人员仅占 27.4%(图 4-10)。大量的外来劳动力是推动上海半城市化地区非农产业发展的重要力量，加速了城镇化和非农化的进程，但也带来了交通、住房、治安等若干社会问题，为半城市化地区的发展带来了诸多挑战。

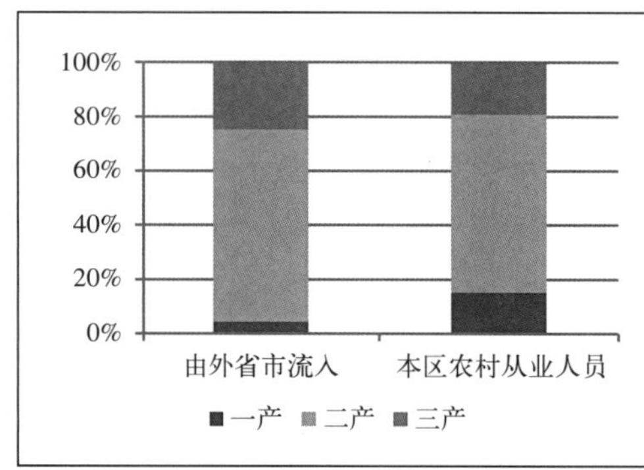

图 4–9　2009 年半城市化地区农村劳动力结构

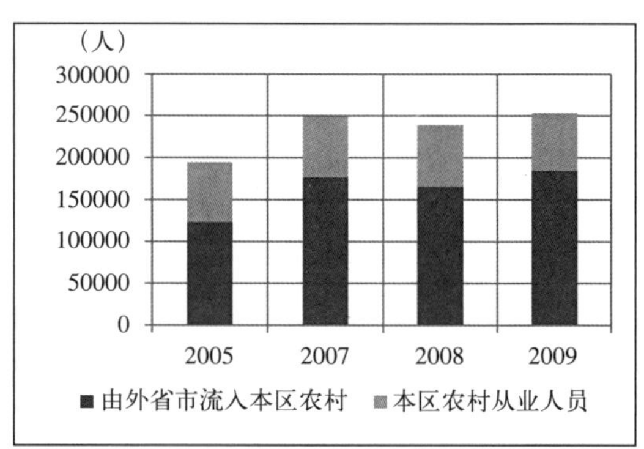

图 4–10　2005 ~ 2009 年宝山区农村劳动力结构

数据来源：历年上海各区统计年鉴及统计公报

四、20 世纪 90 年代以来上海半城市化地区土地利用扩展的时空特征

1. 建设用地扩张情况

1990 ~ 2009 年，上海半城市化地区建设用地面积总计由 26323hm^2 增长到 105441hm^2，19 年间共增加 79118hm^2，相当于本书所定义中心城区面积的 75.6%，相当于通常所指中心城区即外环内地区的 1.16 倍。年平均增长率 15.8%，建设用地扩张速度惊人（表 4-1）。其中，1990 ~ 1995 年、1995 ~ 2000 年的建设用地增长较小，分别增长了 12.4% 和 10.3%，10 年间建设用地的年平均增长率为 2.4%。2000 年开始，半城市化地区进入了快速发展阶段，建设用地增长速度也显著提高。2000 ~ 2009 年，建设用地由 32648hm^2 增长至 105441hm^2 年平均增长率为 28.1%。1990 ~ 2005 年间，建设用地总面积和斑块数增加，平均斑块面积减小，表明半城市化地区内建设用地斑块的破碎化程度持续增加。2000 ~ 2005 年，建设用地破碎化程度加剧。而 2005 ~ 2009 年，建设用地总面积仍持续增长，但建设用地斑块数减小，平均斑块面

积增大，说明半城市化地区内建设用地的破碎化趋势有所缓解，用地布局逐渐趋向集聚。

1990～2009年上海半城市化地区建设用地变化情况　　表4-1

	1990年	1995年	2000年	2005年	2009年
用地面积（hm^2）	26323	29589	32648	49617	105441
用地增长率（%）	-	12.4%	10.3%	52.0%	112.5%
总斑块数（个）	99	106	155	449	358
平均斑块面积（hm^2）	265.9	279.1	210.6	110.5	294.5

2. 建设用地与其他各类用地的相互转化

表 4-2 显示了 1990 年与 2000 两个年份各类用地相互转化的情况（此处将农村居民点单列）。1990 ～ 2000 年，建设用地的增长基本来自以耕地为主的其他用地。表 4-3 显示了 2000 ～ 2009 年，大部分新增建设用地来自以耕地为主的其他用地，小部分来自农村居民点用地。这一时期内，建设用地的大规模扩张对农村居民点用地的空间布局造成了一定影响。一方面，随着半城市化地区的快速发展，政府开始进行农村宅基地置换工作，部分农村居民点置换后转变为城镇建设用地进行开发建设。另一方面，随着半城市化地区自身乡村工业化的蓬勃发展，许多村镇开始自行开办企业或将土地出租给外来企业成为工业用地。

1990～2000年上海半城市化地区各类用地转换矩阵（单位：hm^2）　　表4-2

2000年 \ 1990年	建设用地	农村居民点用地	其他用地	总计
建设用地	26244	1	6403	32648
农村居民点用地	1	35208	3261	38470
其他用地	78	128	365135	365340
总计	26323	35337	374799	436458

2000～2009年上海半城市化地区各类用地转换矩阵（单位：hm^2）　　表4-3

2009年 \ 2000年	建设用地	农村居民点用地	其他用地	总计
建设用地	28677	16301	60464	105441
农村居民点用地	300	14363	24026	38689
其他用地	3670	7806	280852	292328
总计	32648	38470	365340	436458

3. 各时期建设用地空间扩展模式及主要增长方向

从图 4-2 可看出，1990 年半城市化地区的建设用地分布主要有两种形式，第一种形式是紧邻中心城区，沿外环线和黄浦江呈带形分布，这类用地主要集中在宝山和闵行的浦西地区，这两个区紧邻中心城区，部分用地位于外环线内，最先受到中心城区辐射，并逐渐成为中心城区的一部分。另一种是嘉定、松江、奉贤和金山四个远郊区的用地，这些区由于远离中心城区，用地格局暂未受到中心城区影响，而是围绕各自的地区中心，呈点状布局。总体来看，1990 年的半城市化地区建设用地表现出近郊区沿外环和沿江带状发展，远郊区围绕各自中心发展的双重模式。

1990 ~ 2000 年，半城市化地区的建设用地的增长主要集中在宝山、嘉定、松江区，以及闵行区的黄浦江以西地区。表现为这几个区外环外用地逐渐连接起来，形成较为完整的带状。同时，这几个区各自的中心区域也有一定的用地增长。而远郊四区，即西南方向的青浦区和黄浦江以东的金山、奉贤和南汇区，建设用地则没有明显的增长。

2000 年、2005 年和 2009 年 3 个年份半城市化地区的建设用地分布情况如图 4-11 所示。可看出这段时期各区的用地增长均明显加快。2000 ~ 2005 年，建设用地增长仍主要集中在近郊四区，沿外环和沿江，以及围绕各自区中心增长，但增长幅度比前十年明显增加；而远郊四区也有了一定的用地增长，但增幅仍较小。

2005 ~ 2009 年，半城市化地区建设用地的增长则表现为各区相对均衡的增长特点。在黄浦江以西，沿外环和沿江的城市建设用地继续增长，并沿主要交通干道向外围放射延伸，在宝山、嘉定、松江、青浦和闵行区各自的地区中心连成一体。而黄浦江以东的金山、奉贤和南汇区的建设用地也有了显著增长。表现为地区内部的若干中心村镇形成多个用地增长点，建设用地围绕这些增长点相对均匀地向外扩展。

图 4-11 左表示 1990 ~ 2009 年，位于不同方向的各个行政区的建设用地增长量。图 4-10 右表示各区建设用地增长面积占全区行政区划面积的比重。从图中可以看出，1990 ~ 2009 年间，半城市化地区建设用地在各区均有较大幅度的增长。其中增长幅度较大的几个区为位于近郊区的闵行、嘉定、宝山和松江，其次为南汇和奉贤，而金山和青浦的建设用地面积增长幅度则相对较小。

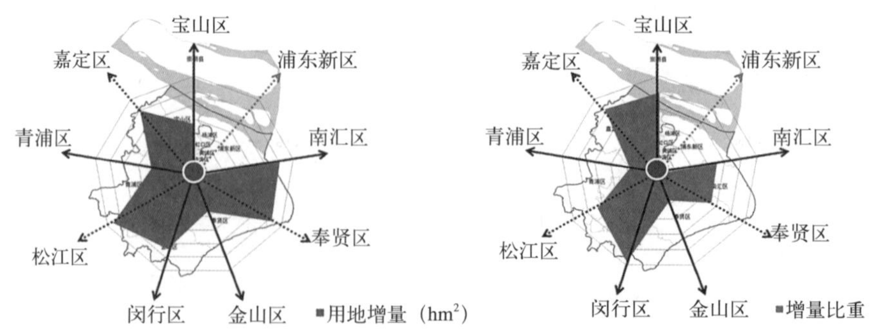

图 4-11　1990 ~ 2009 年各区建设用地总体增长量（左）及增长比重（右）

1990 ~ 2009 年半城市化地区建设用地扩展情况如图 4-12 所示。总结上述各时期用地增长的空间特征，可看出 20 世纪 90 年代以来，上海半城市化地区的建设用地扩展的主要空间特征，表现为围绕中心城区、各地区中心以及交通干道向外辐射蔓延。近 20 年来，半城市化地区建设用地扩展由最初围绕中心城区蔓延的“单核扩展”，发展为围绕中心城区和各地区中心蔓延的“一主多辅、多核扩展”模式，以及沿交通干道两侧向外辐射的“点—轴扩展”模式。同时，随着整个区域城市网络体系逐渐完善，城市土地利用的空间布局和用地功能也逐渐趋于复杂和多元化。近郊的发展由于缺少有力的规划引导，往往自发地形成沿交通干道向外拓展的趋势，并且随着对周边用地的不断侵占，最终将交通干道之间的空间填满，使城市发展演进为更大范围的圈层式蔓延。

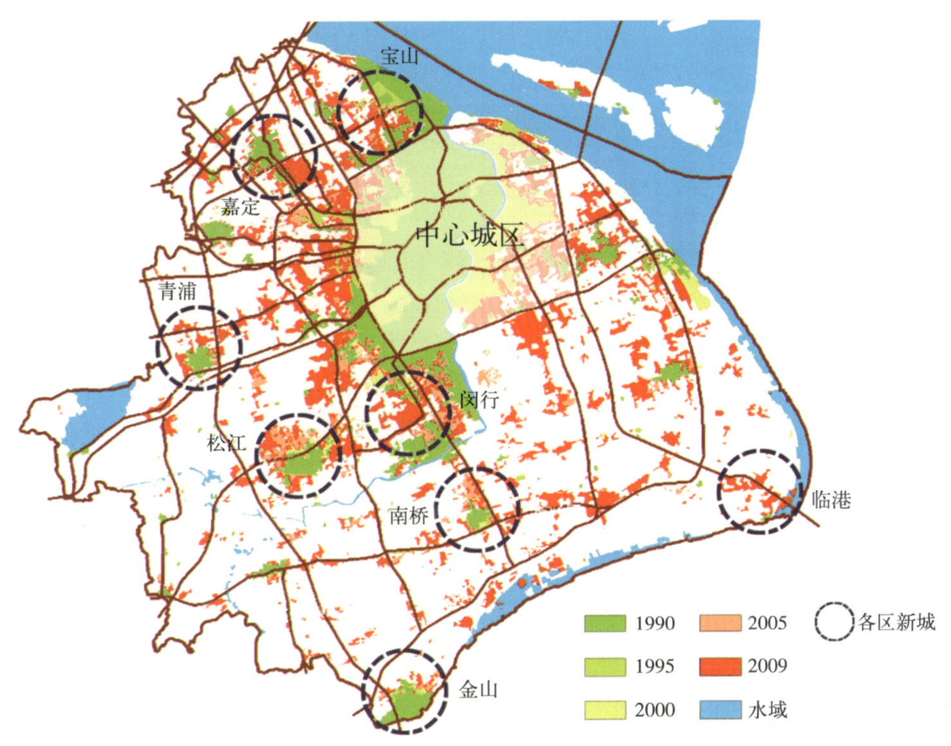

图 4-12　1990 ~ 2009 年建设用地总体变化趋势

4. 建设用地的利用效率变化

相比中心城区而言，上海半城市化地区土地集约化使用程度低，土地利用空间结构呈现出布局分散、集聚度低、用地混合、沿对外交通要道蔓延等特征。首先，半城市化地区表现为建设用地蔓延速度较快，利用效率较低，并导致耕地减少过快。建设用地的快速蔓延导致农业用地锐减，对农业生产和耕地保护带来巨大压力。1990 ~ 2009 年，全市耕地减少了 37.4%，共有 12.1 万 hm^2 耕地转化为城市建设用地，占2009年全市建设用地总量的53.8%。而这些新增建设用地中大部分位于半城市化地区。同期，半城市化地区建设用地占总用地的比例从1990年的15.84%上升到2009年的36.27%(图4-13)。比较2001～2008年中心城区和半城市化地区的GDP密度变化，可发现二者趋势基本相同,但中心城区GDP密度增长率略高于半城市化地区(图4-14)。2001年，中心城区与半城市化地区的GDP密度差值为14790万元/km^2，而到2008年，二者差值已增加至85684万元/km^2。这表明半城市化地区的土地资源生产力与中心城区的差距日益扩大。2005～2009年，半城市化地区GDP共增长了28.88%，而建设用地量却增长高达37.76%。由此可见，半城市化地区土地利用价值较低，土地利用方式比较粗放，造成了较大的资源浪费。

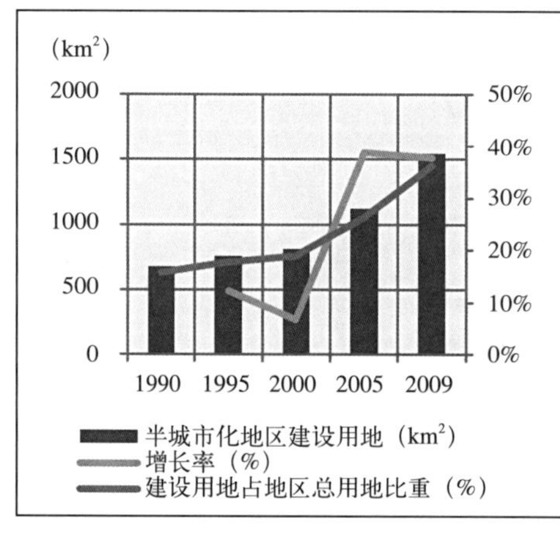

图4-13 1990～2009半城市化地区建设用地变化

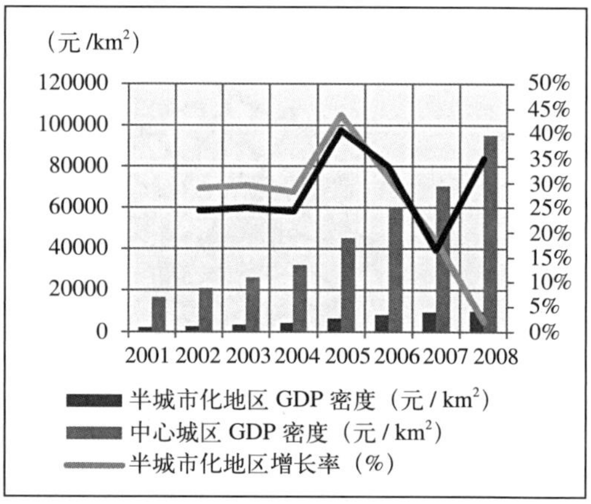

(元/km²)
120000
100000
80000
60000
40000
20000
0
50%
45%
40%
35%
30%
25%
20%
15%
10%
5%
0%
2001 2002 2003 2004 2005 2006 2007 2008
半城市化地区 GDP 密度（元/km²）
中心城区 GDP 密度（元/km²）
半城市化地区增长率（%）

图4-14 2001～2009年GDP密度变化

数据来源：历年上海各区统计年鉴及统计公报

5. 不同性质用地的土地利用时空扩展变化特征

（1）农村居民点[①]用地的时空变化

1990～2009年，上海半城市化地区农村居民点用地面积总计由35353hm^{2}增长到38689hm^2，19年间共增加3335hm^2，占建设用地扩张总面积的4.2%。(表4-4、图4-15)。其中，1990～1995年、1995～2000年的用地总面积变化不大，分别增长了3.9%和4.8%。这一时期半城市化地区的工业化和城镇化进程相对比较缓慢，地区内各村落基本保持了传统的农村居住空间形态，表现为沿主要道路相对集中、总体均质地分布在整个半城市化地区。2000～2009年，农村居民点用地经历了先增后减的变化。2000～2005年，用地增长38.9%，新增用地14970hm^2；而2005～2009年，用地面积又减少了14774hm^2，截至2009年，农村居民点用地面

① 该处的农村居民点用地是根据TM影像识别的，其实包括了农村居住用地和建设在集体用地上的零星工业点，限于TM影像的精度，是无法将居住用地和工业用地区分开来的。

积 38689hm^2，与 2000 年时的面积基本一致。

2000 ～ 2005 年，农村居民点空间布局发生了较大变化。随着宅基地置换试点工作的开始，半城市地区，尤其是闵行、嘉定等近郊区新农村居民点明显增多，而远郊几个区的居民点增长幅度相对较小。2005 ～ 2009 年，农村居民点面积和数量明显减少，这种减少的趋势在靠近中心城区的近郊地区表现得尤为明显。一方面，随着中心城区的快速发展，城镇建设用地不断向外蔓延，大量村落被拆除，宅基地被征收，逐渐成为中心城区的一部分；另一方面，宅基地置换工作经过几年发展已有了初步成效，农村居民点开始向新社区集中，原有宅基地置换后成为城镇建设用地及其他用地。因此，这一时期农村居民点的空间变化表现为在近郊区，原来分散、均质、小规模的居民点向新农村社区点成规模地集中，用地总量大幅减少；在远郊区，居民点数量和用地面积也有一定的减少，但集中的趋势并不明显。

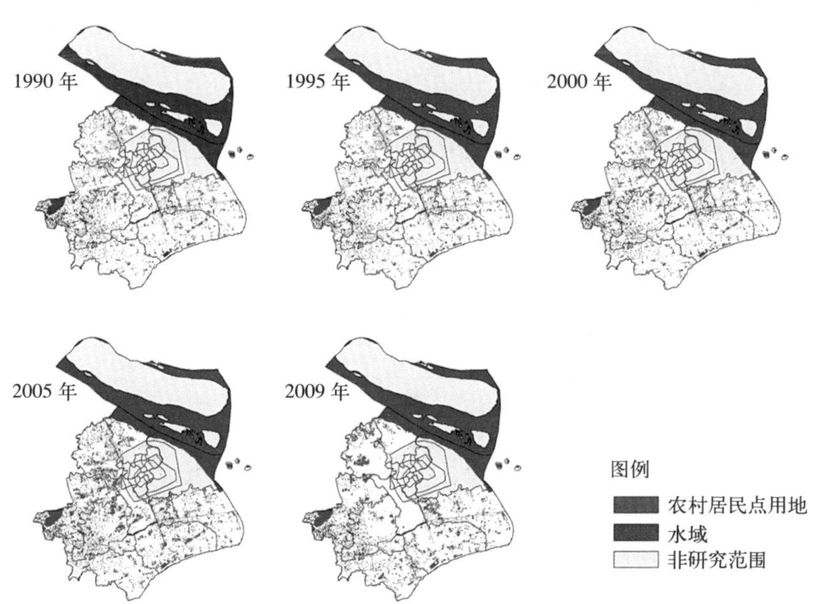

图 4-15　上海半城市化地区农村居民点用地变化情况

1990～2009年农村居民点用地面积变化　　表4-4

年份	1990年	1995年	2000年	2005年	2009年
用地面积（hm^2）	35353	36734	38492	53462	38689
用地增长率（%）	—	3.9%	4.8%	38.9%	－27.6%
总斑块数（个）	2032	2103	2285	2858	1450
平均斑块面积（hm^2）	17.4	17.5	16.8	18.7	26.7

图 4-16 显示了 1990 ~ 2009 年农村居民点用地总面积、斑块数以及平均斑块面积的变化情况。图中各类指标均以 1990 年的值为 1，其余各年以当年数值与 1990 年数值的比重表示其增长情况。从中可以看出，1990 ~ 2000 年十年间，农村居民点用地的总面积和斑块数略有增长，平均斑块面积略有减小，但总体变化程度不大。2000 ~ 2005 年，用地总面积、斑块数和平均斑块面积均大幅度、迅速增加，用地面积增幅最大，平均斑块面积增幅最小。2005 ~ 2009 年，用地总面积快速减少，至 2009 年基本与 1990 年用地面积相同；斑块数也随之减少，至 2009 年减少至 1990 年斑块数的 71.4%；平均斑块面积则继续增加且增幅加大，至 2009 年已达到 1990 年的 153.4%。表明这一时期，农村居民点逐步开始置换、整合，原先零散、小地块的农村居民点逐渐向统一规划的新农村社区集中，用地的集聚程度明显提高。

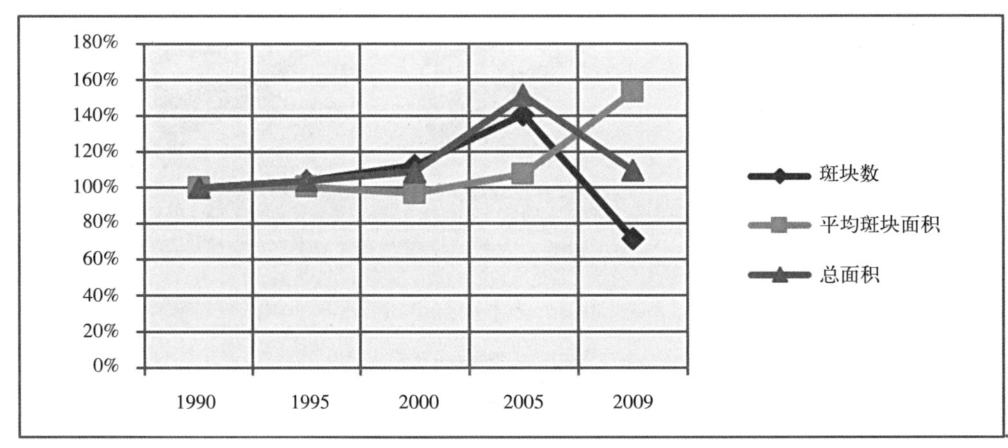

图 4–16　1990 ~ 2009 年农村居民点用地面积及斑块指标变化情况

(2) 工业用地[①]的时空变化特征

1997 ~ 2009 年，上海半城市化地区的工业用地共增长了 35721hm^2，年平均增长率 24.8%（表 4-5）。12 年间增长的用地是上海半城市化地区 1990 ~ 2009 年共 19 年间建设用地增长面积的 45.15%。由此可见，工业用地的扩张是上海半城市化地区建设用地蔓延的最主要因素。绝大部分工业用地的增长发生在 1997 ~ 2006 年，用地总量从 12025hm^2 增加至 47040hm^2，增长了将近 3 倍。这段时期，半城市化地区的工业化进程高速发展。2006 ~ 2009 年，工业用地变化不大，仅增长了 706hm^2，平均每年增长 235hm^2。说明 2006 年以后，半城市化地区的工业化进程逐渐趋于平稳发展。

① 该处的工业用地是根据土地使用现状图识别的，土地利用类型精度较高，包括了城市工业用地和集体工业用地。

1997～2009年工业用地面积变化　　表4-5

年份	1997年	2006年	2009年
用地面积（hm^2）	12025	47040	47746
用地增幅（%）	—	291.2	1.5
平均每年增长量（hm^2）	—	3891	235
斑块数（个）	1093	4649	4544
平均斑块面积（hm^2）	11.0	10.1	10.5

图 4-17 显示了 1997 年、2006 年和 2009 年工业用地总面积、斑块数以及平均斑块面积的变化情况。图中各类指标均以 1997 年的值为 1，其余各年以当年数值与 1997 年数值的比重表示其增长情况。可以看出，1997 ～ 2006 年间，半城市化地区的工业用地总面积和斑块数大幅增长，而平均斑块面积基本无变化。2006 ～ 2009 年，工业用地变化程度不大。

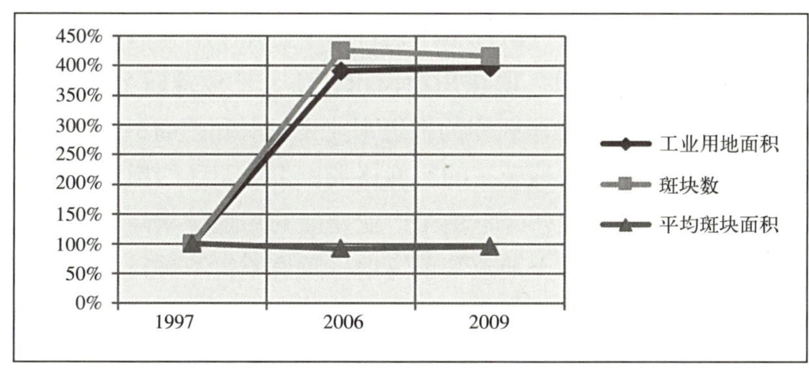

图 4-17　1997 年、2006 年和 2009 年工业用地用地面积及斑块指标变化情况

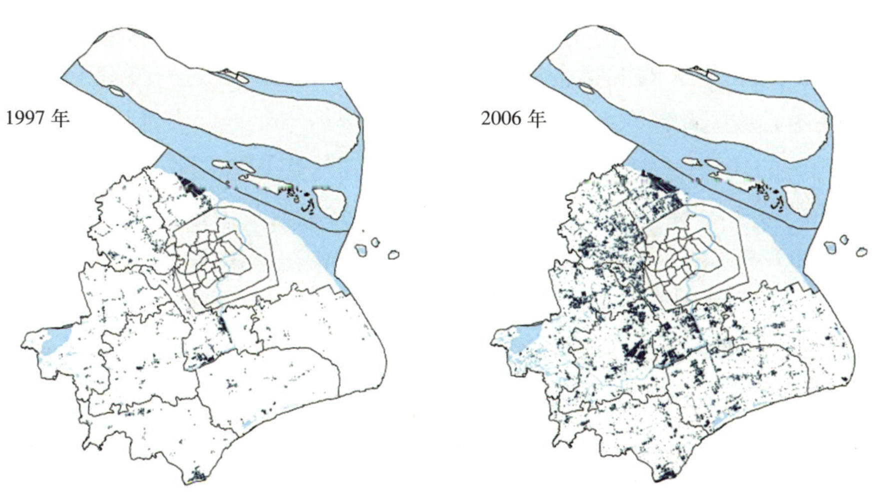

图 4-18　上海半城市化地区工业用地空间分布变化（一）

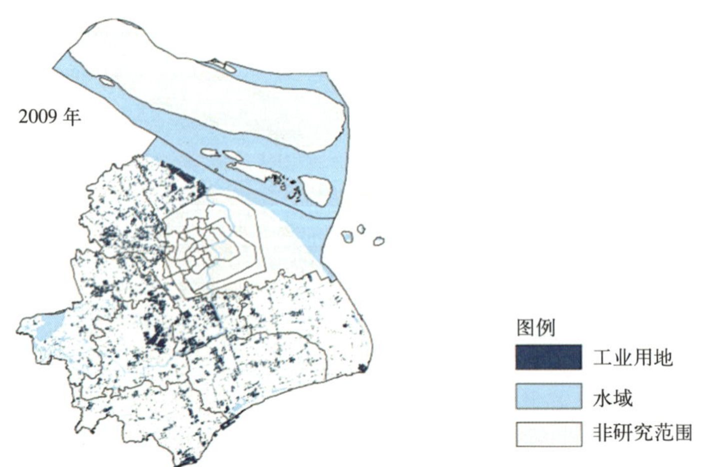

图 4–18　上海半城市化地区工业用地空间分布变化（二）

图 4-18 显示了工业用地空间分布演变的特征，从中可以看出：在近郊地区，工业用地沿通往中心城区的主要道路分布，相对集中在几个工业园区周围。在远郊地区，工业用地则布局相对零散，斑块用地面积较小，且数量较多。上海自 20 世纪 80 年代中后期开始将兴建工业园区作为推进工业化发展和招商引资的重要手段。相对于过去乡镇企业小工业点遍地开花的空间格局，工业园区的出现对土地的集约利用有了一定的促进，尤其在近郊区，由于产业发展的用地需求高于远郊区，对产业用地的迫切需求和日益紧缩的土地政策倒逼地方政府不得不进行土地整理，空间集聚效果相对较明显。但由于各乡镇的利益驱动，目前半城市化地区内仍分散有数百个规模小、等级低的工业点，对土地的集约利用和环境污染治理带来挑战。

（3）城镇居住用地的时空变化特征

1997 ~ 2009 年，半城市化地区的城镇居住用地快速增长（表 4-6）。12 年间建设用地的增长面积占 1990 ~ 2009 年上海半城市化地区建设用地增长面积的 29.5%。1997 年，半城市化地区的城镇居住用地数量仅有 3255hm^2。这一时期上海的发展的重心主要在中心城区和浦东新区，市区尚未有向半城市化地区大量疏解人口的需求，半城市化地区的住房需求较少。至 2006 年，城镇居住用地增长至 19225hm^2，增幅近 5 倍，平均每年增长 1775hm^2。这一时期半城市化地区工业化发展开始增速，同时中心城区也逐渐趋于人口饱和，房价高涨。半城市化地区由于土地价格较为低廉，同时伴随着大量工业的外移，吸引了很多市区人口在此置业，这段时期半城市化地区的城镇居住用地增长较快。2006 ~ 2009 年，城镇居住用地继续保持稳定增长。至 2009 年，半城市化地区的城镇居住用地发展走廊的态势已基本形成（图 4-19）。由于房地产市场对于区位和交通可达性影响的敏感性，城镇居住用地的发展呈现出明显的围绕中心城区发展和沿通向中心城区的主要交通干道发展的特征。

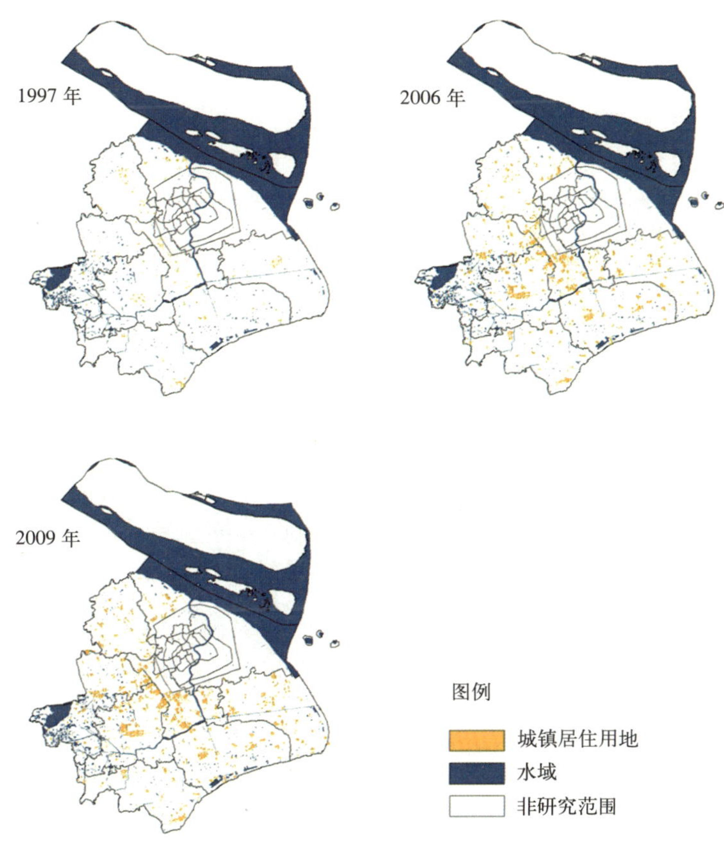

图 4-19 上海半城市化地区城镇居住用地变化

1997～2009年城镇居住用地面积变化 表4-6

年份	1997年	2006年	2009年
城镇居住用地面积（hm^2）	3255	19225	24814
用地增幅（%）	—	490.7	29.1
平均每年增长量（hm^2）	—	1775	1863

五、上海半城市化地区土地利用空间扩展的影响因素

何为等（2012）将半城市化地区的驱动力划分为政府力、市场力、社会力和其他力4个维度。上海半城市化地区属于典型的城郊型半城市化地区，政府力在其发展中占据了主导作用，在政府力的带动下，市场力、社会力等共同影响着半城市化地区的土地利用。

1. 政府力

上海半城市化地区发展的主要驱动力之一，是政府的宏观调控引导。具体而言，包括产业结构调整带来的用地调整、道路交通投资和大学城等的兴建。

（1）市域产业结构调整和开发区的兴建

改革开放初期，上海承担了全国经济发展的“后卫”角色，自身经济发展长期承担了工业基地的沉重负担，新旧体制摩擦比较严重，经济地位也逐渐下降。这一时期，上海的经济发展相比位于改革开放前沿的珠三角地区城市明显滞后。20 世纪 80 年代中后期起，上海市政府开始对全市的产业结构进行调整，1990 年开始的浦东新区开发拉开了上海产业结构转型的序幕。之后，上海提出了建设国际经济、金融和贸易中心的总体发展目标，明确了“三、二、一”的产业结构格局。上海市政府将大量第二产业，包括装备制造、船舶制造、汽车制造、精品钢铁、化学工业、微电子产业等六大支柱工业在内的 1000 多家传统工业企业从中心城区转移至半城市化地区，极大地促进了半城市化地区工业化的发展。目前，半城市化地区已成为上海市域的制造业基地。

在工业外迁的同时，从 20 世纪 80 年代中后期起，上海市大力鼓励开发区建设和工业园区的建设，兴建了若干各级开发区，其中许多位于半城市化地区。2010 年底，上海市共有国家级开发区 12 个，其中 5 个位于半城市化地区，分别为闵行经济技术开发区、松江出口加工区、闵行出口加工区、青浦出口加工区和佘山国家旅游度假区；市级开发区 26 个，其中 19 个位于半城市化地区。此外，还有各区、乡镇级工业园区及工业地块数百个（图 4-20）。

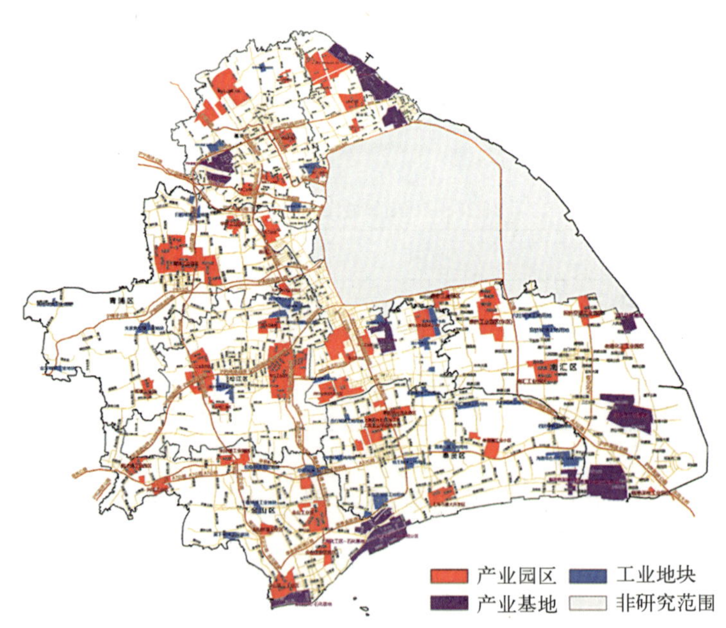

图 4-20　上海市主要工业区块分布图

来源：上海市经济和信息化委员会网站

开发区的建设对半城市化地区的经济发展提供了有力支撑，加快了农业劳动力向工业和服务业转移，对增加农民就业岗位、提高农民收入起到了主导作用。2004 年，松江区率先宣布“纯农户消失”，农民可支配收入中的非农收入已超过 80%，从事非农产业的农村劳动力占所有农村劳动力比重达到 80%。同时，工业经济的迅速发展，促进了半城市化地区财政收入大幅增长，从而有利于农业和农村发展，为工业反哺农业提供了经济保障。

（2）道路交通网络的快速发展

作为上海大都市区的重要组成部分，近年来，半城市化地区的内外交通网络得到快速发展。2000 年，全市公路通车总里程为 5970km，至 2010 年已达到 11974km，新增里程超过 10 年前的 1 倍。其中，高速公路的通车里程由 2000 年的 98km 快速增长到 2010 年的 775km，增长了将近 8 倍。除了对外快速道路的建设外，至 2009 年底，已有 6 条地铁线路延伸至外环外的半城市化地区；至 2011 年底增加至 9 条（图 4-21）。中心城区道路交通网络的外延发展大大提升了半城市化地区的交通可达性，缩短了市区与郊区之间的通勤时间，同时带来了地区人口出行总量大幅度提升。据统计，1995 ~ 2005 年，上海郊区常住人口出行率从 1.74 次 /d 提高到 2.02 次 /d，日均出行总量从 970 万人次 /d 增加到 1700 万人次 /d。由于城市道路网络和公交系统网络的服务程度对人口分布有着极其重要的影响，由中心城区迁入半城市化地区的人口在空间分布上主要表现为沿交通轴线和轨道交通站点周边显著增长。然而，多年来轨道交通建设重点仍然在中心城区，通往郊区的线路站点仅能覆盖靠近中心城区的小部分地区。广大半城市化地区的主要城镇缺乏轨道交通的支撑，在目前发展阶段对吸引主城人口的吸引和疏散能力较弱。

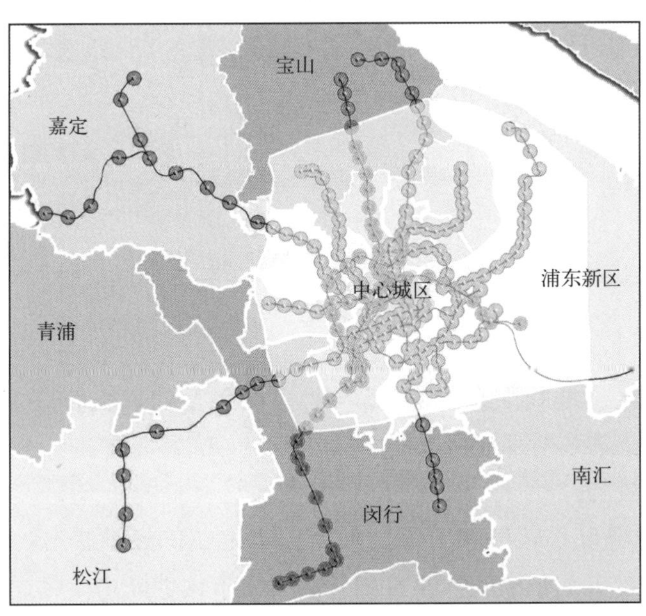

图 4-21　2009 年上海轨道交通及站点布局图

来源：改编自《上海市城市交通系统现状与未来发展规划》报告

（3）大学城的外迁

随着中心城区土地价值的日益升高，许多占地面积较大的教育和科研机构，如大学等，也纷纷开始选择半城市化地区建立新校区，“大学城”、“科学城”等应运而生。目前，上海全市共有9座大学城，其中松江大学园区、闵行大学园区、奉贤大学园区、临港大学园区和南汇大学园区5座位于半城市化地区（图4-22），这些都加速了半城市化地区的发展。

图4-22 上海大学园区布局图

2. 市场力

半城市化地区土地利用的市场力影响，主要包括外来投资的拉动，房地产市场的发育和自下而上的乡村工业化进程。

（1）外来投资的拉动

随着世界经济重心转移和上海国际大都市地位的逐渐提升，自20世纪80年代以来，上海对外资的吸引力大幅度提升，半城市化地区由于临近中心城区的良好区位和较低的土地成本，成为许多境外投资商设企建厂的最优选择，一定程度上促进了半城市化地区的产业集聚。以闵行区为例，2005年外商投资企业数2518个，

2010 年增至 4005 个；2001 ~ 2010 年，外商直接投资（FDI）企业缴纳税收的数额和在全区税收中所占份额均逐年上升。税收额从 2001 年的 8 亿元上升到 2010 年的 134 亿元，在全区所占比重则从 19.8% 增加到 37.9%。至 2010 年，境外投资企业缴纳税收总额占总税收比重已达到 53.4%（闵行统计年鉴）。

2010 年，闵行区、宝山区和奉贤区民营企业税收占总税收比重分别为 36%、73% 和 50%。比较这三个区各类企业税收结构，可看出虽然各区税收结构存在差异，但总体看来，上海半城市化地区的国内投资以民营企业为主，其缴纳税收额在国内投资中占绝大部分比重，也是税收总额的主要来源之一，其次为国有企业，而集体企业和个体经营在国内投资中所占份额则较低（图 4-23）。

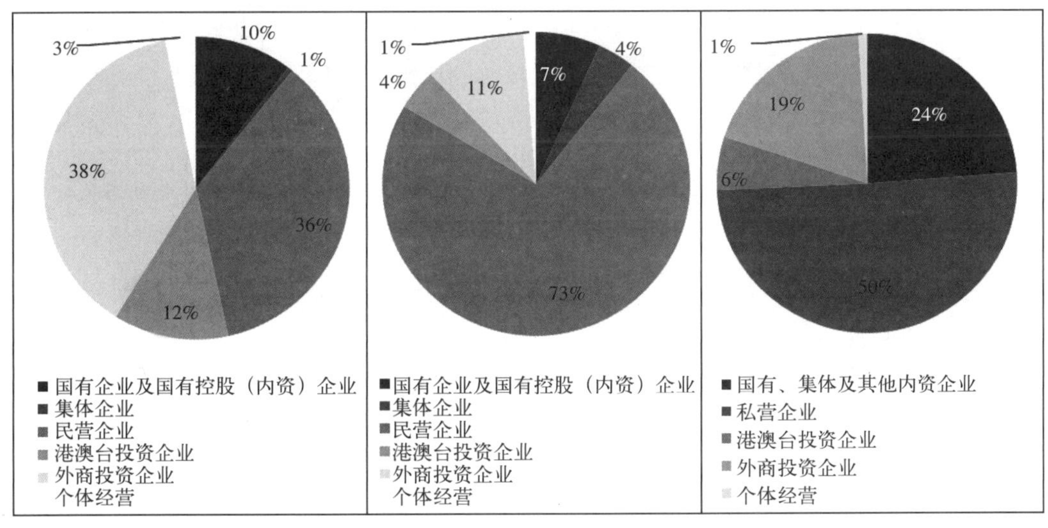

图 4-23　2010 年闵行（左）、宝山（中）、奉贤（右）各类企业税收结构

数据来源：2010 年闵行、宝山、奉贤统计年鉴

上述数据表明，随着上海市域产业结构转型和半城市化地区的快速发展，越来越多的国内外投资企业选择落户在半城市化地区，在各类投资中，外商投资和国内民营企业投资成为半城市化地区产业发展的主要力量，未来将进一步促进郊区城镇的发展和建设。

（2）房地产市场的带动

随着中心城区土地储备逐渐减少，土地价格不断攀升，城市向外扩展疏解的需求日益强烈。随着道路交通系统，尤其是以轨道交通为主的公共交通网络的延伸，半城市化地区与中心城区之间的通勤时间大大缩短。因此，面对日益飙升的房价，越来越多的人群开始选择在远离市中心但交通条件便利的地区购房，上下班依靠地铁、公交或私家车往返于市中心和郊区。同时，随着大量传统制造业的外迁，新的工业园区也纷纷在半城市化地区建立。产业的快速发展带动了配套公共服务设施等第三产业的发展，同时吸引了大量外来从业人口。随企业外迁的从业人员出于出勤时间成本和经济成本的综合考虑，往往会选择在附近置业定居。2003 ~ 2007 年，商品房施工与竣工面积主要集中在外环线以外的半城市化地区，并呈现逐年增长的趋势。其中 2006 年与 2007 年两年占全市的比例均超过 50%。施工与竣工面积的年均增长率分别为 18.1% 与 20.7%，保持了较快的增长（图 4-24）。

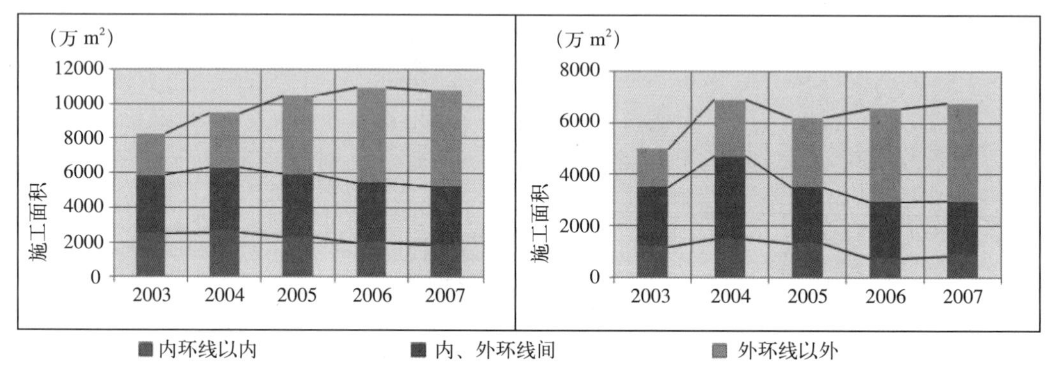

图 4–24　商品房施工面积（左）与竣工面积（右）的空间分布

数据来源：历年《上海统计年鉴》

（3）自下而上的乡村工业化进程

除了受到自上而下的政策引导和中心城区辐射影响外，上海半城市化地区长期自下而上的工业发展积累的经济能量，也是城镇化发展的内在动力。乡村工业化进程对上海半城市化地区的土地利用进程发挥着重要影响。上海郊区工业化过去属于典型的“苏南模式”，乡镇企业数量大，规模小，分布零散，采用的是“镇办镇有，村办村有”的路线。20 世纪 80 年代中后期，上海市政府提出了“工业向园区集中”的政策，试图实现工业的集中，但出于各乡镇的经济发展和利益考虑，允许乡镇把兴建工业园区作为招商引资的手段，出现了“乡乡批土地，镇镇办工业区”的现象。1995 年年底，上海市郊区共有乡镇企业 1.8 万个，分布在 4000 多个工业点上，平均每个工业点拥有的乡镇企业数目不超过 5 个。1999 年，上海郊区的乡镇企业总数增长到 3.6 万个，占全市总数的 72%，平均每个乡镇有 180 家乡镇企业（张水清，杜德斌，2001）。目前，上海半城市化地区共有 180 个工业园区是各乡镇自办的小工业区。乡村工业化推进了自下而上的农村城市化进程，但这种遍地开花的园区开发模式，不利于产业的高效集聚和规模化发展，产生了土地利用低效、资源配置成本高、污染治理成本高等一系列问题。

乡镇企业在乡村工业的发展中曾占据过主导力量，然而随着多年来市域产业的重新布局和市场经济的发展，股份制、私营、三资等其他类型企业蓬勃发展，乡镇企业在半城市化地区产业发展中所占的比重逐渐下降。从全市各类企业销售产值来看，

1999 ～ 2010 年，乡镇企业销售产值在全市各类企业总产值中的比重从 25.3% 下降到 6.4%。其中镇属企业销售产值从 433.8 亿元增长到 1302.4 亿元，增长了 2 倍；而乡属企业和村属企业的销售产值则逐年减少，1999 ～ 2010 年分别减少了 41% 和 38%。

在半城市化地区，以闵行区为例，2002 ～ 2010 年，乡镇企业税收在全区内资企业税收中所占的比重从 85.1% 下降到 22.9%（图 4-25 左）；在各类企业总税收中的比重从 55.0% 下降到 10.7%（图 4-25 右）。但在农村经济收益中，乡镇企业仍占据主导力量。2005 ～ 2009 年，镇办企业收入在闵行农村经济收益中始终占一半左右的比重，高峰期比重达到 63.8%（图 4-26）。

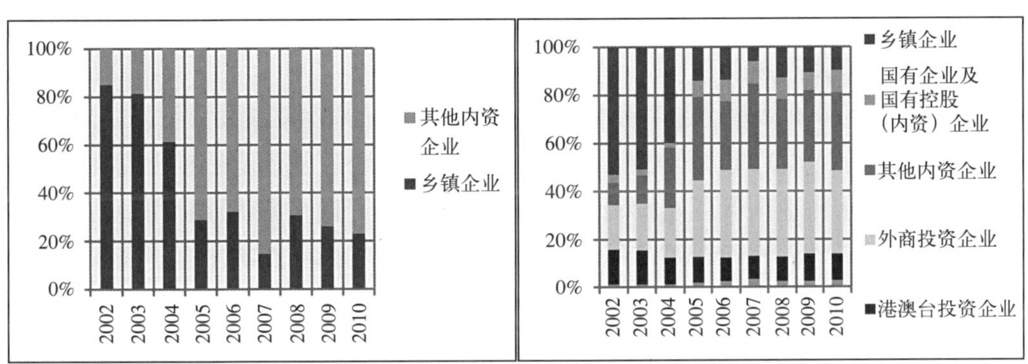

图 4-25　历年闵行区各类企业税收结构

数据来源：历年闵行统计年鉴

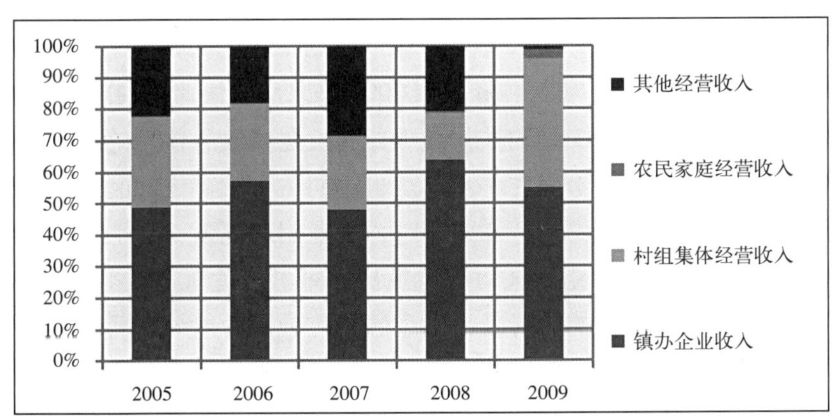

图 4-26　2005 ～ 2008 年闵行区农村经济收益结构

数据来源：历年闵行统计年鉴

从上述分析可以看出，虽然随着多年来经济的发展和产业结构的调整，半城市化地区其他类型的企业明显增多，但由于二元体制带来的集体经济的独立性和地方财政制度给地方乡镇政府带来的压力，乡镇工业的属性和镇村两级布局的格局并没有根本性的改变，乡镇企业和乡镇集体经济仍是半城市化地区农村经济收益的主要力量。

3. 社会力

近年来随着大中城市房价飙涨，不少中低收入群体将买房梦寄托于城市周边的农村地带，选择购买农民在宅基地上建设后出售的小产权房。由于乡镇村基层政府利益驱动和有关部门监管乏力等原因，小产权房近年来在全国不断蔓延。据全国工商联相关调查，全国小产权房竣工建筑面积仅“十一五”期间就达 2.83 亿 m^2。虽然上海小产权房总量缺乏统计数据，但在半城市化地区的很多乡镇，在镇村政府出面建设和农民联建的力量推动下，已成为小产权房的“集中营”①。小产权房的建设，虽然一定程度上缓解了房价高涨带来的矛盾，但同时引发大量占用耕地、配套设施不完善、严重冲击城市房地产市场等问题，这种非正规经济的发展，给半城市化地区的未来带来诸多隐患。

从上海半城市化地区土地利用的影响因素来看，政府力在其中发挥着主导作用，市场力则受惠于上海中心城区的辐射和良好的区位优势。从管治程度上而言，上海市政府对半城市化地区集体建设用地的指标控制十分严格，集体建设用地使用权的流转相对滞后于珠江三角洲等其他发达地区，从一定程度上影响了自下而上的乡村发展，但房地产开发巨大的利益驱动使得上海半城市化地区的小产权房市场十分活跃，这也是 1990 年以来上海半城市化地区建设用地蔓延甚至超过中心城区面积的主要原因之一。

六、结语

总体而言，1990 年以来，上海半城市化地区的工业化和城镇化发展可大致分为两个阶段，2000 年以前的缓慢发展阶段和 2000 年以后的快速发展阶段。 在建设用地的快速扩展中，工业用地面积的扩张最大，其次是城镇居住用地。农村居民点的扩张在建设用地蔓延中所占份额并不高。这也表明，半城市化地区在市域经济发展和人口疏解方面发挥着重要作用，与此同时，工业用地蔓延、土地碎化、土地产出效率偏低等现象仍较严重，给地区可持续发展带来潜在危机。就其影响因素来看，来自于政府投资和中心城区的辐射是上海半城市化地区发展最主要的推动力量，与之相比，自下而上的乡村工业化进程和农村居民点扩张虽然有一定的影响，但推力远小于拉力。长期以来城乡二元体制带来的城乡双轨模式，极大地制约着半城市化地区的发展，并在未来很长一段时期内继续影响其发展进程。

---

① 小产权房在上海蔓延　叶榭镇：小产权房的集中营 [EB/OL]. 2007-07-23. http：//sh.focus.cn/news/2007-07-23/339895.html。

第五章 半城市化地区经济社会与土地利用特征的三大区域比较

我国幅员广大，区域发展很不平衡。在内陆地区，大多数县市仍处于工业化发展的初期和中期阶段，城乡的二元分界还比较明显。而京津唐地区、长江三角洲与珠江三角洲作为中国发展最迅速、经济最发达的城镇密集地区，也是半城市化现象最为凸显的地区。选择这三个区域中具有代表性的半城市化地区进行研究，有利于我们全面了解我国半城市化地区土地利用的特征、影响机制和影响效应。

从改革开放 30 多年的历程来看，处于三大城镇密集区内的半城市化地区虽然发展模式各异，但在工业化、城市化和现代化进程中取得了宝贵的经验。然而，进入 21 世纪，这些地区的发展面临着前所未有的挑战：依靠大量要素资源投入支撑经济粗放增长的发展模式难以为继，土地资源紧缺的制约尤为显著；城镇化严重滞后于工业化，产业转型升级乏力；城市环境质量堪忧，无法吸引高层次人才定居；管理能力难以与经济水平匹配，社会矛盾、社会问题凸显。通过选取我国大区域三个典型的半城市化地区——长三角的江阴市、珠三角的顺德区、京津唐的顺义区（这些地区同时也是或曾经是中国的百强县），本章分析了典型半城市化地区的工业强县 / 区的社会经济与土地利用特征及形成机制。

一、研究对象与数据来源

本次研究选取的对象为半城市化特色突出的百强县中的三席：江阴市位于苏南地区，属无锡管辖，连续十年蝉联中国第一经济强县（市）（并列）；顺德曾连续四年荣获全国百强县第一名，2003 年并入佛山市，成为市辖区。而地处京津唐地区、作为北京远郊实力最强的郊县，顺义曾连续三次跻身于全国综合经济实力百强县（市），在全国 80 个基本实现小康县（市）中位居前列，1998 年撤县设区。三个百强县 / 区的基本概况见表 5-1。研究中的社会经济数据主要来源于各市 / 区统计年鉴，而土地利用数据主要来自于各市 / 区 2010 年的土地使用现状图。

三个百强县/区基本概况 表5-1

	江阴	顺德	顺义
土地面积（km^2）	987.53	806	1020
常住人口（万人）	162.4	247.34	95.3
GDP（亿元）	2535.38	2153.90	1103.2
地方一般财政收入（亿元）	425.95	215.8	130

数据来源：各市/区统计公报。

二、半城市化工业强区的社会经济特征

1. 经济和产业演进特征

从经济增长的阶段来看，1980 年以来三地的发展可以划分为 3 个阶段：第一阶段（1992 年之前）改革开放之初，三地经济发展状况接近，GDP 总量相当。第二阶段（1992 ~ 2003）：改革开放以来，地处珠三角的顺德和长三角的江阴凭借良好的区位、优惠政策、外资以及制度创新带来的利好条件，步入快速工业化，发展成效显著，迅速拉开与顺义的差距，而顺义经济发展速度在改革开放后持续平缓。第三阶段（2003 年至今）：2003 年以来，顺德、江阴经历了空前的经济高速增长，2010 年两地 GDP 均已超过 2000 亿元，而顺义直到 2007 年才开始进入加速发展阶段，2010 年 GDP 为 867.8 亿元，不到顺德、江阴的一半（图 5-1）。

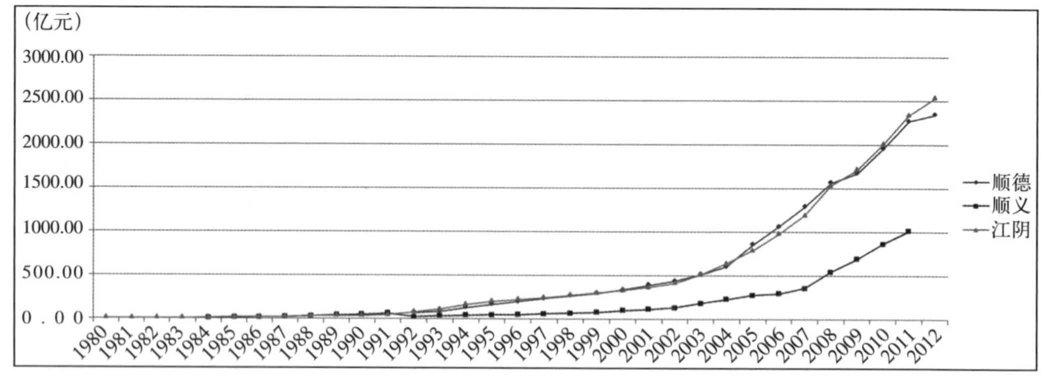

图 5-1 1980 年以来三地的 GDP 增长

数据来源：各地统计年鉴和统计公报

按照户籍人口计算，三地人均GDP呈现顺德>江阴>顺义的趋势。2011年开始，江阴人均GDP超过顺德，成为三地最高（图5-2）。[①] 若按常住人口计算，三地人均GDP则呈现江阴>顺义>顺德的特点。2010年，江阴市人均GDP为12.54万元/人，高于顺义的9.90万元/人，远高于顺德的7.86万元/人。分析原因发现，顺德人均GDP较低的原因在于其庞大的流动人口规模和偏轻的产业结构。以2010年为例，该年江阴、顺德两地的GDP相当，户籍人口总量也接近（顺德122.54万人，江阴121.3万人），但顺德流动人口总量达到123.77万人，大大超过同期江阴的41.1万人。

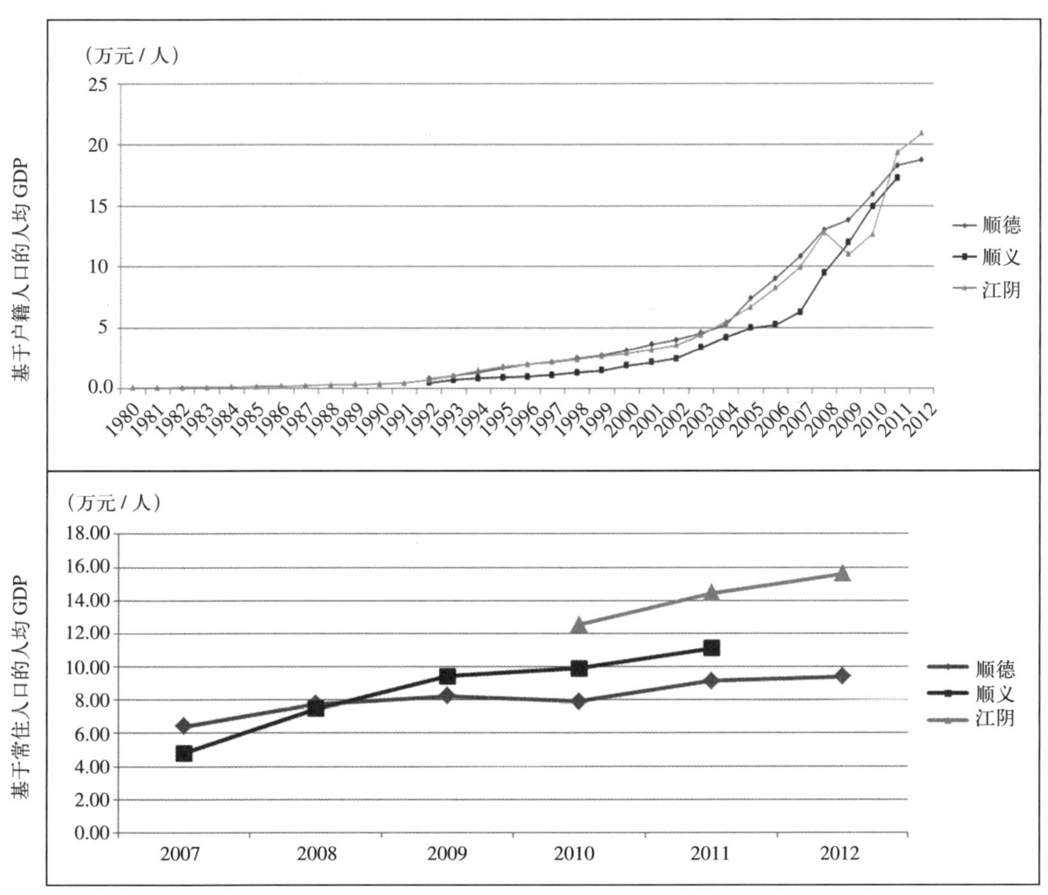

图5-2　基于户籍人口（上）和常住人口（下）的人均GDP变化

数据来源：各地统计年鉴和统计公报

从三产比例的变化来看（图5-3），1992年，三地均呈现二产为主的产业结构，这和半城市化地区以工业化起步带动城镇化进程的特点相吻合。三地的一产比例均

---

① 根据实地调研，江阴人均GDP较高的原因和当地对常住流动人口规模的统计有关。2012年，官方统计口径常住流动人口为41.1万，但根据笔者对当地的多部门调研，常住流动人口的数字应为80万左右。

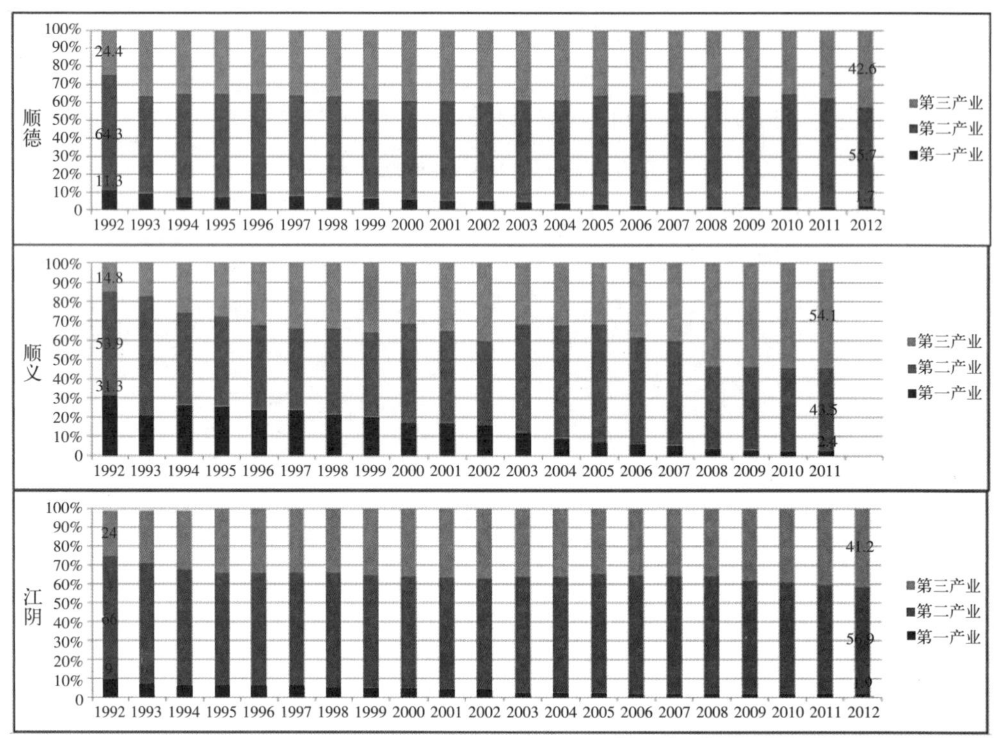

图 5-3 顺德、顺义和江阴的三产结构变化

数据来源：各地统计年鉴和统计公报

呈明显下降的趋势，即使一产比例最高的顺义，到 2012 年也仅占 2.4 个百分点。三地的三产比例均呈现逐年增加的趋势，尤其是顺义已经呈现出“三二一”的产业结构，这和半城市化地区的扩张受到首都空港、住宅和服务业的扩散辐射密切相关，但在城市建设和形象上，顺义仍被批评为“业强城弱”。顺德、江阴的产业结构类似，二产仍占据产业结构的主体。

除了工业独大、服务业配套不足外，工业化地区产业存在的问题主要表现为产业升级乏力。一方面，百强县 / 区对国家经济的贡献明显，为当地企业的成长提供了良好的土壤。但随着民营企业做大做强，百强县能提供的支持捉襟见肘。一方面，建设用地的制约使得企业扩大生产规模难以在本地完成。另一方面，虽然经济总量和规模较大，但未建立与之相匹配的城市服务功能，无法吸引企业所需的中高级技术和管理人才。所谓的百强县更多指的是高度工业化的地区，而非功能完善、对高端人才拥有吸引力的城市（综合开发研究院，2012）。

2. 人口和社会演进特征

从户籍人口的增长来看，三地均较为平缓，常住流动人口中，顺德最多，其次为江阴和顺义。2012 年，顺德流动人口达到 124 万，同期江阴流动人口 41 万[①]，顺

① 基于与和地方政府机构的访谈，事实上当地常住流动人口约 80 万，但官方公布口径为 41 万。

义流动人口约 17 万[①]（图 5-4）。流动人口数量与产业结构的关系较为密切：顺德的产业结构偏轻，劳动密集型产业特色明显；江阴的产业结构轻重结合，资金密集型产业特点明显；而顺义产业结构偏重，资金密集型特色显著。

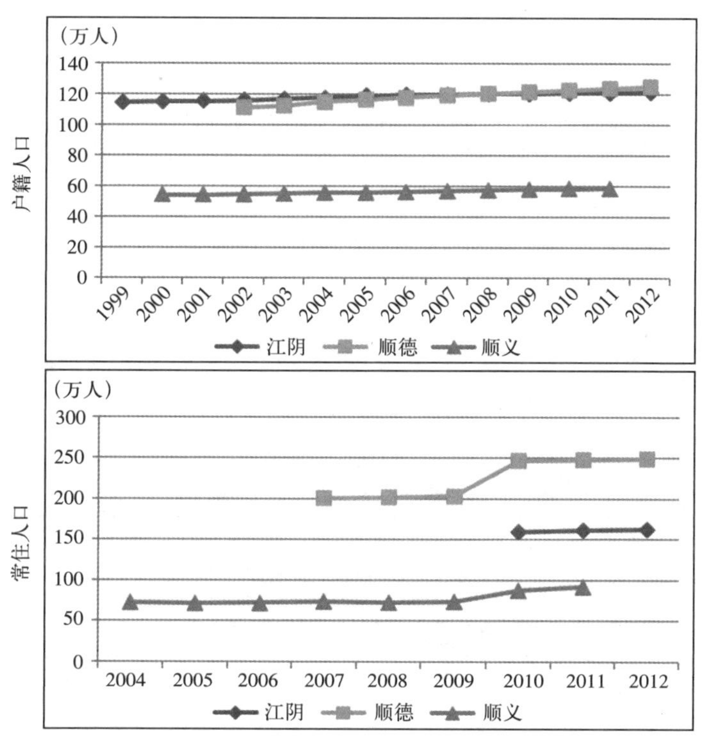

图 5–4　1999 来三地户籍人口（上）和常住人口（下）变化情况

数据来源：各地统计年鉴和统计公报

从城镇居民可支配收入上来看，江阴的增长速度最高，“后来居上”的态势明显。发展初期，江阴市城镇居民可支配收入为三者中最低。但从 2005 年开始超过顺义，2010 年超过顺德。从农民人均收入来看，江阴市农民人均年纯收入的增速也最高，且收入总数高于顺德和顺义。三者中，顺德的农民收入增速最低[②]，且城镇居民收入 / 农村居民收入之比数值最高（2010 年约 2.4，之后顺德取消农业户口，因此也就不再存在名义上的“农民”），表明城乡收入差距相对较大。但和 2011 年全国城乡居民收入差距的 3.13 : 1 平均水平相比，半城市化地区的城乡居民收入差距要小得多（图 5-5）。

---

① http://blog.renren.com/share/234384739/3248779367，顺义区自 2003 年以来就通过采取“以产引人”，“以证控人”，“以房管人”等方式，旨在运用各项行政手段严格控制流动人口，与北京其他郊区县相比，顺义区流动人口数仅有其 1/3 或 1/2 左右，被称为“顺义模式”，但也因其“地域歧视”而备受争议。

② 农民的灰色收入，如出租房屋收益等无法统计，也是造成其数值较低的原因。

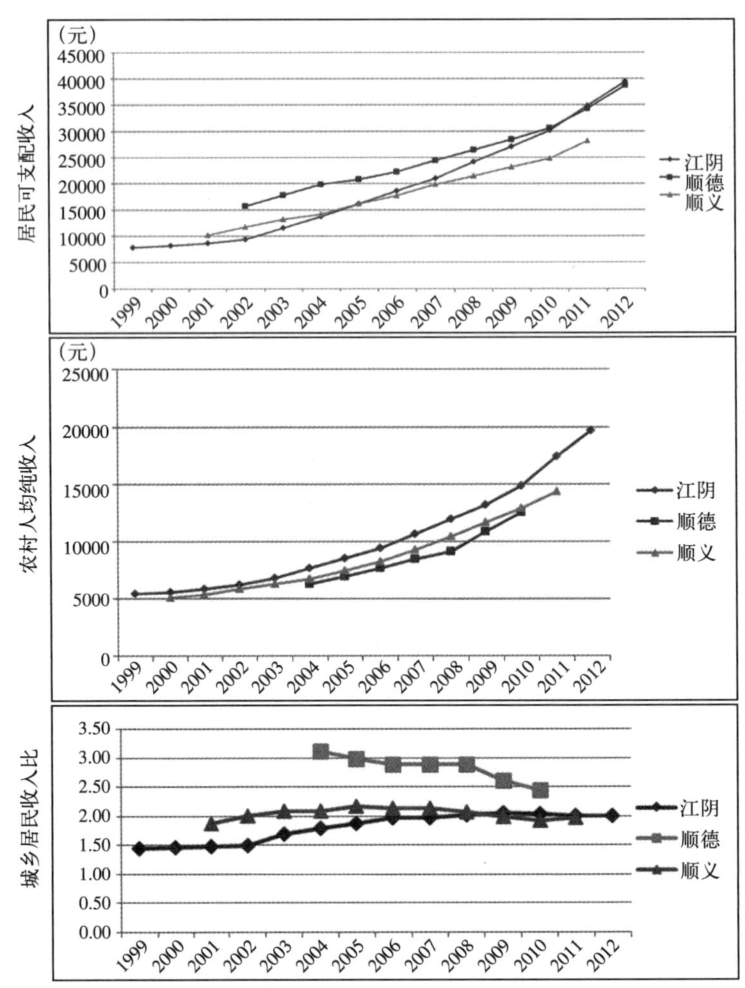

图 5-5　1999 年以来三地城镇居民可支配收入（上）、农村人均纯收入（中）和城乡居民收入比（下）比较

数据来源：各地统计年鉴和统计公报

大量的流动人口和外来劳工，对半城市化地区的社会管理带来严峻挑战。劳工"原子化"的生存方式，缺少与本地社会的交流和联系，地区的综合竞争力和吸引力逐步弱化，本地企业外迁和人才外流的压力日益加剧。部分本地人经济富裕，但精神文化生活相对缺乏。

总体而言，从三大区域的百强县的社会经济发展历程可以看出，改革开放初期三地差异较小，后期长三角的江阴和珠三角的顺德在经济发展上远超过京津唐的顺义区。而从经济总量、经济结构、城乡居民收入等方面来看，江阴的发展态势在三者之中较佳。半城市化地区的发展均以工业化起步，以工业化带动城镇化，但城镇化步伐滞后于工业化，"非城镇化的工业化"造成工业企业遍地开花，带来经济效益低下、投资分散和环境污染、生态恶化等严重问题。城镇化发展滞后，已成为工业强区率先实现现代化的一大障碍。

三、半城市化工业强区的土地利用特征：以三个百强县 / 区为例

1. 建设用地扩张与蔓延

从 1995 ～ 2010 年间建设用地总量扩张的速度来看，顺德 > 江阴 > 顺义，且三地建设用地扩张速度最快的时期都在 2000 ～ 2005 年之间，这和我国 2001 年加入 WTO，经济全面驶入快车道有关（表 5-2）。2005 年之后，国家对建设用地的指标进一步收缩，但顺德地处相对自由放任的珠三角，建设用地扩张幅度仍高达 37.4%。此外，建设用地占总面积比重来看，顺德 > 江阴 > 顺义，2010 年顺德建设用地占比达到 45.2%，接近 50% 的极限值，高于江阴的 36.7% 和顺义区的 30.5%（表 5-3），在半城市化地区，土地的集约利用面临严峻挑战。

不同年份江阴和顺德建设用地的扩张情况　　**表5-2**

年份	1995～2000年	2000～2005年	2005～2010年	1995～2010年
顺义	14.7%	18.3%	11.1%	50.8%
江阴	21.1%	33.6%	14.8%	85.8%
顺德	13.7%	59.7%	37.4%	127.4%

2010年三地建设用地面积及占总面积的比例　　**表5-3**

地区	顺义	江阴	顺德
市（区）域总面积（km^2）	1020.54	986.98	806.70
建设用地面积（km^2）	310.85	362.29	364.50
建设用地占总面积比例（%）	30.5	36.7	45.2

2. 建设用地的空间分布特征

为了更好地描述建设用地分布的空间特征，我们采用部分景观生态学指标，如斑块数、平均斑块面积、景观形状指数、景观破碎度、用地混合度和斑块间平均最近距离等（表 5-4）。其中，用地混合度为笔者领衔的研究梯队以居住环境效应为评价准则，基于用地兼容性提出的一种测度居住、工业仓储两大类建设用地混杂度的指数计算方法，用于评价居住与工业仓储两大类用地的混杂利用程度。

建设用地景观生态学指标及解释　　**表 5-4**

名称	公式	解释
斑块面积占总面积的比例（*PLAND*）	$PLAND\ A_i/A$ 其中，A_i为该用地类型斑块的总面积，A为所有用地总面积	有助于确定建设用地的优势类型等。其值的大小决定着该用地在总用地中的地位

续表

名称	公式	解释
斑块个数（NP）	$NP = n_i$	NP反映用地的空间格局，一般规律是：NP大，破碎度高；NP小，破碎度低
斑块密度（PD）	$PD = N_i / A$ 式中，N_i为景观类型i的斑块数，A为研究区总面积	反映土地利用景观斑块空间分布的均匀程度
平均斑块面积（MPS）	$MPS = A_i / n_i$ 式中，A_i该用地类型斑块的总面积，n_i为斑块个数	MPS可以指征用地的破碎程度，通常来说，数值越小越破碎
景观形状指数（LSI）	$LSI = \frac{0.25}{\sqrt{S}} \times L$ 式中，L为所有斑块边界的总长度，S为该类用地总面积。	通过计算某一斑块形状与相同面积的圆或正方形之间的偏离程度来测量形状复杂程度，数值越大越不规整
景观破碎度（LFI）	$LFI = \frac{N-1}{S}$ 式中，N为斑块总数量，S为该类用地总面积	破碎度表征景观被分割的破碎程度，数值越大，表明破碎程度越高
用地混杂度	基于笔者申请的发明专利“基于用地兼容性的土地利用混杂度评价模型”（公布号CN103714244A）计算获得	数值越大越混杂
平均最近距离（MD）	在斑块级别上等于从斑块到同类型的斑块的最近距离之和除以具有最近距离的斑块总数	一般来说MD值大，反映出同类型斑块间相隔距离远，分布较离散；反之，说明同类型斑块间相距近，呈团聚分布

（1）建设用地变化特征

从建设用地的空间分布来看（图 5-6），顺义的空间结构为“强中心城区 + 小、弱镇区”，中心城区建设用地极化特征明显，首位度很高，而乡镇镇区普遍发育不足，规模偏小。江阴和顺义的建设用地结构已呈现出“中心城区 + 大镇区 + 交通走廊”的网络化结构，中心城区规模最大，同时下属各乡镇镇区规模也较大；通过区域性交通走廊连接成网络状、扁平化的空间等级结构。

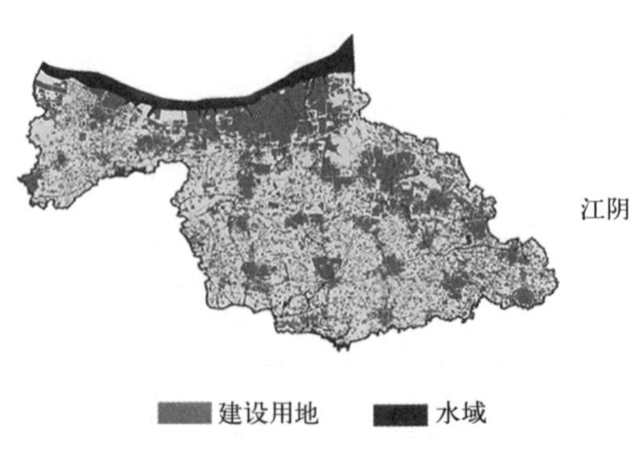

图 5-6　三地建设用地分布（2010 年）（一）

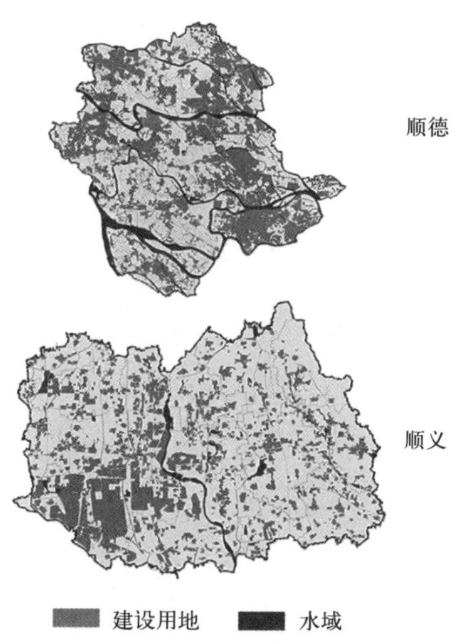

图 5-6 三地建设用地分布（2010 年）（二）

三地建设用地分布特征 表5-5

地区	顺义	江阴	顺德
斑块面积占总面积的比例（%）	22.78	33.56	37.45
斑块数	838	3476	665
斑块密度（个/km^2）	0.85	4.31	0.65
平均斑块面积（hm^2）	27.74	9.53	45.43
景观形状指数	35.18	62.29	38.89
景观破碎度	3.6	364.64	14.71
用地混杂度	0.0644697	0.0804667	0.0813859
平均最近距离（m）	539.7	281.34	501.65

就三地建设用地总体的分布特征来看（表 5-5），顺德建设用地占比面积最高，江阴次之，顺义最低。就建设用地整体而言，江阴建设用地破碎的特征最为显著，其斑块数最多，斑块密度最高，平均斑块面积最小，景观形状指数和景观破碎度最大，斑块间平均距离最近。顺义次之，顺德建设用地的破碎度最小，这和顺德土地面积较小，建设用地比例较高有关。就用地规整度而言，顺义最为规整，其次为顺德，江阴的建设用地形状最不规整。而就居住用地与工业用地的混合度来看，顺德的工业居住混杂程度最高，其次为江阴，顺义的混杂程度最低。

（2）农村居民点用地变化特征

从农村居民点的布局特征上来看（表 5-6、图 5-7），三地农村居民点用地呈现出三种截然不同的土地利用形态。江阴属于“散点广布式”，用地呈现出“数量多，小而密，景观破碎”的特征，表现为农村居民点斑块数多，密度大，斑块平均面积小，景观破碎度指数大，斑块间平均距离小。顺义属于“面状集聚式”，具有“数量少而疏，景观相对齐整”的用地特征，表现为农村居民点斑块数最少，但平均斑块面积大，景观破碎度指数最小，斑块间距离最大，这和华北用地较为充裕平整，河流分割较少，农村居民点规模普遍较大有关（金其铭，1989）。顺德介于两者之间，可称为“团状散布式”，由于受到河网密集和较高人口密度的影响，农村居民点平均斑块面积高于江阴小于顺义，同时景观破碎度指数也远低于江阴，远高于顺义。

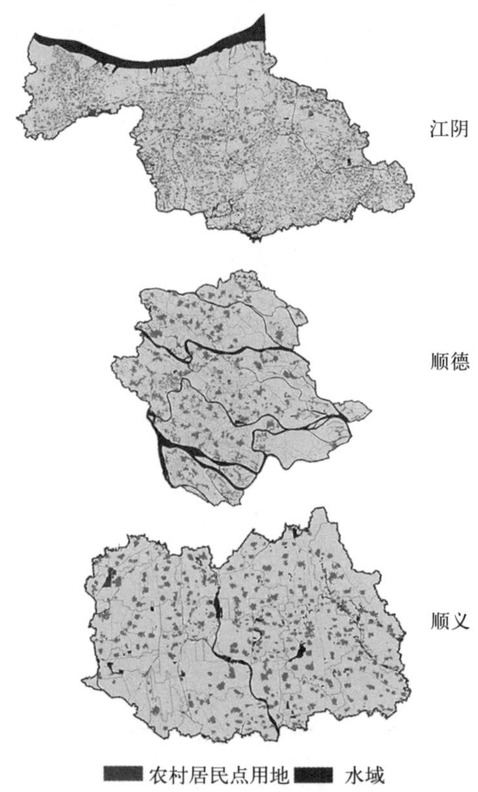

图 5-7　三地农村居民点分布（2010 年）

三地农村居民点的分布特征　（2010年）　表5-6

地区	顺义	江阴	顺德
斑块面积占总面积的比例（%）	8.38	9.25	8.38
斑块数	474	3566	800
斑块密度（个/km^2）	0.48	4.42	0.78
平均斑块面积（hm^2）	18.05	2.56	8.45

续表

地区	顺义	江阴	顺德
景观形状指数	31.27	77.50	46.76
景观破碎度	26.2	1392.87	94.51
平均最近距离	696.01	259.30	384.90

（3）工业用地变化特征

从工业用地的布局特征来看（表 5-7、图 5-8），三个地区工业用地的斑块数量江阴最多，达到 1809 个，远多于顺德和顺义；同时，工业用地斑块的密度江阴最高，其次为顺德和顺义。从斑块间平均距离来看，顺义 > 顺德 > 江阴。综合以上分析可以得出江阴的工业用地分布较为密集，其次为顺德，而顺义的工业斑块密度要低得多，这与华北地区自下而上的工业化进程较弱有关。景观破碎度指数、景观形状指数两项指标均呈现江阴 > 顺德 > 顺义的趋势，其中景观破碎度三地差距悬殊，江阴达到 259.26，而顺德、顺义为仅 55 左右。说明江阴工业用地更为破碎，用地边界扭曲，形状更复杂，顺德次之，顺义则较为规整。

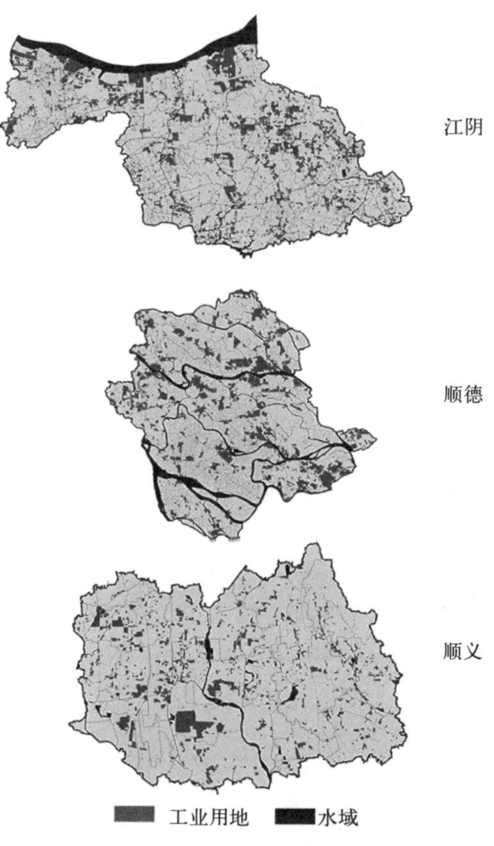

图 5-8　三地工业用地分布（2010 年）

三地工业用地的分布特征（2010年） 表5-7

	顺义	江阴	顺德
斑块面积占总面积的比例（%）	6.43	12.78	13.95
斑块数	599	1809	791
斑块密度（个/km^2）	0.61	2.24	0.78
平均斑块面积（hm^2）	10.96	6.97	14.23
景观形状指数	24.47	38.92	30.87
景观破碎度	54.54	259.26	55.53
平均最近距离	563.97	200.53	253.19

3. 建设用地的绩效比较

表 5-8 比较了三地在 1995 ～ 2010 期间 GDP 增速和建设用地的增速（可称为建设用地增长绩效），可以看出顺义在 15 年间的建设用地增长绩效最高，为 33.3 倍，远高于江阴和顺德，这和其产业结构偏重有一定的关系。江阴在 1995 ～ 2000 年期间建设用地增长绩效远低于顺德和顺义，但 2000 ～ 2010 年间则超过顺德，尤其是 2005 ～ 2010 年间，建设用地增长绩效较快。总体而言，15 年间的建设用地增长绩效，顺义 > 江阴 > 顺德。而就建设用地的地均产出而言（表 5-9），江阴和顺德无论是建设用地还是工业用地的地均产出均差别不大，且均高于顺义，尤其是工业用地的地均产出要远远超过顺义，显示顺义的工业用地产出效能还需大幅度提升。

1995年以来三地GDP增速与建设用地增速之比 表5-8

年份	1995～2000年	2000～2005年	2005～2010年	1995～2010年
顺义	7.4	9.5	19.3	33.3
江阴	2.9	4.2	10.4	10
顺德	7.5	2.6	3.4	8.5

来源：根据三地统计年鉴和土地使用现状图整理

2010年三地建设用地的地均产出比较 表5-9

	建设用地地均产出（万元/hm^2）	工业用地地均产出（万元/hm^2）
顺义	310.8	2819.5
江阴	362.3	4326.6
顺德	364.5	4252.6

注：建设用地地均产出=GDP/建设用地总面积；工业用地地均产出=工业增加值/工业用地总面积。
来源：根据三地统计年鉴和土地使用现状图整理。

四、半城市化地区土地利用的影响机制比较

1. 路径依赖：区域发展历程差异

社会经济的发展具有明显的路径依赖性，不同的发展历程会造就不同的社会经济发展状况及土地利用模式。就对外开放和体制改革的时间顺序而言，最早的是珠三角，随后是长三角，京津唐地区则最晚。“80 年代看深圳，90 年代看浦东，新世纪看天津”，反映了三地对外开放和经济腾飞的先后次序。

改革开放之前，广东在全国经济格局中的地位并不重要，其工业化进程甚至落后于全国平均水平。1979 年中国共产党的十一届三中全会后，由于毗邻港澳，经济发展水平偏低等原因，中央同意广东实行某些“特殊政策和灵活措施”，包括：改革财政体制，实行财政大包干；扩大地方对外经济贸易的权限；在金融、物资、劳动工资和物价改革方面给予地方以适当的机动权；试办深圳、珠海、汕头 3 个经济特区（1980 年），设立珠江三角洲经济开放区（1985 年），确定广东为经济体制改革试验区（1988 年）等。由此，广东成为国家改革开放的试验田，广东以优惠的政策和廉价的劳动力及土地，积极承接港澳制造业的转移，实现了经济起飞。珠三角东部的制造业重镇，因大量海外的产业转移，成为中国出口市场的中流砥柱；珠三角西岸早期的发展则以乡镇企业引进技术设备、内生性集聚和进口替代，市场主要面向国内。珠三角地区的 GDP，从 1980 年的不足 120 亿人民币，增长到 2010 年的 37382 亿人民币。这期间，珠三角一直是世界上大型经济体中增长最快的区域之一。总体而言，珠三角地区的经济属于外向型经济，其以“三来一补”、“大进大出”的出口加工贸易起步，大量吸引海外资金，迅速成为我国市场和国际化程度最高的地区。在其经济所有制结构中，国有资本的比重较低，民营经济和外资占据了主要份额。

新中国建立之后，长三角成为国家计划经济的重镇。上海作为国际性金融贸易中心的地位完全消失，而退化为全国的工业中心。同时，整个长三角的工业化程度高于全国平均水平 10 ～ 15 个百分点。改革开放以来，和珠三角市场在外的经济发展战略不同，长三角着眼于国内市场，20 世纪 70 年代萌芽的乡镇企业和私人企业异军突起，对长三角的经济和市场化发展起到了重要的推进作用。20 世纪 80 年代，长三角地区 3/4 的 GDP 是通过国内市场实现的（朱文晖，2003）。上海囿于巨大的体制内存量及中央财政的沉重负担，对外开放迟缓，长三角的市场化主要发生在江浙两省，以乡镇企业为主体推动经济发展的“苏南模式”和家庭私有企业为主体，市场开拓为导向的“浙南模式”为代表。长三角地区真正的经济起飞，以 20 世纪 90 年代初期上海浦东的开发开放为契机。国家层面的制度供给重点至此从珠三角偏向了长三角，包括开发浦东（1992 年），允许建立资本市场（1992 年），赋予申办国际重大节事活动的承办权（1999 ～ 2002 年），批准上海浦东新区进行综合配套改革试点（2005 年）和央行二部落户沪江（2006 年）等，与此对照的则是广东改革开

放政策普遍化后表现出的“特区不特”，甚至是调整加工贸易业政策（2008 年）对珠江三角洲经济的强烈撼动（王登嵘等,2011）。进入 21 世纪,上海的发展速度惊人。吸引跨国资本和大企业的速度飞速发展。“苏南模式”和“浙南模式”则从 20 世纪 90 年代中后期由于集体和个体企业暴露出来的种种弊端而进入调整期，被“新苏南模式”和“新浙南模式”取而代之。

京津唐地区是我国重要的行政中心和文化中心及交通枢纽地区。新中国成立后，京津唐地区利用资源优势和交通枢纽优势，在国家投资引导下初步奠定了工业化基础。改革开放后，京津唐地区和全国其他地区先后进入了工业化与经济发展的快车道。20 世纪 80 年代京津唐地区的工业发展主要推动力是本地区国有企业和乡镇企业的发展，但与长三角和珠三角相比，由于国有经济比重高，在一定程度上制约了民营经济的发展。迟至 21 世纪，以设立天津滨海新区为标志，之后才逐渐享受到更多的政策照顾和更大的自主权（刘骥等，2011）。滨海新区是京津冀地区和京津唐地区的交会点，其开发开放将为带动京津唐乃至我国北方经济的发展起到重要的作用。

由三大区域的发展历程可见，当中国需要探索世界或进行局部试验时，往往会选择广东沿海地区进行先行的制度创新；而当探索成功可以引领全国全面融入世界，或者需要面向全国、带动国内发展时，往往首先会选择以上海为首的长江三角洲地区试点推广，然后延伸至政治地位比较敏感的京津唐地区（王登嵘等，2011）。发展历程的差异也造成了发展模式和社会经济状况的差异。

2. 政府干预：区域政府角色差异

经济学家戴慕珍（Oi，1996）根据政府干预的程度，将政府的角色划分为三种：① 最小干预型政府（The laissez faire Minimalist State）：政府的作用主要局限于为市场运行提供一个稳定的环境，以美国政府为代表；②中央计划型政府（The Centrally planned Leninist State）：以苏联、东欧社会主义国家和改革开放前的我国为代表，在资源分配时以中央政府的计划取代市场机制配置资源；③上述两个极端之间，是以亚洲新兴工业国家为代表的发展型政府（Developmental State），如日本、韩国、新加坡等。发展型政府既不等同于最小干预型政府，又不等同于中央计划型政府，而兼具了两者的特点。虽然以美国为代表的最小干预型政府模式在西方世界备受推崇，很多国家的实践却表明政府干预在经济发展中也可发挥积极作用。今天人们普遍认同在亚洲经济高速增长的地区，首先是日本，然后是韩国、中国台湾和新加坡，政府充当了经济发动机的角色。它们向市场经济的转型并没有削弱政府的作用，而是引起了政府角色的重新界定（田莉，2008）。

从京津唐到长三角，再到珠三角，渐次体现了从计划经济模式向市场经济模式转型的不同阶段。京津唐地区还遗留有较深的计划经济时代的印记，地方政府和官员更习惯于运用行政手段直接干预经济；相反，珠三角地区具有浓厚的市场经济色彩，地方政府和官员较少直接干预市场；长三角地区则兼具这两地的一些特征，计划与市场、行政干预与市场调节并存（刘骥等，2011）。陈文理（2005）提出以政府和市场为两个主要向量，加上政府与市场各自结构、功能的强弱两个变量，把地方政府管理模式划分为以下五种基本形态：强政府—强市场模式；强政府—弱市场模式；弱政府—强市场模式、弱政府—弱市场模式以及均衡模式（图 5-9）。京津唐、长三角和珠三角相比较而言，可以将京津唐称为“强政府—弱市场模式”，长三角称为“强政府—强市场模式”，珠三角称为“弱政府—强市场模式”。

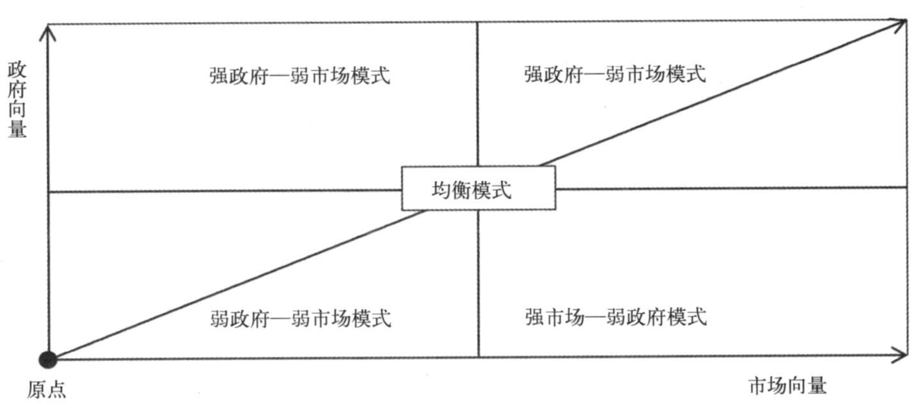

图 5-9　政府—市场关系模式示意图

来源：陈文理．地方政府管理模式的制度创新及其作用 [J]. 武汉大学学报（人文科学版），2005（1）

朱文晖（2003）在比较长三角和珠三角经济发展中的政府职能时，将珠三角的政府管理模式称为“放权型政府操作模式”，长三角的政府管理模式称为“规划管理型政府操作模式”（上海）、“地方政府推动型管理模式”（江苏）、“自由放任到营造良好环境的地方政府管理模式”（浙江），总结其共同点，笔者将之称为“政府主导规划管理模式”。京津唐经济发展中的政府职能，则可以称为“集权型政府管理模式”。

（1）弱政府—强市场下的珠三角的“放权型政府管理模式”

新中国成立以来长期的计划经济体制乃至改革开放初期，中国的宏观和微观经济活动都在政府的掌握和控制下进行，政府通过设置全方位的审批来实现这种控制，造成地方自主发展的经济和时间成本很高。珠三角的地方政府为发展本地经济，对这种层层审批的模式进行了突破。广东省政府对这种变通常常采取默许态度，奉行“积极不干预”政策。地方政府为发展本地经济，普遍通过灵活变通放大自己的权力，用各种方式规避无处不在的审批权，使得自下而上的发展进程得以顺利进行。20 世纪 80 年代中后期和 90 年代前期，以“珠江水、广东粮、岭南服”为代表的广货大举北上，而传统的轻工产品基地上海的产品则节节败退。应该说，珠三角市场经济的发育，是在充满活力的民间原动力系统的基础上起步，政府“自由放任”的管理方式在珠三角发展的初期是适时而生的。但是在进入20世纪90年代中后期以后，随着以上海为核心的长三角后来者居上，珠三角这种“弱势政府+强势民间”的发展模式受到挑战，政府宏观调控乏力，体现在区域规划、产业结构规划等诸多方面，导致珠三角城市之间产业结构趋同，合作协调机制弱，区域经济产业结构低端化，劳动和资本密集型产业比重过大，社会普遍崇尚投机等问题（杨静等，2006）。对此，珠三角开始加强区域之间的经济整合，1994年提出珠三角经济区规划，2003年设立泛珠三角经济区，以增强中国泛珠三角区域的整体影响和竞争力，建立促进区域的经济合作与发展的平台。

（2）强政府—强市场下的长三角“政府主导规划管理型模式”

和珠三角不同，长三角的龙头城市——上海，在改革开放初期经济发展的势头一度放缓。1993年浦东开发开放后，和珠三角20世纪80年代一哄而上镇村都忙着搞招商和经济建设的情景不同，上海的经济发展一直在市政府强有力的控制和引导下按规划有序进行，非正规经济的份额和珠三角相比也较低。经过20世纪90年代中后期及21世纪以来的发展，上海已成为中国强势政府与市场经济结合较好的典范。

长三角的另外两个省份，江苏和浙江在地方政府管理模式上与珠三角和上海有所差异。江苏的苏南地区在20世纪80年代兴起的集体经济、乡镇企业和加工工业为主的经济运行模式，地方政府并没有干预。进入20世纪90年代，随着中国告别短缺经济，乡镇企业举步维艰。一场以企业产权制度转变形式的改革，在苏南地区迅速开展，并在2001年基本完成转制。温铁军（2011）指出，苏南模式的成功归因于“政府理性”和“村社理性”。早在20世纪80年代初，苏南就依托农村组织化的制度优势开始了工业化建设，其中，“地方政府公司化”体制下的乡村两级政府都以总公司名义直接参与市场活动。苏南的工业化道路是中国“地方政府公司化”体制的产物，是地方政府强力推动经济发展的结果。政府实际上是市场上的竞争主体。同时兼有多项政府角色和兼顾社会治理。随着2001年中国加入WTO，苏南地区的政府将发展的重点转向吸引外资，以苏州工业园区的建设为标志，在地方政府的强力干预和直接参与下，完成向“新苏南模式”的转变。

浙南模式不同于苏南模式。20世纪80年代前中期农民收入增加创造的市场空间突然扩大的时候，浙南也同样有了地方工业化的机遇，民间经济就从私人原始积累的作坊手工业开始发展，形成了小本经济自发集聚到城镇的地区特色。政府的职能是营造良好的市场化环境和引导企业按照市场规则运作，不同于苏南模式中的政企不分，也不同于珠三角的放权型模式。20世纪90年代后期，浙江经济在全国范围内迅速崛起，不能不归功于政府顺应市场趋势，营造民营企业急需的公共产品的积极作用。

（3）强政府—弱市场下的京津唐地区“集权型政府管理模式”

相对于珠三角和长三角而言，京津唐地区在由传统的计划经济体制向社会主义市场经济体制转变的步伐上，在市场的发育和成长上，都慢了一步，无论在经济发展速度上还是在经济活力上都显不足。政府对资源控制能力强，对企业干预较大，带有浓厚的政治经济色彩。这一方面固然有受传统的计划经济体制影响较深，获取的政策资源（如建立特区）不如南方沿海地区的原因，另一方面也有思想不够解放，观念相对陈旧，改革步伐慢，开放程度低的原因。传统集权体制下的政府官本位思想严重，带来的后果是政府权力过大，社会权力过小，结果是政府管了许多不该管、管不了、管不好的事情，而社会又无法参与其中，导致社会管理低效运行。京津唐地区的经济结构中国有大中型企业所占比重明显高于全国平均水平，私营企业所占的比重过低，因此区域内行政干预的力量较强，市场配置资源的能力相对较弱，造成私营企业发展缓慢。京津唐地区的发展更多的是靠政府推动而不是市场推动，存在明显的创新主体缺乏，创新活力不足的严重问题。制度创新主体也主要依赖政府，其他的经济主体的制度创新热情难以发挥。即使2006年天津滨海新区成为国家综合改革配套试验区后，京津唐地区仍主要依靠政府直接参与资源资本化的经济结构调整，才能摆脱区位条件不足和交通运输成本等方面的明显不利因素，实现经济和社会发展的突破。

此外，京津唐经济区重工业较为发达，能源消耗较大，电荒和水荒等问题长期存在，生产所需要的能源和一些资源供给不足。本区域国企所占比重过大的经济结构，导致稀缺资源的分配仍然依靠政府批准，寻租现象较为普遍。国有企业在计划经济和改革初期双轨制过程中，长期依靠指标和批文的方式优先获得生产所需要的各种资源，现阶段国有大型企业仍然存在依靠政府批文获得资源的路径依赖的问题。大型的国有企业在本区域经济体系中处于主导地位，因此国有企业的这种路径依赖导致了整个区域资源配置方式转变的惰性（王琼，2013）。

3. 空间变迁：区域空间发展模式差异

根据经典的空间结构转换理论，空间结构转变的历程一般是从最初的分散状态演变到单一中心集聚状态，集聚到一定程度，空间稀缺程度加大，过度拥挤会导致地租、交通、环境等成本上升，于是进入集聚和扩散结合的多中心阶段，其假设前提是基本要素流动性不受限制（史晋川等，2008）。在市场化和工业化起步阶段，县、乡镇、村政府往往采取竞争性非合作的策略，产业分散布局。但随着20世纪80年代农村工业化的快速发展，农村工业化形成的城乡无中心空间出现了很多弊端，例如制造业分布结构的城乡同构就会造成空间冲突现象突出。一方面，城市产业调整缺乏空间，门槛难以跨越；另一方面，农村产业分布分散，集聚效应不明显，基础设施规模效应不明显，导致环境污染、土地浪费、生产生活不协调等问题。长此以往，农村工业化的规模不经济效应就会越来越严重。随着生产规模的扩大，对基础设施和公共服务设施的需求增加，就会形成乡村工业向城镇的集中，更大规模的企业向县城集中的趋势。县/市政府在本级政府管辖的行政区域内适当开放土地市场，用土地租金支付基础设施和公共服务，保留本地要素流入城镇空间，实施“强县战略”。

20世纪80年代，在全国范围的农村经济体制改革的大背景下，广东、江苏、浙江的空间制度安排趋近一致，是将包括了贷款权、引资审批权、联营权、改制权、土地控制权等多种支持产业发展的权利层层下放至县（县级市）、乡镇、村（胡序威等，2000），推动了珠江西岸以集体经济、民营经济弥补外资不足所促发的农村工业化。在东岸，通过贸易权和土地控制权的下放，将“三来一补”的外资经济与乡、村廉价的生产要素结合在一起，启动了珠江三角洲东岸外资主导的自下而上的农村工业化进程。由于空间制度安排的重心在于镇、村，而镇村的管理能力远远跟不上投资增长的步伐，导致“村村点火、户户冒烟”的碎片化景观。苏南则以乡镇政府和村委会集体产权经济主导的农村工业化以及浙江个体私营经济主导推动的农村工业化和专业市场的形成。

不同地方各具特色的空间制度变迁过程是与其资本特征变动紧密相关的：珠江三角洲由长期自下而上的分散化走向内优外拓的空间制度变迁，是与西岸中小集体资本和东岸两头在外、成本敏感的中小加工贸易资本由繁盛走向转型相对应的；上海强政府的空间制度供给思路对应的是以国内市场导向为主的跨国公司的空间准入要求；江苏由自下而上的分散化走向中间集聚的空间制度变迁与苏南资本构成的主流由中小乡镇集体经济转向大中型外来资本密切相关；独善其身的浙江之所以能保持强镇扩权、强县扩权和市场化的区域协调空间制度供给的高度连贯性，是由其国营、外来资本相对较少，而民营经济逐步壮大的要求决定的（王登嵘等，2011）。

改革开放伊始，珠三角各地就以各种形式的灵活制度安排，围绕土地做文章。在村级层面，很多都设置了经济合作社，经济合作社拥有产权。围绕着土地，展开了“上级政府—村镇经济组织—村民—外资”的四方博弈，产生了具有中国特色的土地“小产权”（温铁军，2010）。

路径依赖对产业升级的影响：外资对珠三角的贡献一直比较低，自1985年以来，外资在广东固定资产投资中所占的平均水平仅为13.5%。而珠三角的民营资本一直多而散，未形成规模产业资本，造成“国有资本难以主导升级，民营资本不能自发升级，外资没有自觉性来升级”的产业升级困境（温铁军，2010）。

在“一部分人先富起来”的区域非均衡发展战略背景下的内地乡镇企业，则大部分都没有完成原始积累，也由于企业外在环境的投资、金融、财政、基础设施等方面难以形成产业升级的支撑力，加上地理区位等方面也不足以形成对外资的吸引力，在20世纪90年代初期的改制之后出现大面积的凋敝。其后，这一轮“遍地开花”的乡镇工业又在地方政府大力招商引资的强烈作用下，乡镇经济的进程遂骤然减速。而位于长三角和珠三角的沿海地区，则凭借地缘优势和国家优惠政策，以及当地有利于工业发展和吸引外资的条件，成功实现了产业升级。由此，上一轮全国范围相对均衡的乡村工业化，转型为长三角和珠三角带状发展的外向型工业（温铁军，2011）。

五、结语

从半城市化地区建设用地扩张的形态特征变化中，我们发现半城市化地区的土地利用形态时空变化存在一定的规律。如图 5-10 所示，不同土地利用过程往往会产生特定的土地利用形态特征。发展的最初阶段为乡村土地利用阶段，土地利用呈现出均质的传统乡村原始状态；随着自下而上的农村工业化的兴起，进入到以工业用地扩张为代表的建设用地扩张阶段。此时，由于发展初期的松散管理，“村村点火、家家冒烟”式的工业化发展模式导致村镇土地利用格局从“传统乡村聚落”到“土地碎片化”；当建设用地扩张蔓延到一定程度，由于用地指标、生态环境的约束，扩张蔓延式的土地利用模式不可持续，进入到填充式发展阶段和建设用地二次开发阶段，土地利用形态开始密实化，土地利用实现优化配置。

由此可见，当前阶段的土地破碎化特征是半城市化地区发展过程中常出现的现象，是土地利用的阶段性特征之一。三大区域的半城市化地区近些年来经历过建设用地快速蔓延带来的土地碎片化后，其土地利用已经处于扩张蔓延向填充式发展的过渡阶段。未来建设用地的二次开发利用将成为两地土地利用的主要形式，土地利用得到优化，土地利用格局也将趋向集中、规整。

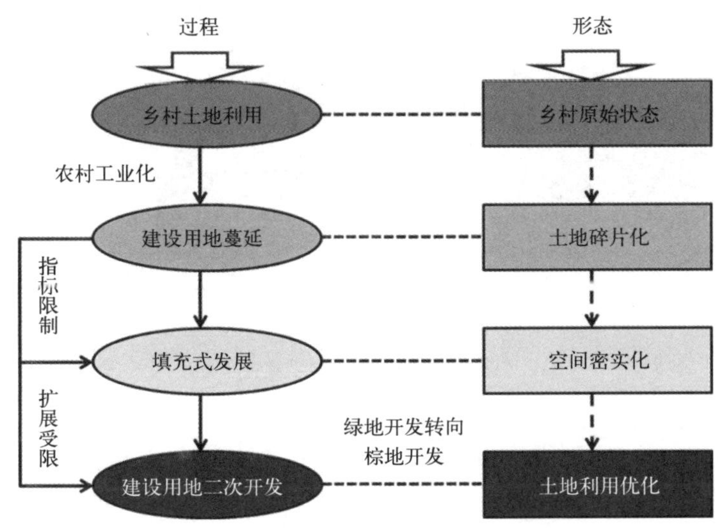

图 5-10　土地利用过程及其形态变化图

第六章　广东顺德半城市化地区的土地利用：时空特征和形成机制

一、顺德半城市化地区的界定

顺德位于广东省中南部珠江西岸，东靠广州，南接江门、中山，西连佛山高明区，北邻佛山禅城区，距广州32km，香港118km，澳门80km。顺德建县于明景泰三年(1452年)；1992年3月撤县建市；2003年1月撤市改区并入佛山，总面积806km^2。

图 6–1　顺德区位示意图

早在农业经济时代，顺德就已经是富庶的鱼米之乡和典型的商品型农业区。改革开放之后，顺德利用紧邻港澳的地缘优势，抢占了市场先机，获得了快速的发展，与中山、南海、东莞并称为广东“四小虎”，并创造出了赫赫有名的“顺德模式”，一度引领中国改革和发展的潮流。2010年第六次全国人口普查结果显示，全区常住人口约246万人，其中户籍人口约123万人。2010年地区生产总值（当年价）约1951亿元，三次产业结构为1.8：61.7：36.5，实现税收收入261.82亿元，以不到全国0.1‰的土地，创造了全国约5‰的地区生产总值和近4‰的税收，综合实力居全国百强县前列。无论从产业结构、人口分布，还是土地利用和景观特征来看，顺德都具有“半城市化”地区的典型特征。

顺德区现辖3街道7镇，其中大良街道为区政府所在地，伦教和容桂原属镇，后改建制为街道，但在产业结构、土地使用、人口体制和管治程度上仍与成熟的城市化地区有明显差别。基于社会经济数据统计的完整性，本研究将顺德全域定义为半城市化地区。

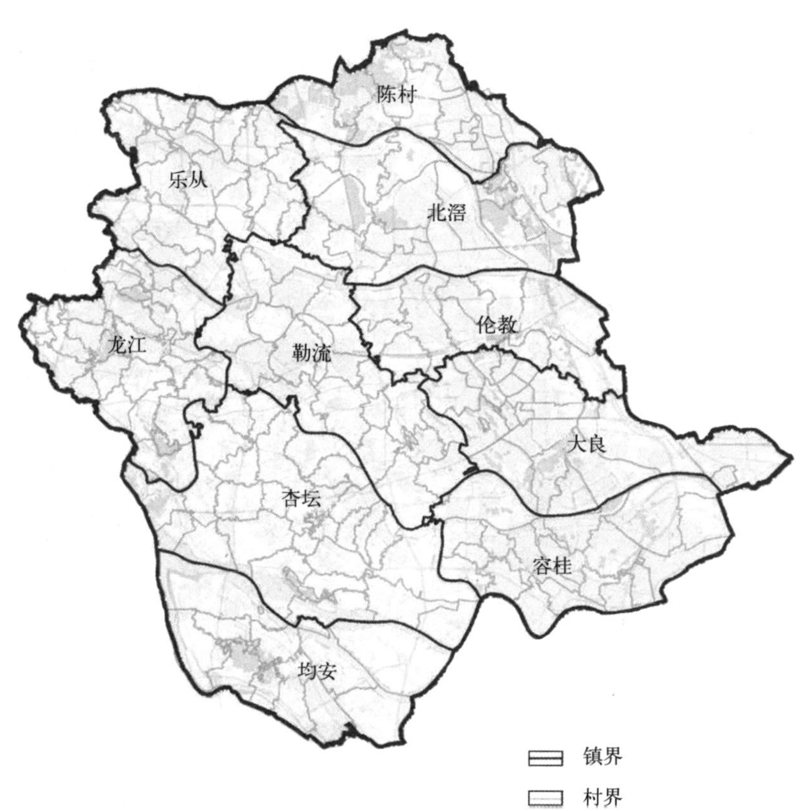

图6-2　顺德各镇、街道范围

二、数据来源与研究方法

本研究的主要数据源主要以美国陆地卫星Landsat-5获取的TM遥感影像为主。研究选取顺德1990年、1995年、2000年、和2005年的TM遥感影像图，并参考2009年的“顺德区土地使用现状图”，采用遥感影像人机交互解译方法，进行土地

利用 / 土地覆盖遥感分类。沿用中国科学院刘纪远（2005）提出的 6 大类分类体系，将全市的土地种类分为耕地、林地、草地、水域、城乡工矿和居民点用地、未利用土地 6 类（表 6-1）。本研究的重点将集中在建设用地，即城乡工矿和居民点用地的扩张特征和机制的研究上。

土地利用/土地覆盖遥感分类系统　　表6-1

编号	名称	含义
1	耕地	指种植农作物的土地，包括熟耕地、新开荒地、休闲地、轮歇地、草田轮作地，以种植农作物为主的农果、农桑、农林用地，耕种三年以上的滩地和滩涂
2	林地	指生长乔木、灌木、竹类，以及沿海红树林地等林业用地
3	草地	指以生长草本植物为主，覆盖度在5%以上的各类草地，包括以牧为主的灌丛草地和郁闭度在10%以下的疏林草地
4	水域	指天然陆地水域和水利设施用地
5	城乡、工矿、居民用地	指城乡居民点及县镇以外的工矿、交通等用地
6	未利用土地	目前还未利用的土地，包括难利用的土地

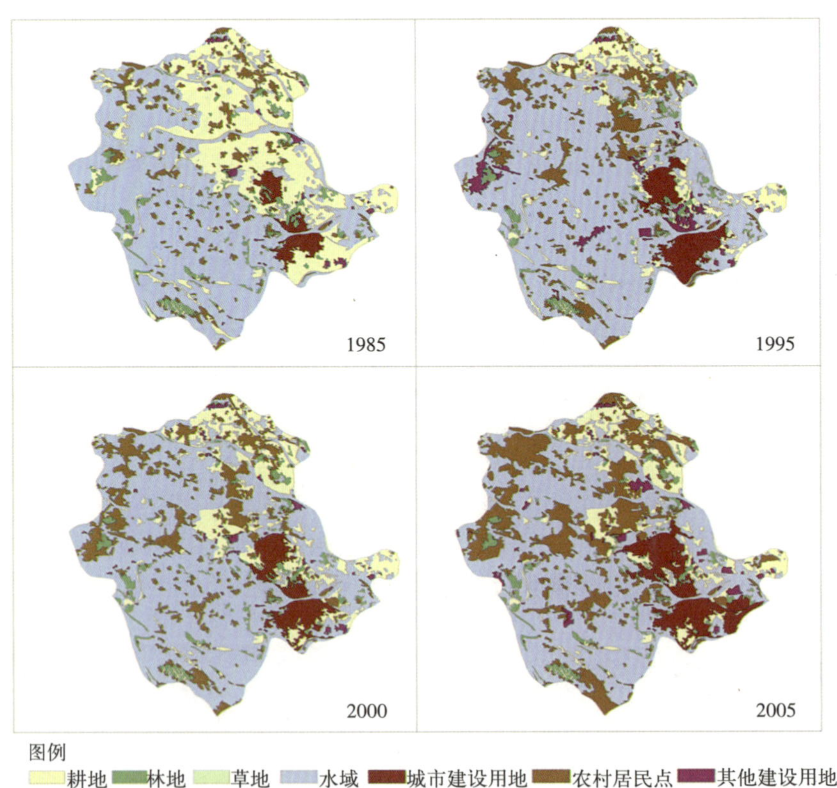

图 6-3　1985 ~ 2005 年顺德用地扩张

三、顺德半城市化地区的社会经济和人口特征

1. 顺德半城市化地区的经济和产业特征

（1）经济发展呈现三阶段特征

改革开放以来，顺德逐渐从一个以农业为主的小县城建设成为新兴的工业城市。主要经历三个发展阶段（图 6-4）：

第一阶段：经济快速增长阶段——改革开放初到 20 世纪 90 年代初期：1978 年，顺德的 GDP 为 4.75 亿元，1994 年增长到 128.7 亿元，16 年间经济总量增长近 26 倍。一方面，发展基数低，增长潜力大；另一方面，顺德以“工业立县”为发展战略，充分利用改革开放的优惠政策，大力发展商品经济和乡镇企业，实现了从农业经济到工业经济的跨越，从农村到城市的跨越，从封闭社会到开放社会的跨越。

第二阶段：平稳较快发展阶段——20 世纪 90 年代到 2005 年：90 年代初，顺德抓住成为广东省综合改革试验市的机遇，全面推进以行政体制改革为先导、企业产权制度改革为核心的综合体制改革，实现了经济体制从计划经济到市场经济的跨越。1995 ~ 2005 年这 10 年间，经济总量从 164 亿元增长到 856 亿元，增长了 5 倍多。总体发展稳中有快，历年 GDP 增长速度始终保持在 10% 以上，平均增长率达到 18%。

第三阶段：增长显著放缓阶段——2006 年至今：2006 ~ 2012 年，顺德经济总量翻了一番，从 2006 年的 1062 亿元增长到 2012 年的 2338 亿元。但总体经济发展态势趋于放缓，GDP 年平均增长率为 14%，低于前一阶段。2012 年 GDP 增长率降至 3.3%，为顺德改革开放以来的历史最低值。究其原因，一方面是受金融危机等宏观经济形势影响，顺德外向型经济受到较大影响；另一方面，顺德以制造业为主的产业结构面临着资源供给不足、市场需求不旺等发展瓶颈，发展动力明显不足。

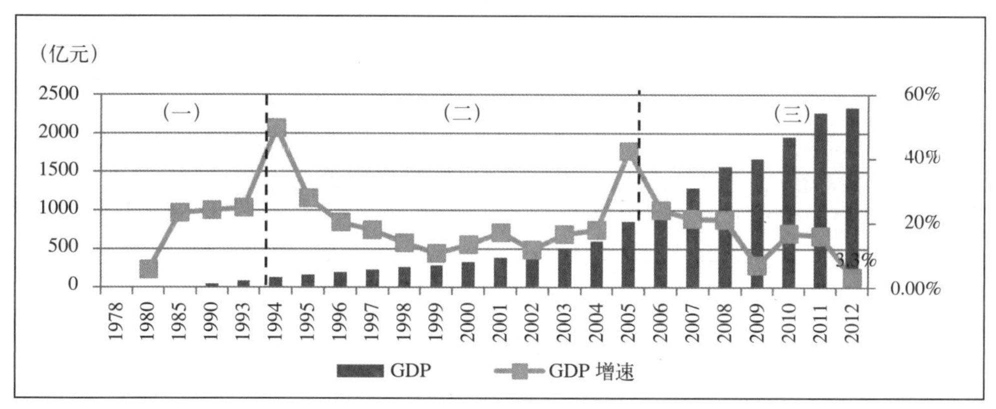

图 6–4　1978 年以来顺德市 GDP 及其增速变化

数据来源：历年顺德统计年鉴和统计公报

2003 年后顺德并入佛山，撤县级市设佛山市顺德区。2004 ~ 2012 年这 8 年间，顺德的经济发展总体保持与佛山并行的发展态势，持续稳定增长，但增长率逐步放缓。顺德 GDP 从 1653.7 亿元增加到 2338.79 亿元，佛山 GDP 从 1653 亿元增加到 6709 亿元，顺德 GDP 占佛山市的比重基本保持在 35% 左右，顺德区在佛山市的经济发展中占据重要地位。受全球金融危机的影响，2006 年之后佛山、顺德的经济发展受到显著影响，增长速度逐渐放缓，GDP 增长率不断下降（图 6-5）。佛山市、顺德区面临着实现经济转型，保持经济持续稳定增长的压力。

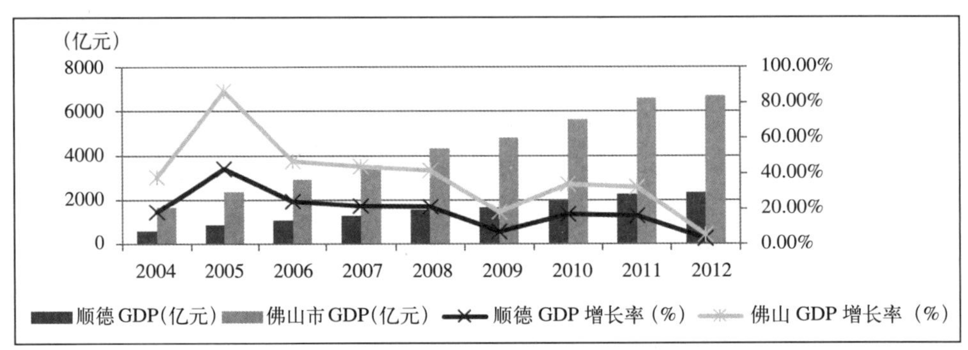

图 6-5　2004-2012 年佛山市与顺德区 GDP 及其增速变化比较

数据来源：顺德统计年鉴、佛山统计年鉴

（2）人均 GDP 持续快速增长，整体经济发展水平进入发达状态

1993 ~ 2012 年顺德人均 GDP 从 10341 元增至 187418 元，19 年间增长了 18 倍，人民生活较富足。根据世界银行的衡量标准①，顺德整体经济发展水平已经进入发达状态。从人均 GDP 增长率来看，整体保持了较快的增长速度，年均增长率为 16.5%。但 2005 年后，受整体经济发展趋势的影响，人均 GDP 增速逐步下降（图 6-6）。

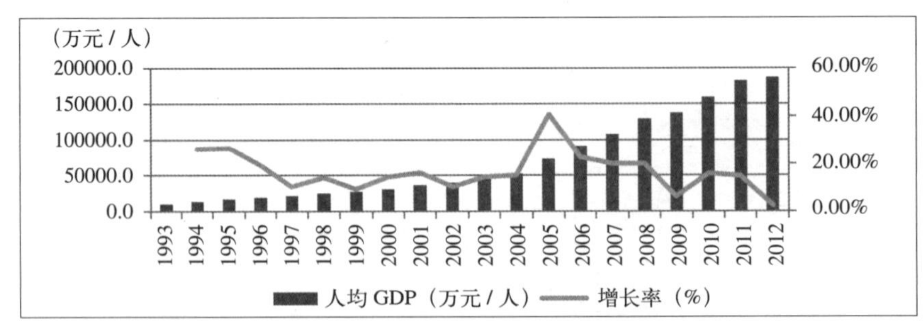

图 6-6　1993 年以来顺德市人均 GDP 变化

数据来源：历年顺德统计年鉴和统计公报

① 按照世界银行的衡量标准，人均 GDP 超过 10000 美元是公认的从发展中状态进入发达状态的标志线。

（3）三产结构以第二产业为主，工业内部家电制造一家独大

2000 ～ 2012 年，顺德的三产结构从由 6 : 55 : 39 演变为 1.7 : 55.7 : 42.6，表现为“二、三、一”的产业结构体系，二产在国民经济中占据主导地位。三次产业的比重变化各不相同，其中，一产比重逐年降低，从 6% 下降到 1.7%。二、三产的比重变化可以分为两个阶段：2000 ～ 2008 年间，顺德的制造业快速发展，而服务业发展较慢，二产比重从 55% 增加到 64.8%，三产从 39% 下降为 33.2%。2008 ～ 2012 年，这一时期顺德的服务业发展较快，产业结构由二产主导逐渐向二、三产结合发展转变，二产比重从 64.8% 下降到 55.7%，三产从 33.2% 增加到 42.6%（图 6-7）。

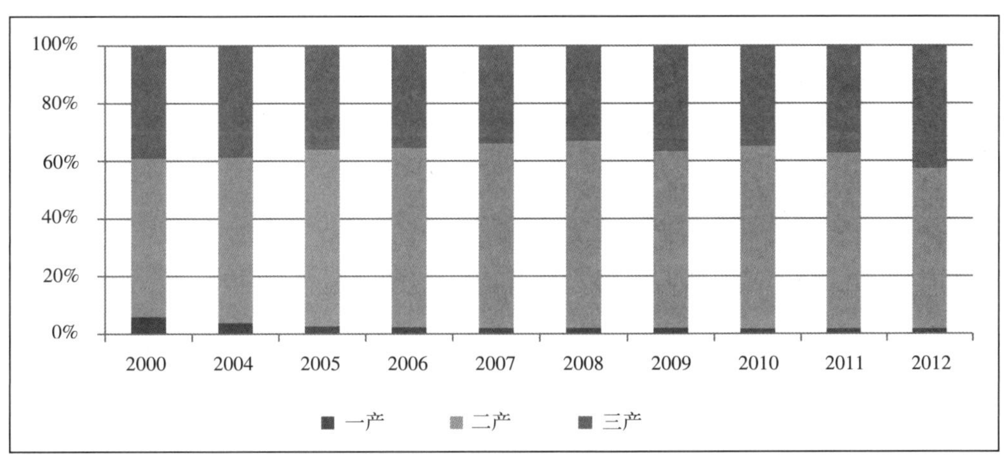

图 6–7　2000 ～ 2012 年顺德产业结构变化

数据来源：顺德统计年鉴、佛山统计年鉴

从第二产业内部行业构成来看，支柱产业非常明显，结构较为单一。从 2011 年顺德区工业内部行业门类产值占比可看出（图 6-8），电器机械及器材制造占据 2011 年顺德工业总产值的半壁江山，占比达到 51%，是顺德的核心支柱产业。顺德的电器制造主要是传统优势行业家电制造，已经成为全国最大的空调、电冰箱、热水器等的生产基地。其次为金属制品业、工艺品及其他制造业、塑料制品业、通用设备制造业等家电制造配套产业。除家电制造产业集群外，其他行业普遍发展不够完善，实力较弱。如今，以家电制造为支柱的产业正日益受到来自国际、国内市场的影响，竞争日益激烈，发展瓶颈日益突出。

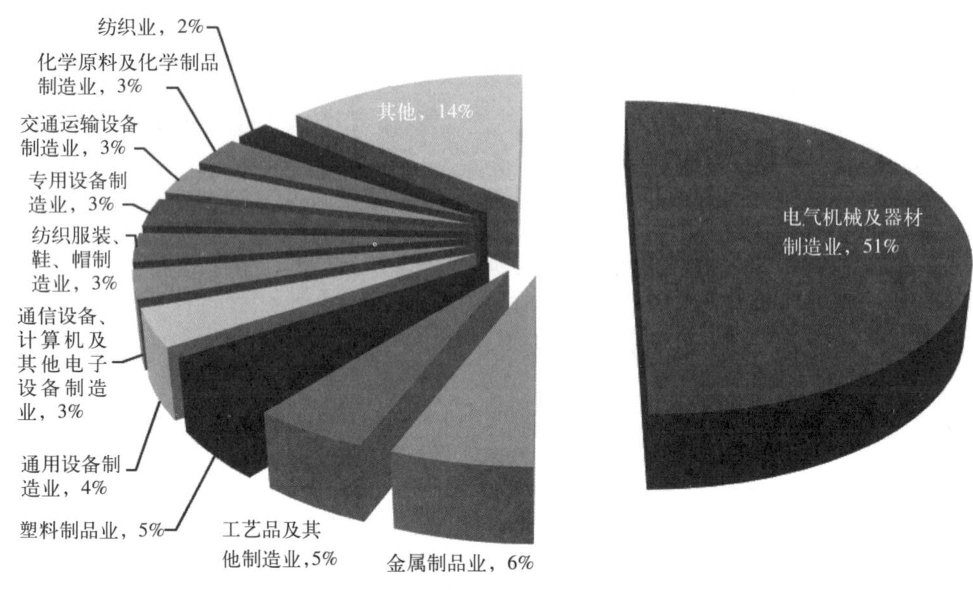

图 6-8 2011 年顺德市工业内部行业产值构成

资料来源：顺德区 2012 统计年鉴

（4）以资本密集型产业为主导的制造业结构

2001 ~ 2011 年间顺德制造业结构变化趋势是资本密集型产业的主导趋势增强（图 6-9）。劳动密集型产业占工业总产值的比重缓慢降低，2011 年仅占 14%。技术密集型产业占工业总产值的比重也在降低，下降幅度甚至超过了劳动密集型产业，2011 年占比仅为 4%。而资本密集型产业占工业总产值的比重不断增长，2011 年达到 82%，反映了其以资本密集型产业为主导的制造业结构。

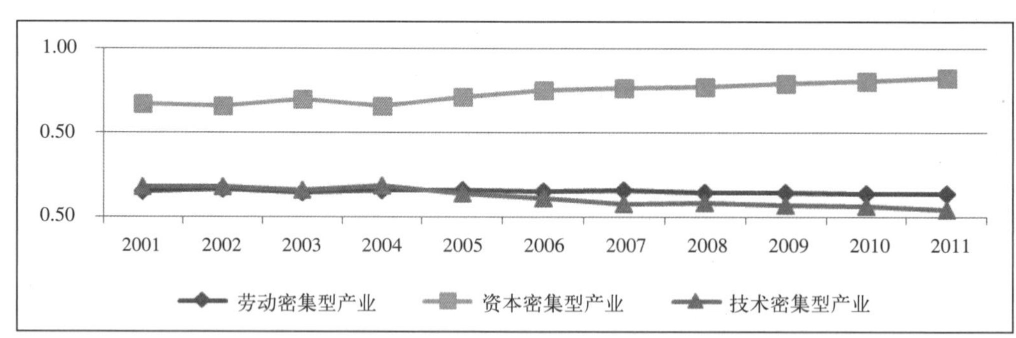

图 6-9 2001 ~ 2011 年顺德市制造业结构变化

数据来源：顺德市历年统计年鉴

一般来说，技术密集型产业比资本密集型、劳动密集型产业具有更高的土地产出效益和集约效益，是地区经济转型发展的首选。顺德目前的产业结构特征，一方面土地利用不够集约，另一方面劳动力资源的短缺也严重限制了产业规模的进一步扩大。顺德面临土地资源、劳动力供给不足的发展瓶颈，应逐步改变以资本密集型产业为主导的制造业结构，逐步加强技术密集型产业的发展，优化制造业结构。

（5）以土地租金及物业租赁为主导的村级集体经济

基于2008年和2012年顺德农村集体经济收入的统计，可以发现顺德农村集体经济收入以土地租金收入为主，2008年占比达到50%，2012为42%，比2008年略有下降。其次依次是物业租赁收入、市场收入，比2008年占比都有所增长（图6-10、图6-11），这充分反映了顺德农村集体经济“吃租经济”为主的特征。改革开放后，顺德地方各镇大力发展乡镇工业，大办乡镇企业，形成“村村点火、户户冒烟”的发展格局。一方面，工业占用了大量耕地，当地农民不再从事农业耕种。另一方面，厂房出租及住房出租等也为当地农民带来了非常可观的收入，形成了特有的“吃租经济”。物业出租、土地转让及其带来的管理费、土地使用费等收入占村组总收入的绝大部分。为村组、村民带来了大量财富，但同时也加剧了建设用地的无序蔓延。

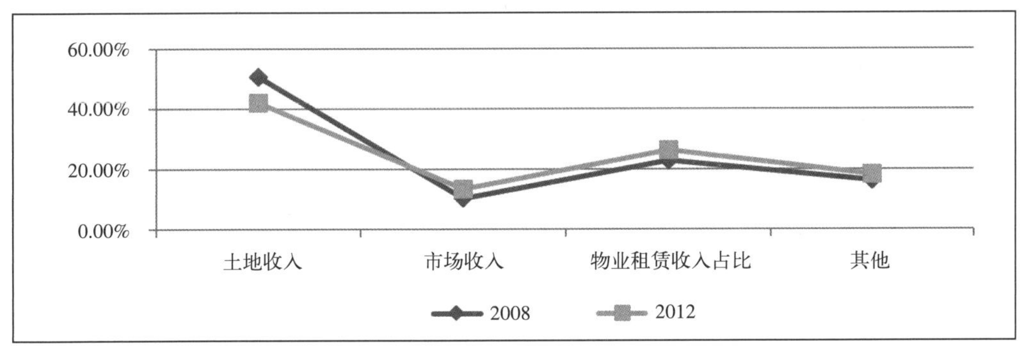

图6-10　2008年与2012年顺德市农村集体经济收入占比情况比较

数据来源：顺德区农业局

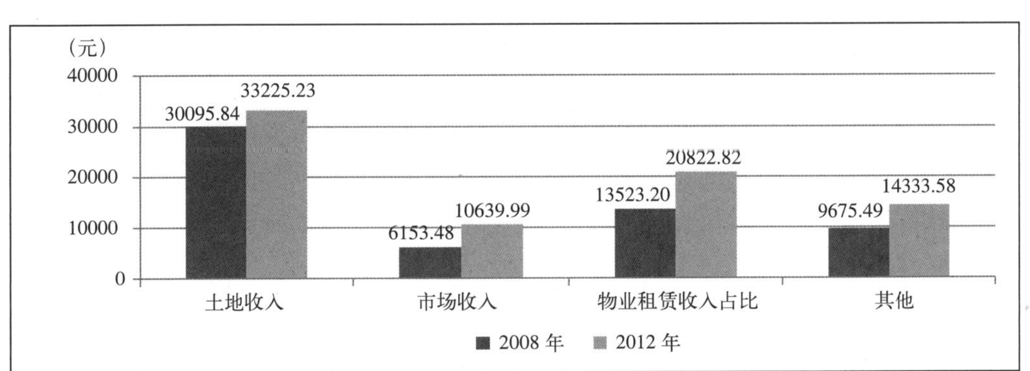

图6-11　2008年与2012年顺德市农村集体经济收入比较

数据来源：顺德区农业局

通过比较顺德各镇村集体收入来源，各村镇间的差别亦较为突出（图 6-12）。陈村、北滘、乐从镇以土地租金收入为主，伦教、均安以物业租赁收入为主。反映了在发展乡镇企业的过程中不同的路径选择，前者是直接出租土地，后者则是村集体建厂后出租厂房。

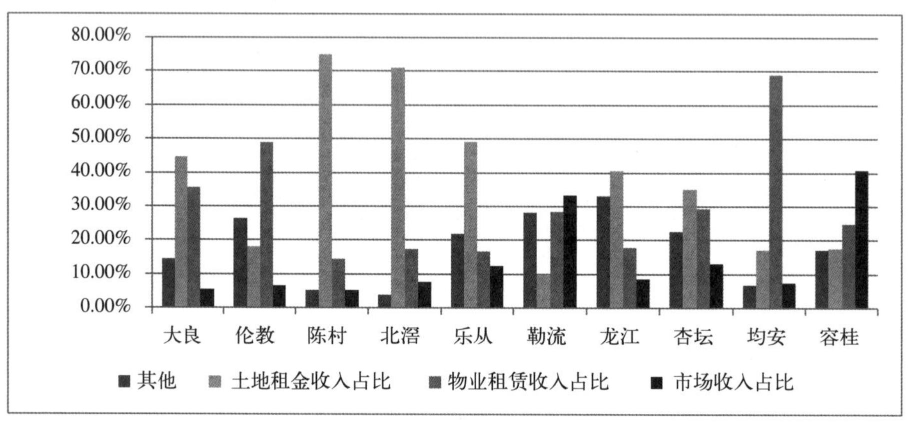

图 6–12　2012 年顺德市各镇（街道）村集体收入来源占比情况

数据来源：顺德区农业局

2. 人口和社会演进特征

（1）户籍人口、流动人口增长

顺德户籍人口整体增长缓慢，2002 年为 110.96 万人，2012 年为 124.79 万人，10 年间增长了 14 万人，平均增长率仅为 1.18%。从常住人口来看，2010 年第六次人口普查后，常住人口数为 246.31 万人。之后，常住人口增速缓慢，从 2010 ～ 2012 年，平均增长率仅为 0.42%。从流动人口来看，2012 年，常住人口为 248.38 万人，暂住人口为 123.48 万人，占常住人口的 49.7%，顺德的流动人口数量已经占到总人口的一半（图 6-13）。

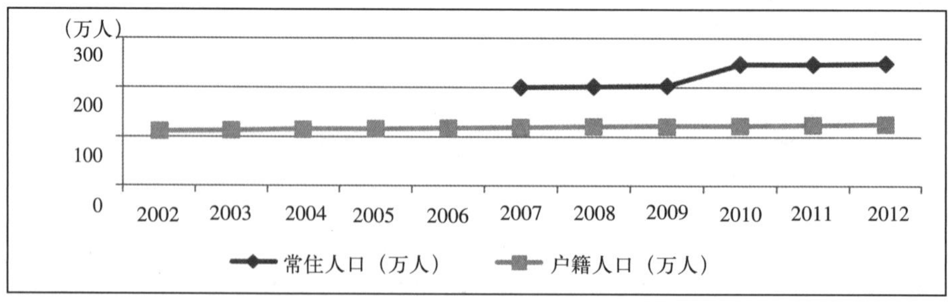

图 6–13　2002 ～ 2012 年顺德户籍人口、常住人口变化情况

数据来源：顺德历年统计年鉴和统计公报

（2）城乡居民收入情况比较

2002 年，顺德的城镇居民人均可支配收入为 15734 元，2012 年为 38754 元，10 年增长了 2.46 倍。2002 ~ 2012 年的 10 年间，顺德的城镇居民人均可支配收入始终高于广东省，高于全国的平均水平。2012 年，顺德的城镇人均可支配收入为 38754 元，是广东省的 1.28 倍，是全国的 1.58 倍。但平均增长率却低于广东省，低于全国水平（顺德为 9.4%，广东省为 10.5%，全国为 12.3%）。这说明顺德与广东省及全国的城镇居民收入差距正在缩小（图 6-14）。

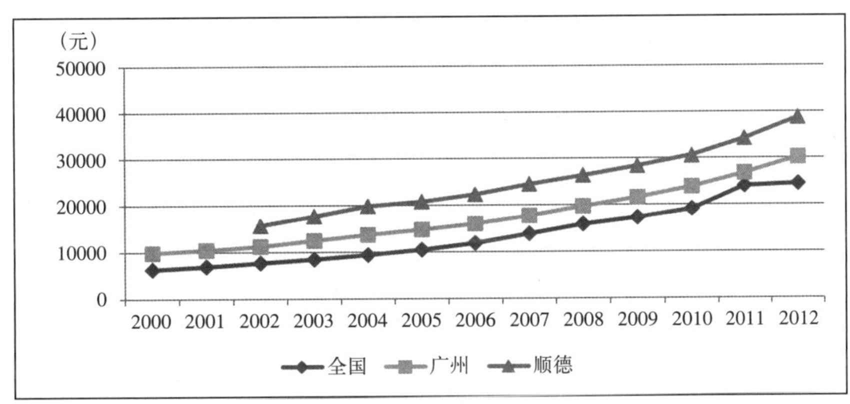

图 6-14　2000 ~ 2012 年全国、广东、顺德城镇居民人均可支配收入比较

数据来源：中国 2013 统计年鉴、广东省 2013 统计年鉴、顺德历年统计年鉴

2004 年，顺德农村居民人均纯收入为 6345 元，2011 年为 14148 元，7 年间增长了 2.23 倍。2004 ~ 2011 年 7 年间，顺德的农村人均纯收入始终高于广东省，高于全国平均水平。2011 年，顺德为 14148 元，是广东省（9371 元）的 1.51 倍，是全国（6977 元）的 2.03 倍。平均增长率虽高于广东省，但低于全国（顺德为 12.1%，广东省为 11.5%，全国为 13.1%）（图 6-15）。

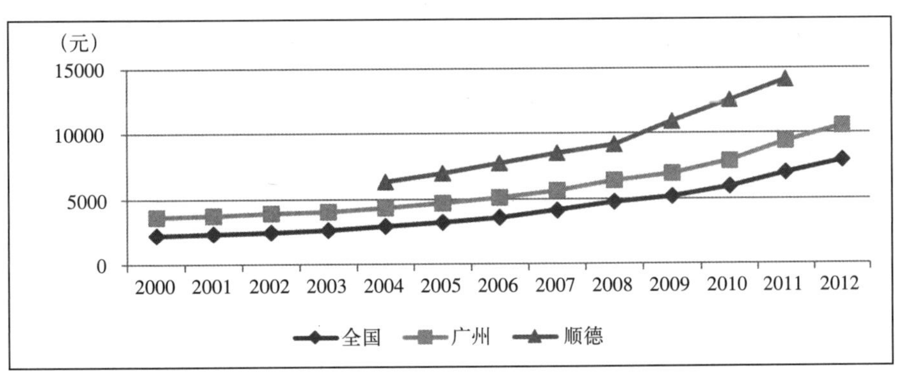

图 6-15　2000 ~ 2012 年全国、广东、顺德农村居民人均年纯收入比较

数据来源：中国 2013 统计年鉴、广东省 2013 统计年鉴、顺德历年统计年鉴

2000～2012年，顺德的城乡居民收入比始终低于广东省，低于全国水平，说明顺德的城乡收入差距比广东省及全国更小（图6-16）。从趋势来看，广东省和全国均呈现“先增后减”，而顺德则是持续下降，这也印证了由于自下而上的工业化进程，顺德的城乡收入差距明显低于广东省和全国平均水平的特征。

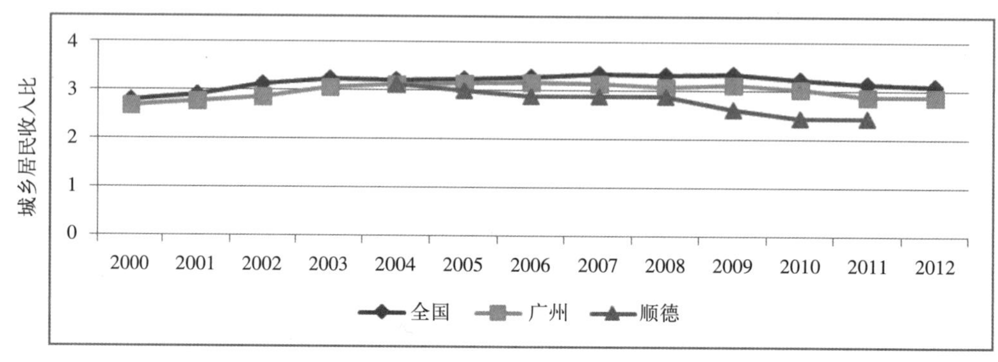

图6-16 1999～2012年全国、广东、顺德城乡居民收入比变化

数据来源：中国2013统计年鉴、广东省2013统计年鉴、顺德历年统计年鉴

（3）稳步提升的就业水平

2008～2012年顺德全社会从业人员数整体呈上升趋势，从2008年的92.83万人增加到2012年的155.71万人，年均增长率为13.8%。就业人口占常住人口的比重也呈逐年上升趋势，从2008年的46.09%增加到2012年的62.69%（图6-17）。这表明，近年来顺德区整体就业水平不断提高，与顺德整体经济发展水平相适应。

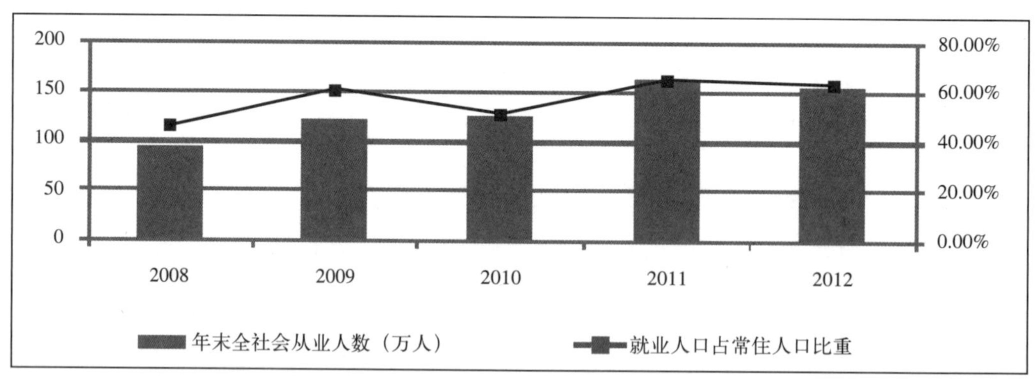

图6-17 2008～2012年顺德市就业情况

数据来源：顺德市统计局

四、1985 ~ 2005 年顺德半城市化地区土地利用扩展的时空特征

1. 顺德半城市化地区建设用地扩张数量与速度的变化特征

（1）建设用地总量变化

1985 ~ 2005 年的 20 年间，顺德半城市化地区经历了建设用地的快速扩张阶段，建设用地总面积从 89.89km^2 增加到 265.29km^2，增长了近 2 倍，年均扩张 8.7km^2（图 6-18）。其中，1985 ~ 1995 年的 10 年，建设用地扩张迅速，达 70.39km^2；但在 1995 ~ 2000 年间，建设用地扩张规模非常小，仅为 5.86km^2，这主要是由于 1997 年亚洲金融危机和中央政府暂停了用于商业开发的土地供应这两方面共同的影响；2000 年之后，建设用地空前爆发式扩张，5 年内增长了 99.14km^2（图 6-19）。

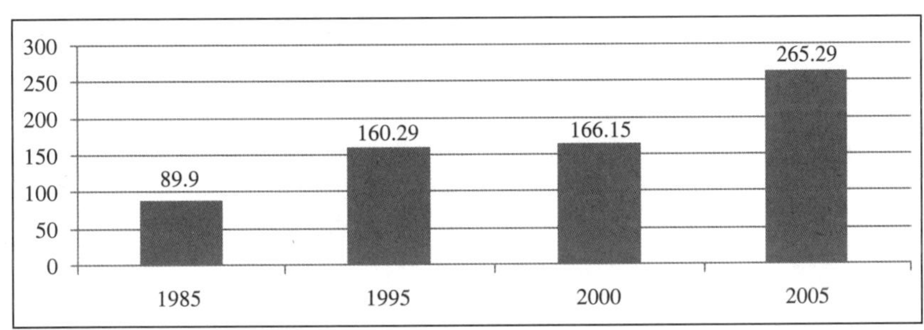

图 6-18　1985 ~ 2005 年顺德半城市化地区建设用地总量变化情况（单位：km^2）

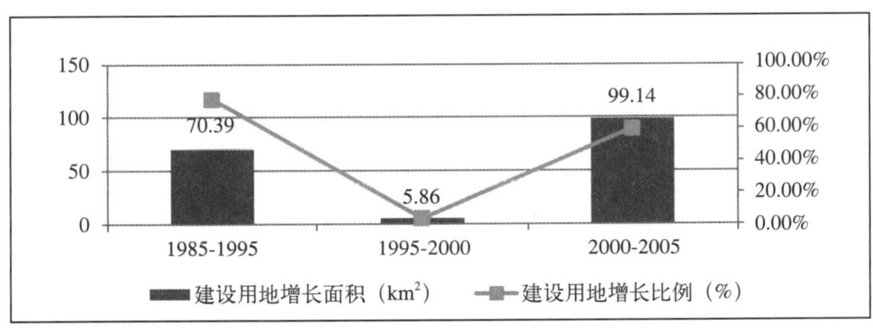

图 6-19　1985 ~ 2005 年顺德半城市化地区建设用地扩张速度

（2）建设用地结构变化

从顺德半城市化地区各类建设用地的构成来看（表 6-2），农村建设用地为主要组成部分，占总建设用地面积的比例达到 2/3；其次为城市建设用地，占总建设用地面积的比例在 1/4 以上；然后是其他建设用地（图 6-20）。以 2005 年为例，城市建设用地总量为 71.58km^2，占总建设用地面积的 26.98%，农村建设用地面积 176.58km^2，面积占比为 66.56%，其他建设用地 17.13km^2，占比 6.46%。

1985～2005年顺德半城市化地区建设用地构成 表6-2

年份	1985年		1995年		2000年		2005年	
	总量（km^2）	占比（%）	总量（km^2）	占比（%）	总量（km^2）	占比（%）	总量（km^2）	占比（%）
城市建设用地	23.75	26.42	44.35	27.67	42.61	25.65	71.58	26.98
农村建设用地	58.62	65.21	90.17	56.25	114.02	68.62	176.58	66.56
其他	7.53	8.38	25.77	16.08	9.52	5.73	17.13	6.46
总用地	89.9	100.00	160.29	100.00	166.15	100.00	265.29	100.00

注：其他指独立的工业用地和基础设施用地。

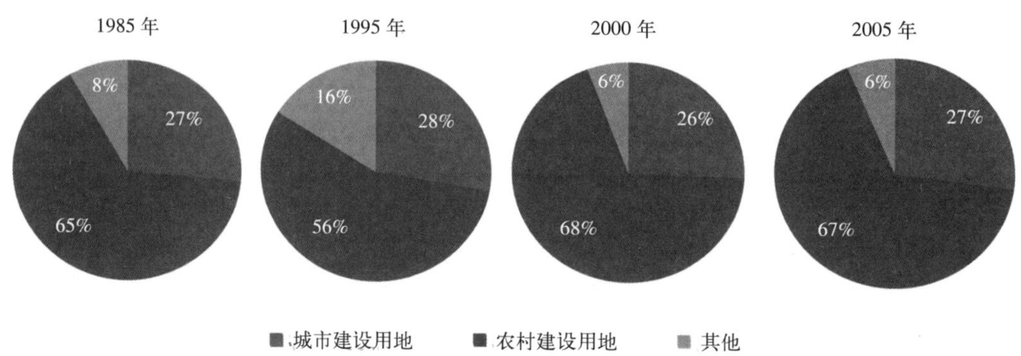

图 6-20　1985 ～ 2005 年顺德半城市化地区建设用地构成情况

2. 建设用地与其他各类用地的相互转化

表 6-3 显示了 1985 年与 1995 年两个年份的各类用地相互转化的情况。

建设用地转换分析显示，1985 ～ 1995 年，城市建设用地增加了 86.7%，主要来自于耕地，占 1995 年城市建设用地的 43.5%。其次来自于水域、林地。农村居民点用地增长了 53.8%，主要来自于耕地和水域，分别占 1995 年农村居民点用地的 31.5% 和 17.1%。独立工矿用地增加了 242.4%，主要来自于水域和耕地，分别占 1995 年独立工矿用地的 30.4% 和 23.8%。从总建设用地来看，增加了 78.3%，主要来自于耕地和水域，分别占 1995 年总建设用地的 33.6% 和 16.7%。表明在这一时期，新增建设用地主要来自于耕地及水域用地的转化，同时乡镇企业的快速发展及分散布局，对建设用地的空间布局产生重要影响。

耕地转换分析显示，1985 ～ 1995 年，耕地面积较少了 64%，主要转换为水域和建设用地，其次转换为林地和草地。这主要是由于 20 世纪 80 年代农村承包责任制改革后，顺德大力发展水产养殖、建设连片鱼塘的农业政策的影响。

其他用地转换分析显示，1985 ～ 1995 年，水域面积增加了 21.4%，主要来自于耕地。林地面积减少了 16.6%，主要转换为耕地及建设用地。草地面积基本不变。

1985～1995年顺德半城市化地区各类用地转换矩阵（单位：hm^2）　　表6-3

1985年 / 1995年	耕地	林地	草地	水域	城市建设用地	农村居民点用地	独立工矿用地	总和（1995）
耕地	7163.1	580.8	140	655.6	77.9	353.1	59.7	8904.1
林地	626.5	2702.2	10	1，24.8	15.5	56.6	8.5	35，35.1
草地	64，5	48.7		54.0		3	0.1	170.5
水域	11512.9	432.9	1	40282.4	24.6	637.7	258.6	53149.3
城市建设用地	1929.8	113.1		347.7	1921.3	122.7		4434.6
农村居民点用地	2844.3	143.6	24	1542.9		4484.7	1.2	9017.9
独立工矿用地	612.1	216.3		783.6	335.5	203.7	425.5	2576.7
总和（1985）	24753.5	4237.6	175	43791.8	2374.7	5861.5	752.5	81788.3

表 6-4 显示了 1995 年与 2005 年两个年份的各类用地相互转化的情况。

建设用地转换分析显示，1995 ～ 2005 年，城市建设用地增加了 46.5%，主要来自于水域用地，其次来自于耕地和独立工矿用地。农村居民点用地增加了 95.8%，主要来自于水域用地，其次来自于耕地和独立工矿用地。独立工矿用地下降了 33.5%，主要转化为农村居民点用地，其次转化为城市建设用地。总建设用地增加了 61.4%，主要来自于水域和耕地。这一时期，工业用地集中布局的相关政策，加快了过去分散的独立工矿用地向城市建设用地和农村居民点用地的转化，一定程度上缓解了城市发展对新增建设用地需求的压力。

1995～2005年顺德半城市化地区各类用地转换矩阵（单位：hm^2）　　表6-4

1995年 / 2005年	耕地	林地	草地	水域	城市建设用地	农村居民点用地	独立工矿用地	总和（2005）
耕地	5556.5	322.2	22.8	2585.9	628.6	635.9	175	9926.8
林地	561.1	2528.4	48.7	400	26.4	74.3	37.3	3676.3
草地	6.4	1						74
水域	859.7	181.9	0.4	40176.9	102.4	840.1	149	42310.2
城市建设用地	682.3	203.5	60.1	1375.2	3549.8	65.1	560.4	6496.4
农村居民点用地	1132.4	268.5	26.8	7511.3	127.5	7315.4	1276.4	17658.4
独立工矿用地	105.6	29.6	11.9	1099.8		87.1	378.6	1712.7
总和（1995）	8904.1	3535.1	170.5	53149.3	4434.6	9017.9	2576.7	81788.2

耕地转换分析显示，1995 ~ 2005 年，耕地面积增加了 11.5%，主要来自于水域用地，其次来自于各类建设用地。主要是水产养殖面积的大幅缩小，随着顺德建设用地的不断增加，土地资源对农业发展的制约越来越突出。

其他用地转换分析显示，1995 ~ 2005 年，水域面积减少了 20.4%，主要转换为耕地和农村居民点用地。草地面积减少了 56%，主要转换为建设用地。林地面积基本不变。

3. 土地利用的时空变化特征

为了更好地了解土地利用变化的特征，通过叠加 2001 年和 2010 年的土地使用现状图（图 6-21、图 6-22），使用景观生态学指数来度量城市建设用地、农村居民点用地以及农村工业用地的碎片化程度（表 6-5）。结果显示，城市建设用地和农村居民点用地的斑块数减少，而最小斑块面积和平均斑块面积都增加。城市建设用地的土地利用形状指数接近 1，而农村居民点用地指数变化很小。因此，城市建设用地和农村居住用地变得更规整，其主要原因是城市化进程的加快及城市用地的扩张将某些斑块连成整体。然而，同时期工业用地却变得更加破碎。工业用地斑块数从 480 增加到 697，最小斑块面积从 94m^2 减小到 50m^2。同时，农村总工业用地面积在 2001 ~ 2010 期间增加了 89%，大大高于同期城市建设用地 27% 和农村居住用地 33% 的增长率。工业用地的扩张及碎片化，主要是由于自下而上的工业化进程带来的工业用地无序蔓延①。

2001年、2010年顺德半城市化地区各类建设用地景观生态指数变化 **表6-5**

土地利用类型	斑块数		平均斑块面积（m^2）		最小斑块面积（m^2）		最大斑块面积（m^2）		总面积（万m^2）		景观形状指数*	
	2001	2009	2001	2009	2001	2009	2001	2009	2001	2009	2001	2009
城市建设用地	274	202	282681	485191	103	1015	15254601	15642393	7745.5	9800.9	1.14	1.04
农村居民点用地	1398	1258	33026	48835	60	111	1707846	1707098	4617.1	6143.5	1.13	1.14
农村工业用地	480	697	85933	112077	94	50	1529266	3648739	4124.8	7811.8	1.12	1.03

注：*景观形状指数（*LSI*）：景观斑块作为一个整体的周长与面积的比率，值越接近1，代表形状越规整有序。

（1）城市建设用地

2001 ~ 2010 年间顺德半城市化地区的城市建设用地的面积扩张及形态扩张见表 6-6。从城市建设用地景观生态格局指数的变化来看，2001 年以来顺德城市建设

① 详见第八章。

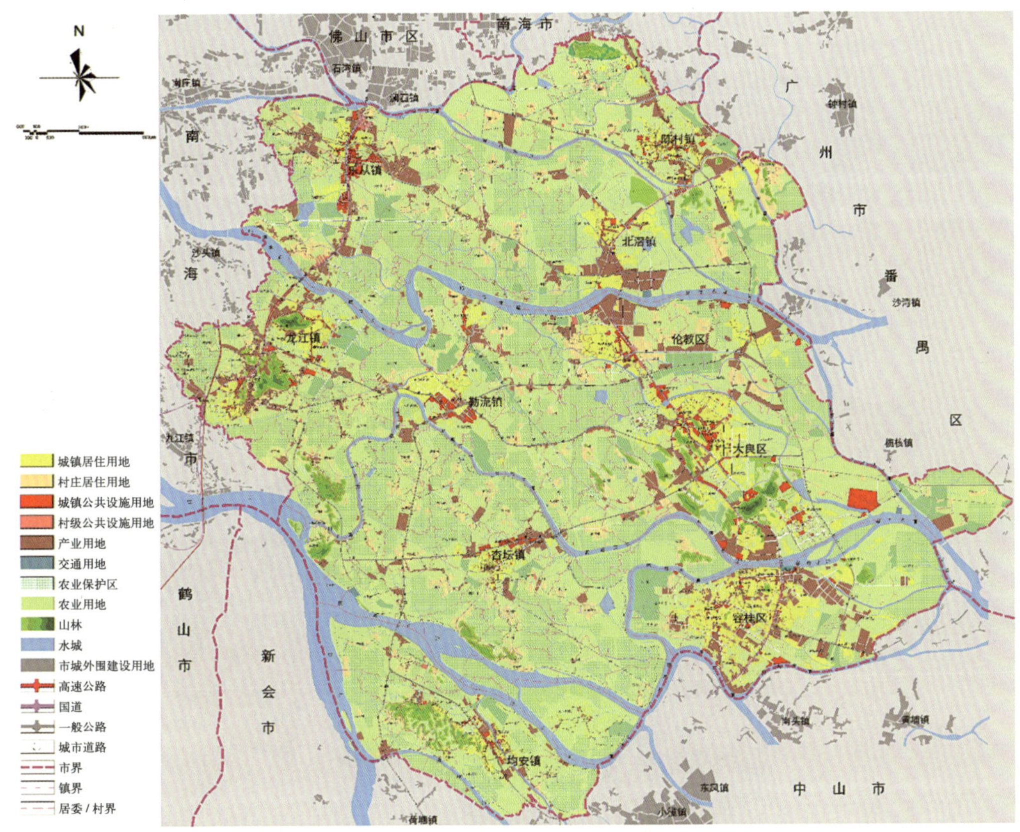

图 6–21　2001 年顺德土地使用现状图

用地斑块总数下降了 26.28%，从 274 减少到 202。城市建设用地的平均斑块面积从 28.3hm^2 增大到 48.5hm^2，增长 71.38%。最小斑块面积从 103m^2 增大到 1015m^2，增幅为 885.44%。以上三项指数变化说明总体上城市建设用地呈现集中的趋势。同时，城市建设用地的景观形状指数从 1.14 下降为 1.04。综上所述，8 年间顺德城市建设用地的扩张总体上呈现出集中和规整的趋势。

2002、2010年顺德城市建设用地景观生态格局指数变化　　**表6-6**

景观生态格局指数	2002年	2009年	变化幅度
斑块数	274	202	–26.28%
平均斑块面积（hm^2）	28.3	48.5	71.38%
最小斑块面积（m^2）	103	1015	885.44%
最大斑块面积（hm^2）	1525.5	1564.2	2.54%
总面积（hm^2）	7745.5	9800.9	26.54%
景观形状指数	1.14	1.04	–8.77%

图 6–22　2010 年顺德土地使用现状图

究其原因，可能是以下两方面的影响：

首先，顺德的土地利用政策的实施效应。顺德自 2001 年以来，针对镇、村工业用地、农村居民点用地均提出了相应的集中化政策，面积较小的用地斑块逐渐被迁并、整合到大的斑块中（如农村居民点的迁村并点，村级工业用地斑块被整合到镇级工业园区等）。

其次，地理环境格局对土地利用的影响。顺德境内河网密布，多条大江大河横跨顺德东西，桑基鱼塘覆盖地区范围广，这些都成为顺德非农用地的扩张阻力，在一定程度上限制了用地的自由扩张。因此，顺德的农村居民点用地呈现出“填补”式的扩张特点，最终使一定范围内的用地连成一片，促进了用地的集中。

（2）农村居民点用地

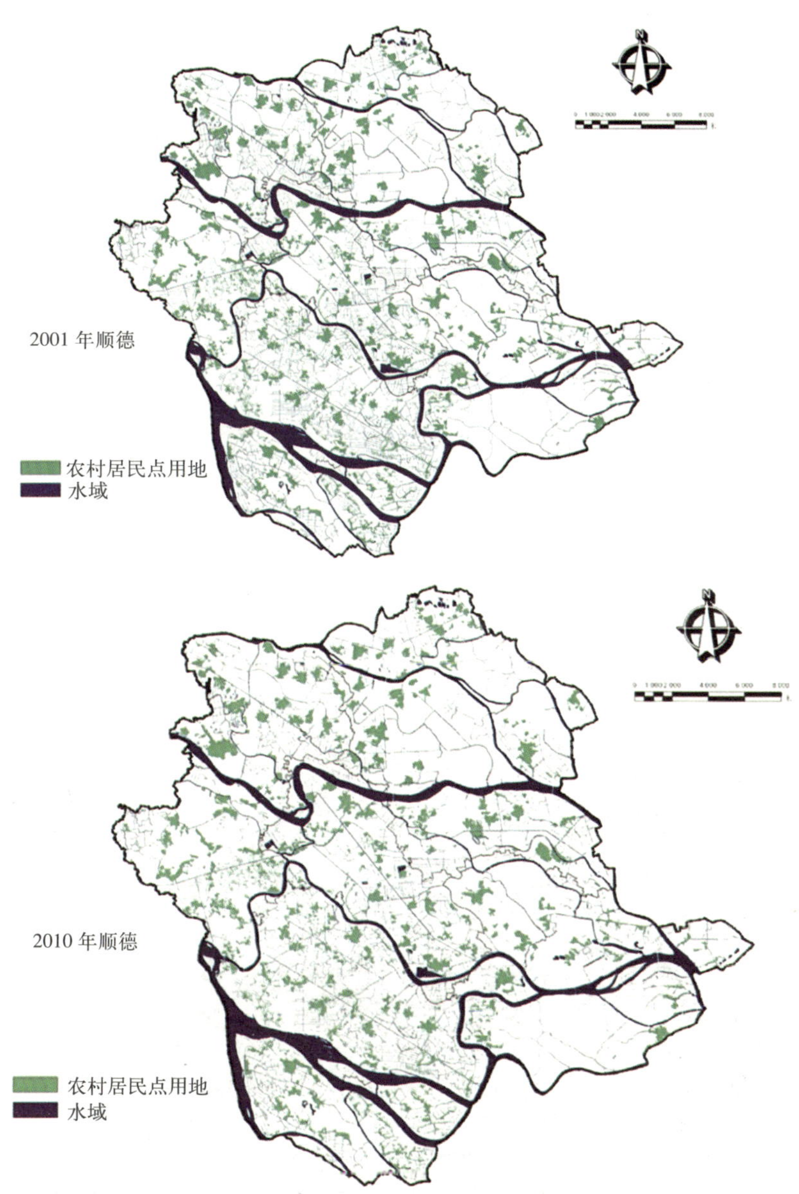

图 6-23　2001 ~ 2010 年顺德农村居民点用地变化

从图 6-23 可看出，顺德农村居民点用地呈现出“团状散布式”的分布模式。这是由于受到河网密集和较高人口密度的制约，农村居民点用地基本为团块状分布（除去少量因桑基鱼塘而形成的“梳子”状的农村居民点用地）。

从表 6-7 农村居民点用地景观生态格局指数的变化来看，2001 ~ 2010 年间顺德农村居民点用地斑块总数小幅下降了 10%，从 1398 减少到 1258。农村居民点用地的平均斑块面积从 3.3hm^2 增大到 4.9hm^2，增长 48.5%。最小斑块面积从 60m^2 增大到 111m^2，增幅为 85%。以上三项指数变化说明总体上农村居民点用地呈现集中的趋势。同时，农村居民点用地的景观形状指数从 1.13 提高为 1.14，变化不大。综上所述，9 年间顺德农村居民点用地的扩张总体上呈现集中的趋势。

这种趋势与顺德对农村宅基地的管理是分不开的，从 2001 年开始农村宅基地固化制度："生不增、死不减"，其目的是控制各村（居）的村民宅基地建房用地和建房占用耕地的总量。按照 2001 年 9 月 30 日在册农业人口，将股份合作社的股份一次性配置到个人并且固化股份，以后的新增人口不再配置股份，有效控制了新增宅基地的扩张。

2001年、2010年顺德农村居民点用地景观生态格局指数变化　表6-7

景观生态格局指数	2002年	2009年	变化幅度
斑块数	1398	1258	-10.01%
平均斑块面积（hm^2）	3.3	4.9	48.48%
最小斑块面积（m^2）	60	111	85.00%
最大斑块面积（hm^2）	170.8	170.7	-0.06%
总面积（hm^2）	4617.1	6143.5	33.06%
景观形状指数	1.13	1.14	0.88%

（3）农村工业用地

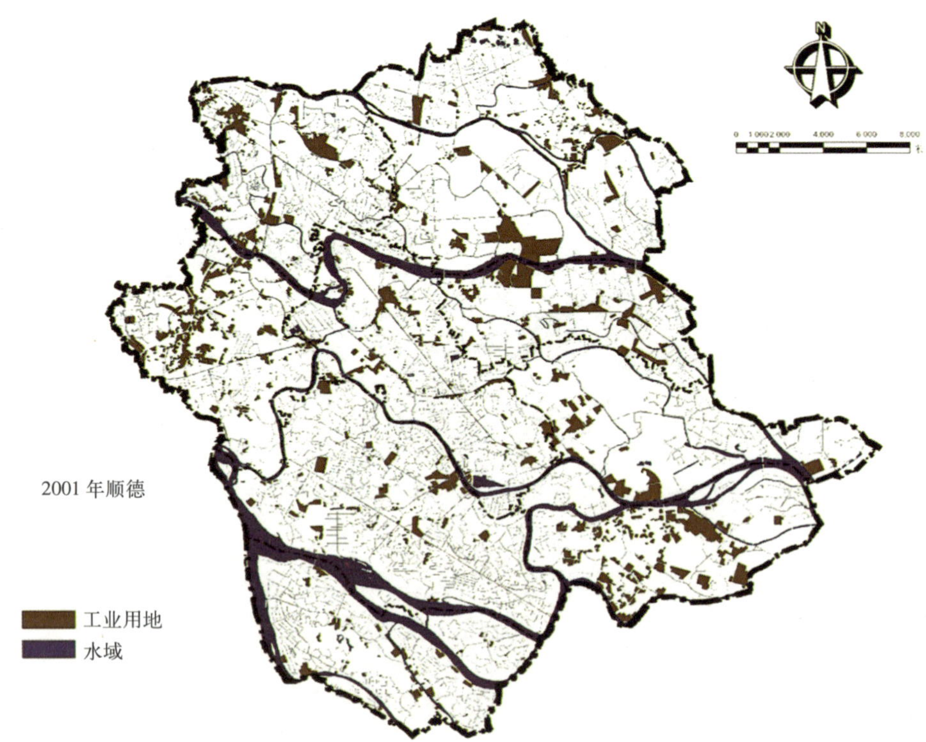

图 6-24　2001 ~ 2010 年顺德工业用地变化（一）

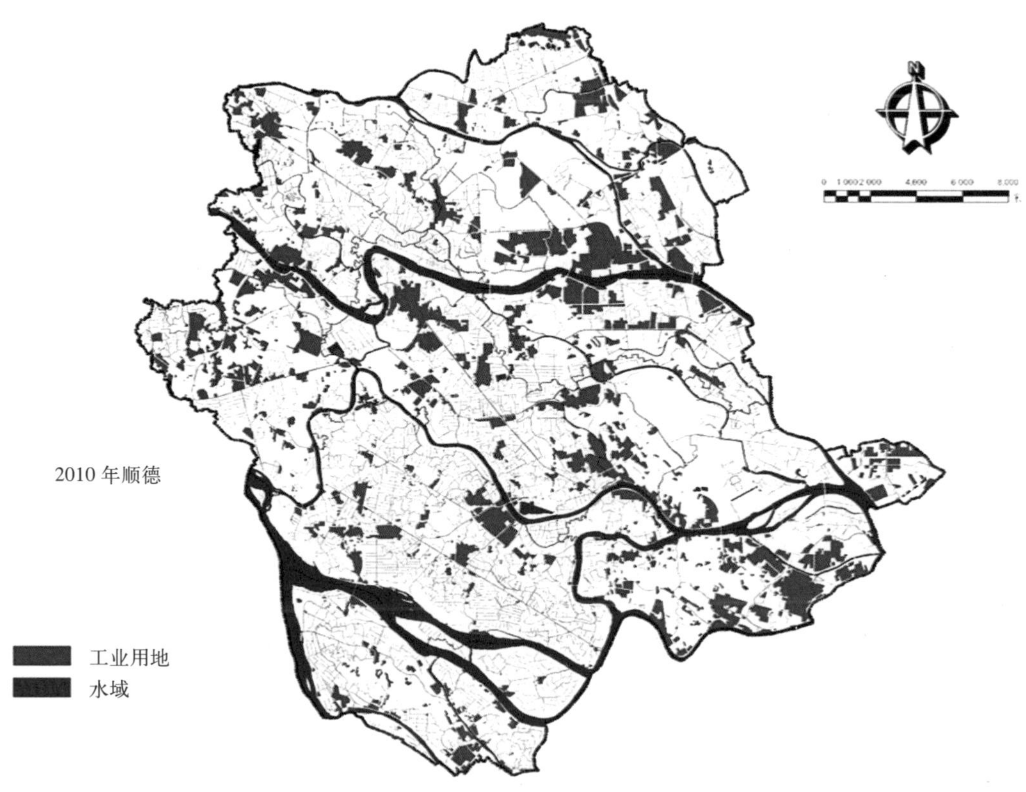

图 6-24　2001 ~ 2010 年顺德工业用地变化（二）

顺德工业经济的发展脱胎于 20 世纪八九十年代的乡镇经济，“村村冒烟”式的诸侯经济发展带来全域经济富庶的同时也带来了工业斑块零散的问题。从顺德工业用地分布图可见（图 6-24），现状工业用地基本呈现沿主要道路全域蔓延的状况，各镇的工业用地比例过高。从工业用地形态来看，工业用地主要由两部分组成：以自上而下方式建设的市、镇级的集中工业园区，面积大，呈现出集中、规整的形态；另一类则是自下而上因乡村工业化兴起的村级工业斑块，面积小，分布散乱。

从表 6-8 顺德农村工业用地景观生态格局指数的变化来看，2001 ~ 2010 年间顺德农村工业用地斑块总数上升了 45.21%，从 480 增加到 697。农村工业用地的平均斑块面积从 8.6km^2 增大到 11.2hm^2，增长 30.3%。相比城市建设用地及农村居民点用地，增幅并不明显。最小斑块面积从 94m^2 下降到 50m^2，下降了 46.8%。以上三项指数变化说明总体上农村工业用地呈现分散破碎的趋势。尽管农村工业用地的景观形状指数从 1.12 下降为 1.03，在整体形态更加规整，但总体上来看，9 年间顺德农村工业用地的扩张总体上呈现出破碎化的趋势。

2001年、2010年顺德农村工业用地景观生态格局指数变化　表6-8

景观生态格局指数	2001年	2010年	变化幅度
斑块数	480	697	45.21%
平均斑块面积（hm^2）	8.6	11.2	30.23%
最小斑块面积（m^2）	94	50	-46.81%
最大斑块面积（hm^2）	152.9	364.9	138.65%
总面积（hm^2）	4124.8	7811.8	89.39%
景观形状指数	1.12	1.03	-8.04%

自 2001 年以来，顺德出台一系列“组合拳”式的工业用地政策。2000 年提出集中建设市、镇两级集约型工业区，实行工业用地集中连片开发，对村级工业园区实行“关停并转”的政策。为鼓励工业项目进工业园区，顺德 2002 年出台一系列优惠政策，吸引村级工业进园，包括在税费上的优惠（土地开发金的免收、耕地开垦费的降低）以及规划控制等方面（如建筑密度的优惠）给予一定的优惠。2007 年提出针对村级工业园进行旧厂房改造，并设立“三旧”改造专项奖励和扶持资金，对积极改造并符合条件的企业或个人奖励超百万元，以实现土地集约利用以及产业集聚，达到提高土地利用率的效果。

近几年来，顺德随着产业结构转型，工业用地调整的力度不断加大。市级、镇级以上工业园区的用地情况开始逐渐趋向集约，而大量散落在村庄的工业仍然是土地利用粗放、低效的症结所在，也是未来存量用地调整的核心对象。

4. 土地利用的产出绩效变化

（1）建设用地增长绩效及其地均产出变化

1）建设用地增长绩效比较

建设用地绩效弹性系数，是指一定时期内 GDP 与建设用地两个指标增长速度的比率，能够用于衡量建设用地的增长幅度对 GDP 增长幅度的依存关系。因此，可用建设用地绩效弹性系数来衡量建设用地的增长绩效。建设用地绩效弹性系数越大，说明建设用地的增长绩效越高，单位建设用地投入对拉动 GDP 的贡献越大。

表 6-9 比较了顺德 1995 ～ 2010 期间三个五年阶段的建设用地绩效弹性系数变化，从总体变化趋势来看，顺德建设用地增长绩效表现出波动状态，总体呈现出降低的趋势。15 年间建设用地绩效平均弹性系数为 8.5。

1995年以来顺德建设用地绩效弹性系数变化　表6-9

年份	1995～2010年	1995～2000年	2000～2005年	2005～2010年
用地绩效弹性系数	8.5	7.5	2.6	3.4

资料来源：根据顺德统计年鉴和土地使用现状图整理。

2）建设用地地均产出变化

从建设用地地均产出来看（表 6-10 和图 6-25），顺德从 2001 年的 2.35 亿元 / km^2 增长到 2010 年的 5.35 亿元 /km^2，十年间增长了一倍多。这主要是由于受到土地资源紧缺的现实状况的约束。

2001～2010年顺德建设用地地均产出变化　　表6-10

	GDP（亿元）		建设用地面积（km^2）		建设用地地均产出（亿元/km^2）	
时间	2001年	2010年	2001年	2010年	2001年	2010年
顺德	390.54	1951.06	166.10	364.50	2.35	5.35

注：建设用地地均产出=GDP/建设用地总面积。

资料来源：GDP数据源自顺德2002、2011年统计年鉴，建设用地数据源自顺德2001、2010年的土地利用现状图。

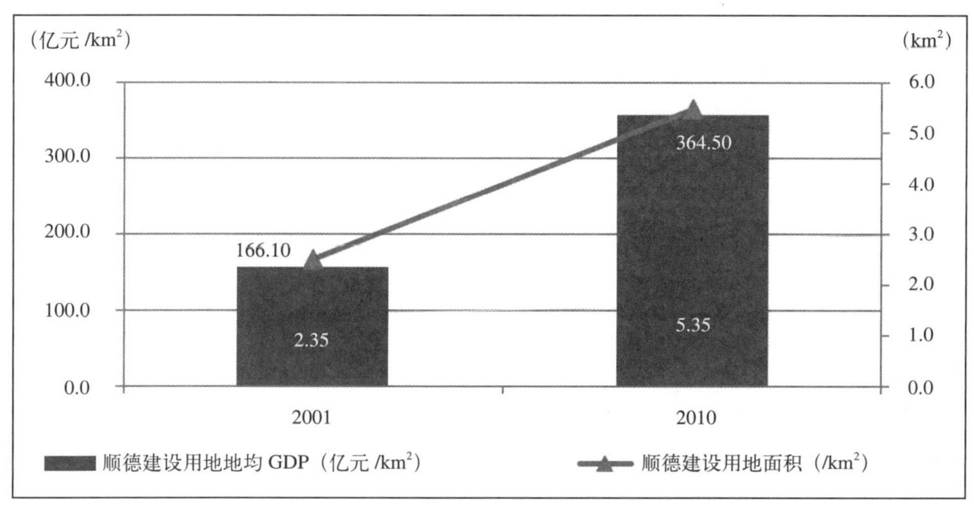

图 6-25　2001 ～ 2010 年顺德建设用地地均 GDP 比较

（2）工业用地增长绩效及其地均产出变化

1）顺德工业用地增长绩效比较

工业用地绩效弹性系数与建设用地绩效弹性系数类似，是指一定时期内工业增加值与工业用地面积两个指标增长速度的比率，能够用于衡量工业用地的增长幅度对工业增加值增长幅度的依存关系。因此，可用工业用地绩效弹性系数来衡量工业用地的增长绩效。

如表 6-11 所示，2001 ～ 2010 年顺德工业增加值增长 5.7 倍，工业用地增长倍数为 1.1 倍，10 年来顺德工业用地绩效弹性系数达到 5.5。说明这一阶段顺德工业用地的增长绩效较高，工业用地 10 年来呈现集约化的趋势。

2001-2010年顺德工业用地增长绩效　　表6-11

工业增加值增长倍数	工业用地增长倍数	工业用地绩效弹性系数
5.7	1.1	5.5

来源：根据顺德统计年鉴和土地利用现状图整理。

2）工业用地地均产出比较

总体来看，顺德工业用地地均产出从2001年的3.27亿元/km^{2}增长到2010年的10.69亿元/km^2(表6-12和图6-26)。通过深入分析产业发展和土地利用变化发现，顺德随着区域产业结构的不断调整，土地利用效益也相应得到优化提升，尤其以工业用地的集中化趋势较为显著，产业结构与用地空间的同步优化带来了顺德工业用地地均产出的迅速提高。

2001～2010年工业用地地均产出变化　　表6-12

工业增加值（亿元）		工业用地面积（km^2）		工业用地地均产出（亿元/km^2）	
2001年	2010年	2001年	2010年	2001年	2010年
179.38	1202.73	54.98	112.52	3.26	10.69

注：工业用地地均产出=工业增加值/工业用地总面积。
来源：根据顺德统计年鉴和土地利用现状图整理。

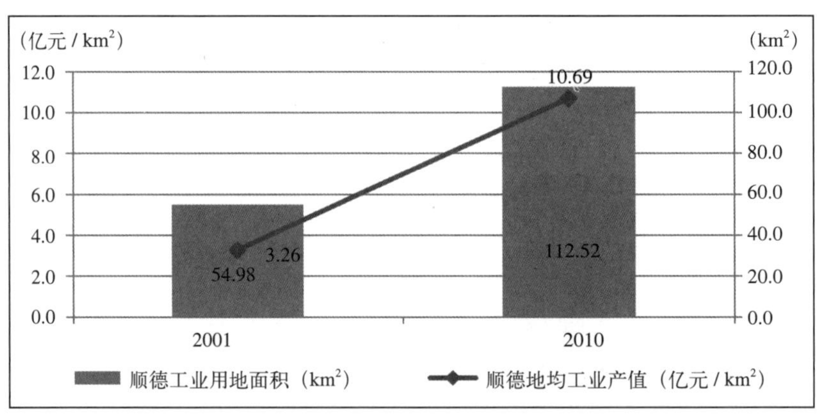

图6–26　2001～2010年顺德工业用地地均产出比较

五、顺德半城市化地区土地利用扩张的影响机制

与上海的半城市化地区更多受到自上而下的辐射外溢影响不同，顺德半城市化地区的发展，更多受到来自自下而上的工业化的影响。改革开放后政策制度的变化赋予顺德宽松的发展环境，地缘优势带来前所未有的发展机遇。乡镇企业的发展造就了顺德工业化发展的奇迹，也形成了顺德特殊的建设用地特征。

1. 地缘优势：香港经济的辐射和外溢效应

香港是广东省的近邻，与顺德的距离仅 110km。然而，20 世纪 70 年代末，两地存在着巨大的差异。一边是高楼林立，现代化的繁华大都市，一边是落后的农村面貌。这种反差的原因在于当时我国落后的经济发展。为了追赶全球经济发展的潮流，实现中华民族的伟大复兴，开创了改革开放的伟大实践。香港自然而然成为我们对外开放和引进外资的重点。

当时的香港，已经形成了以服装制衣、电子、钟表、玩具、塑料为主体的制造业体系，实现了自身的工业化。制造业的发展使香港成为远东重要的制造业中心之一，并跻身新兴工业化国家之列。然而，20 世纪 70 年代末，轻工业主导型的经济模式已经难以再驱动香港经济的发展。一方面，劳工短缺、工资上涨、土地资源紧缺等问题日益凸显；另一方面，面临来自劳动成本更低国家的激励竞争。因此，将香港政府制定了制造业外移的政策，特别是将初加工、低附加值的劳动密集型产业向外移。外移的重点是内地珠三角和东南亚等国。为新兴产业发展腾出足够的空间和人力资源。

顺德抓住了香港制造业外移和我国改革开放政策的历史机遇，大力发展制造业，实现了本地经济的飞速发展。顺德制造业发展之初，走的就是“反求工程”之路。改革开放之后，香港与大陆有了民众的往来，顺德很多人家里都有在港澳的亲戚，当他们可以回大陆的时候，有的带回香港的风扇作为回乡探亲的礼物。那些没有香港亲戚的人，就自己动手做出一台简易的风扇。有生意头脑的顺德人看到了其中巨大的市场机遇，他们将各种新的工业产品买回来，自己创办工厂，进行简单的仿制和改造，推向市场后大获成功。就这样，20 世纪 80 年代初，顺德的容桂、北滘等地涌现出大量的电风扇厂，比较著名的企业有裕华（图 6-27）、美的、南方厂等，被人称为“风扇城”。

同时，顺德也最早引进外资创办“三来一补”企业。1978 年 8 月，中国最早的“三来一补”企业——容奇大进制衣厂建成投产，拉开了香港企业大举迁入珠三角地区的序幕。当时的北滘镇党委书记冯润胜说服祖籍顺德的“世界风扇大王”翁佑回乡办厂。顺德人不仅引进了工厂，还引进了设备、技术和管理人员。顺德的制造业从此迅速发展，畅销海内外（林德荣，2009）。

像这样的例子还有很多，如顺德的热水器、电饭煲行业也是这样发展起来的。通过积极承接香港制造业转移，从最初的模仿到自己的创新，各类工业井喷式发展，顺德逐渐实现了自身的工业化。顺德工业化的快速发展，使其经济发展水平走在了全国前列，实现了 GDP 的快速增长。但是，这种当地工业企业自上而下的发展模式，也导致了工业用地的迅猛扩张及在各村镇的分散化布局。

图 6-27 裕华电器厂

来源：http://pic.rmlt.com.cn/2010/0629/6067.shtml

2. 区域性的发展政策对顺德的影响

(1) 广东经济特区

为了全面实施改革开放的国家政策，1979 年 7 月 15 日，中央决定对广东、福建两省实行特殊政策，创办经济特区。1980 年 8 月，《广东省经济特区条例》的通过，标志着广东省经济特区正式成立。深圳、珠海、汕头成为广东省的三个经济特区。从此，广东省成为全国改革开放和现代化建设的排头兵，充分发挥了技术的窗口、管理的窗口、知识的窗口和对外政策的窗口的作用。

作为经济体制改革的排头兵，广东省先后进行了财政、外汇分成体制改革；进行了市场化改革，颁布了《在国家计划指导下搞好市场调节的试行办法》，制定了疏通商品流通渠道、促进商品生产、搞活市场的 12 项措施；召开工业交通增产节约会议，颁发《国营工业交通企业利润留成试行办法》，进行企业经营管理改革，强调扩大企业自主权，按照经济规律办事，要求在各地县属工业企业，推广超计划利润提成奖的办法。这些改革极大地调动了地方经济发展的积极性，激活了商品市场，促进了民营企业的发展，尤其是使乡镇企业迎来了发展高峰。

作为国家对外开放的窗口，广东省先后出台了外贸基地建设、出口特区（经济特区）建设等规划，制定了《特区条例》、《特区规划》，实行对外商投资减税让利的政策。吸引了大量外资，促进了外资企业、合资企业的发展。

近年来，广东省不断调整着自己的发展重点，提出：①调整经济结构：建立农业、轻工业比较发达的、出口商品生产能力强的经济结构；②扩大市场调节范围，发展工农业生产，繁荣市场；③积极发展对外贸易和对外经济合作，大力发展外贸出口；④广东省对各地、市、县也实行了财政包干和外汇分成政策，调动地方的积极性。为促进基础设施建设，制定优惠政策，鼓励各地多方集资，建桥修路，通过收取过桥过路费，还本还息，加快交通基础设施建设。

在广东省经济特区的大政策背景下，顺德不断调整自身的发展政策。进行体制改革，繁荣市场，发展经济；调整产业结构，在发展农业的同时，积极发展工业；促进基础设施建设，多方融资建桥修路；引进外资发展工业企业；推行市场调节，扩大对外出口。这些政策使顺德实现了经济的快速发展，并成为民营经济发展最具活力的地方。

（2）广佛同城化

2003 年 1 月，顺德正式并入佛山市，变为顺德区，使佛山市一跃成为广东省第三大城市。广州和佛山两地，在文化上同根同源，在地理上接壤边界长约 200km，在产业发展上，优势产业不同质。因而广东省政府提出“广佛同城化战略”，使两地实现“资源共享，错位发展”。2009 年 3 月 19 日，广州市市长张广宁、佛山市市长陈云贤签署《广州市、佛山市同城化建设合作框架协议》及两市城市规划、交通基础设施、产业协作、环境保护等 4 个对接协议，标志着广佛同城正式启动。

两市首先加强了交通基础设施方面的协作。当时广州市已经基本形成了辐射亚太和全国的海铁空枢纽，佛山没有必要重复建设，可以节省大量资源。因此，佛山将通过道路、轨道等的建设，加强与白云机场、广州南站以及南沙港等客货运枢纽的联系，从而实现资源共享，实现区域的联动发展（图 6-28）。

在高速公路的路网衔接方面，把佛山的道路网与广州的环线接通，共同构筑广佛一体化的内环路，再将对外的区域性道路接在环线上，以保护广佛核心城区。而在广佛都市圈的外围，还将构筑一个外环，用于分离过境交通，沟通周边区域联系，实现白云机场、南沙港等区域级设施对整个珠三角区域的共享，促进区域融合发展。

在轨道建设方面，广佛之间再打造两条快速城际轨道线（广佛 1、2 号快线），连接广州中心和区域客运枢纽，实现公共交通无缝对接。

广佛融合后，经济发展更加协调，同城化后的产业、经济的叠加效应更加明显。广佛两地加速同城，广佛两地的现代产业体系建设将大为提速，佛山市加快建设成为制造业大市。

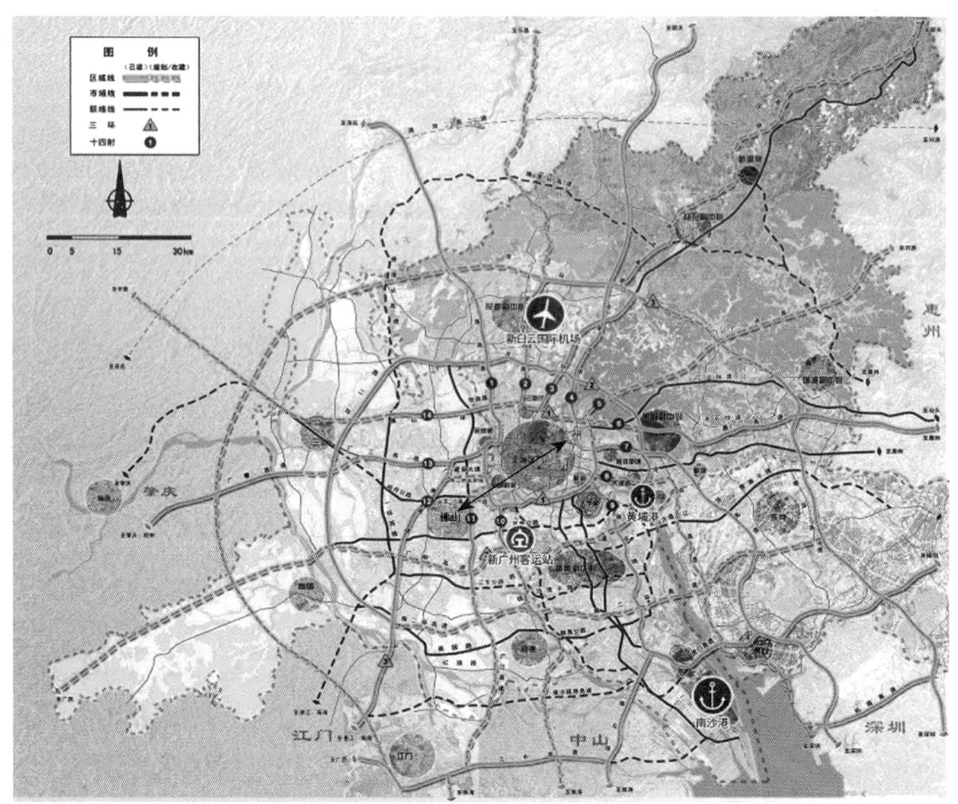

图 6–28 广佛交通发展空间格局示意图

来源：广佛同城化发展规划（2009 ~ 2020 年）

3. 自下而上的工业化进程对土地利用格局的影响

（1）“分权”制背景下镇村工业发展对土地利用格局的影响

国家实行“双包”（包产到户、包干到户）的联产承包责任制后，顺德的农业得到较快发展，但是单纯搞农业，无法实现致富的目标。乡镇企业这时异军突起，成为“国民经济的一支重要力量”。顺德的乡镇企业就是在这种背景下发展起来的。早在 1975 年，黎子流接任顺德县委书记时就曾提出“围绕农业办工业，办好工业促农业”的方针，总结得出“无工不富、无农不稳、无商不活”的经验，从而大力发展乡镇企业。1984 年，中共中央 1 号、4 号文件肯定了乡镇企业是“国民经济的一支重要力量”，要大力促进乡镇企业的发展。1985 年 1 月，顺德县委召开 3 级干部会议，重点研究大办工业。乡镇企业在顺德迅速发展起来。

乡镇企业的发展首先得益于改革开放后的经济体制改革。中央加大了对地方的权力下放，并进行了相应的财政体制改革，实现财政包干制，以此激励地方政府发展经济的积极性。与此同时，顺德也进行了自身的权力分散过程，形成“市—镇—村”分权体系，把县一级的权力下放给乡镇，并建立相应的以镇为导向的财政分配体制，实行让利于镇的财政包干制。这种财政包干是低基数包干、倒比例分成，就是给每个镇非常低的包干基数，而且超收的这一部分，大头留给镇，小头分给市，这一规则确立的直接结果就是对镇一级政府发展经济产生极大的激励，从而使每一个镇都成为地区发展经济的主体。同时，村与镇级财政也形成了类似镇与上级财政的包干制，在完成镇级财政下达的财政指标后，村级单位所创收入可按一定比例分成供村支配。一系列优惠政策的颁布，极大地激励镇村经济发展的积极性。

乡镇企业从社队企业发展而来，按照《中华人民共和国集体所有制企业条例》，乡村集体企业是属于乡村全体居民所有的劳动群众集体所有制企业。因而，尽管从性质上说，二者都是集体所有制，是一种公有制，但是地方政府有更明确的动力和更大的能力去管理企业，并确保其作为所有者应有的利益。由于利益攸关，乡镇政府对其下属的乡办企业往往会有特殊关爱。具体表现在：帮助企业向银行贷款，为企业征用土地，谋取开业执照，招收工人，寻找短缺原料、技术和产品市场等。在市场不够开放、乡镇企业普遍资源短缺的情况下，乡办企业往往可以优先获取资源，从而获得优先发展（林德荣，2009）。

综上，财政体制改革（统收统支制转变为财产包干制）、干部考核制度和干部在改革年代的私人利益，使得乡镇政府极端依赖乡村工业作为收入来源，从而促进了乡村工业的发展。但这也一定程度上限制了乡镇企业的自由选址。企业的区位选择往往受到不同投资主体（镇、村、私人所有者）之间的利益关系、乡镇企业行政隶属关系、产权形式、土地管理政策及户籍政策等制度约束，综合考虑自身办厂成本。镇办企业、村办企业通常在全市范围各自选址，分散分布。

一般而言，镇办企业多在镇区范围内选址，村办企业也更倾向于在其所属村的范围内选址。镇办企业在镇区内选址，可以得到镇政府在土地价格和土地使用等方面的支持，例如，在完全由镇政府投资兴办的企业中，或在合资企业中镇政府以土地（和厂房）作为一项资本投入时，如果需要将一定面积的其他用地（如农用地）转为工业用地，镇政府可不通过国家规定的征地方式，而采取土地转让的方式。

对村办企业来讲，因使用不同范围的土地而实现的成本节约更为显著。在本管理区或村选择工厂用地，可以支付更少的土地租金（相当于镇区土地租金的50% ~ 80%），同时也可以通过土地使用权的暂时转让来获得工业用地而规避在其他管理区和镇区选址时必须承担的征地费用和相应的征地手续。另外，根据顺德市规划管理部门的规定，凡在镇区或镇域内主干道两侧办厂申请用地，均需通过规划部门的审批发放用地许可证并缴纳一定数量的基础设施开发费用。总之，因选址在本村范围内所带来的成本节约对规模小、经营相对不稳定的大部分村办企业来说是一项重要条件。①

这样的结果是各种镇办、村办工业受投资主体的多样性、土地价格和用地管理

① 来源：佛山市顺德区总体规划（2009 ~ 2020）专题研究 3：顺德产业与城市发展研究。

的差异性及相关利益的复杂性影响，其空间布局日益分散化。全市各个镇、村利用集资等方式进行工业区、工业村建设，小则一间厂房几百平方米，大则上万平方米。顺德“村村点火、户户冒烟”的城市化格局由此形成（图 6-29）。

图 6–29 “村村点火，户户冒烟”是顺德工业化进程的生动写照

来源：http://news.ifeng.com/gundong/detail_2013_03/15/23132695_0.shtml

（2）产权制度改革背景下乡镇企业发展对土地利用格局的影响

乡镇工业的发展完成了顺德早期的原始资本扩张。1978 ~ 1993 年的 15 年中，顺德的工农总产值从 8 亿多元增长到 280 亿元，其中工业总产值达 264 亿元，占工农总产值的 85.7%。然而，进入 20 世纪 90 年代后，以“三个为主”（以工业为主，以集体企业为主，以骨干企业为主）的“顺德”模式发展起来的乡镇企业暴露出越来越多的问题。当时的顺德市委市政府在呈给省政府要求改革的报告中，用了“辉煌的成就、惊人的包袱”来形容顺德的经济现状。

集体企业为主的结构，使企业的兴衰成败完全由政府承担，职工的衣食住行也要全部由政府保护。“有限收益、无限风险”使政府包袱越来越重。另外，政企不分、责任不明，工业企业管理混乱，经营效益长期反映不实，从而内部空虚、亏损严重。部分企业“厂外有厂，账外有账”，公有资产大量流失。20 世纪 80 年代中期以来，顺德乡镇企业每年以 28% ~ 30% 的速度增长，但是利润却逐年下降，镇办工业的销售利润率由 1985 年的 6.65% 下降为 1992 年的 3.32%，原有的发展体制遇到了前所未有的瓶颈[①]。

① 来源：佛山市顺德区总体规划（2009 ~ 2020）专题研究 3：顺德产业与城市发展研究。

面对这样严峻的形势，20 世纪 90 年代后，在省委的支持下，顺德率先开展了大刀阔斧的产权制度改革。政府开始退出市场，并按照“产权明晰、责任明确、贴身经营、利益共享、风险共担”的目标，对境内企业全方位实行改革。产权制度改革促进了企业的发展壮大，创立了一批“美的”、“碧桂园”等国内知名的大型企业集团。顺德大企业时代到来。

大型企业的迅速发展带来了空间模式的改变。其中最明显的就是镇区扩大，小城镇获得长足发展。顺德在 20 世纪 90 年代涌现出一批全国知名的工业强镇，如北滘（图 6-30）、容桂，小城镇和企业的发展高度统一起来。一方面，企业的产业化、规模化经营有力地带动其他中小企业的发展，吸引了大量本地农村人口进入城市，从而带动了服务业的发展。另一方面，城镇通过地产、教育、医疗等不断完善的生活配套设施，积极为核心产业创造良好的创业环境。双方良性互动共同推动了城市的发展和产业的升级。

综上，20 世纪 90 年代以来的企业产权制度改革，推动了大型乡镇企业的发展，一定程度上改变了原来村办、镇办企业规模小，布局分散的局面。大型企业与小城镇的良性互动，也促进了镇区的扩大和镇域经济的发展，顺德进入了以大型乡镇企业为核心的小城镇发展阶段。

图 6–30 顺德北滘镇

来源：北滘区人民政府网站

4. 自下而上的制度变迁对土地利用的影响：土地股份制

（1）产生背景

20 世纪 90 年代初，土地股份合作制率先在佛山市南海区等地产生，其背景具有特殊性和代表性。鉴于土地家庭承包经营带来的土地规模小，家家户户分散经营与农业产业化经营所要求的土地有序流转、集约经营不相适应，严重阻碍了农业产业化经营水平的提高；农村集体资产产权的不清晰，使农民难以对集体资产的管理进行监督，对发展集体经济不关心，造成村级集体经济发展严重滞后，与农村经济持续快速发展极不和谐；农村城市化进程需要大量的承包土地转为非农建设用地，但由于征用土地补偿标准过低，土地承包户对此产生了极大的抵触情绪等问题，南海市政府从 1992 年开始，利用大量本地和外地资金在当地投资设厂的机遇，认可集体在不改变土地所有权性质的前提下，将集体土地进行统一规划，把土地或厂房出租给企业使用，打破了国家统一征地垄断农地非农化的格局，为农民利用自己的土地推进工业化留下了一定的空间。到 1993 年，在南海区委、区政府的总结和推动下，土地股份制已遍及全区农村。其基本做法可归纳为两条。一是进行“三区”规划，按土地功能将土地划分为农田保护区、经济发展区和商住区，以利于保护农田和实施城镇规划，使土地资源得到重新和有效利用；二是将集体财产、土地和农民承包权折价入股，在股权设置、股红分配和股权管理上制定出章程，一切经营活动按章办理（蒋省三、刘守英，2004）。

（2）制度安排

土地股份合作制，是农户以承包的土地入股，集体以机动地及其存量资产作股，并以在册村民为配股对象，按各户所拥有的土地、村龄或对集体经济贡献大小确定配股比例，进行生产资料合作的新的社区合作经济组织。土地股份合作制，打破了农户一家一户式的传统经营、组织模式，促进了农村土地使用权流转，实现了产业的多元化、规模化和集约化。土地股份合作制的核心理念是让农民以土地权利参与工业化，分享工业化进程中农地非农化的增值收益。具体做法是用集体土地股份社来替代原来的农户分户承包制，农地的使用权和所有权合二为一，村集体作为土地所有权的代表人重新获得土地经营权，农民按股份获得分红（图 6-31）。工业化程度高，二次产业发达，农业劳动力大量非农化，是土地股份合作制得以成功实施不可缺少的外部条件。

随着农村土地股份制的实行，以村委会或村民小组为单位的对土地的集体经营权替代了以家庭为单位的农民土地承包权。土地使用者角色的转换，使农村土地由过去的集体所有、农民家庭分散承包变成了集体所有、集体经营。所有权与经营权的又一次统一，导致了农村土地向集体经济组织的又一次集中。股份制的实行壮大了集体经济，在集体资产的使用上，主要有以下几项：第一，村社基础设施建设；第二，为村民提供福利，主要是医药费补助、学校补贴和养老补贴。

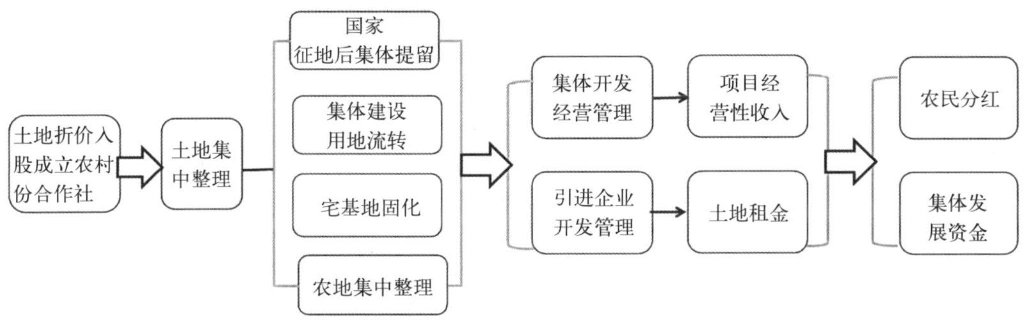

图 6-31 农村股份合作社运作机制

（3）顺德土地股份制的产生及发展

改革开放以来随着珠江三角洲工业化进程的加速，顺德的土地状况面临令人尴尬的境地：35.5 万农村劳动力平均每人只有 1.7 亩土地可以耕种；但同时，大量农民进厂做工，10 万亩土地无人耕种被撂荒，占当时耕地面积的 1/6。正所谓"有田无人耕，有人无田耕"。1993 年，顺德率先在全国开展以土地经营权流转为核心的制度改革，并将此称为"顺德模式"。1993 年 8 月和 1994 年 2 月，顺德市委市政府先后出台《关于深化农村改革的决定》和《关于改革村委会建制，推行农村股份合作制的若干政策》。之后，顺德将 2000 多个生产队组织合并为 197 个村（居），通过土地经营权投包进行流转，将 60 万亩农地租给农业专业户经营。

2008 年，顺德共计成立 261 个股份社，平均每个行政村有 2.4 个土地股份社（表 6-13）。股份社的职责主要包括：①将分散在农户手中的土地集中起来，制定土地使用计划，例如划分农业用地、工业用地和其他公共设施用地；②修建道路、基础设施和其他公共设施；③集中土地处置权，通过拍卖等方式将土地和物业出租给公司或个人；④收取租赁和其他费用，并根据利润给股民分红。每个股份社都有自己的产业，除了顺德区政府所在的大良和工业相对集中的容桂，其他镇街的工业点个数较多。土地股份社一方面整合了分散在农户手中的土地资源，另一方面由于其规模偏小，本身也成为工业用地分散的原因。从表 6-14 可以看出，顺德 10 个镇街的股份社，共 38.72% 的收入来自土地和物业的租赁，42.08% 的收入来自发包及上交的收入，而股份社的支出大部分用于农民分红，集体提留只占 16.1%。因此，土地股份社的成立，无论对镇村的经济发展、农民的收入还是农村的土地利用，都发挥着重要的影响。

顺德区各镇街土地股份社和工业点情况（2008年） **表6-13**

镇街	行政村（居）（个）	土地股份社（个）	工业点（个）
大良	20	19	5
容桂	26	48	15
伦窖	10	11	15
北滘	18	20	23
陈村	14	15	16
乐从	23	26	52
龙江	22	27	46
勒流	22	45	24
杏坛	30	32	34
均安	13	18	10
合计	198	261	240

来源：顺德区政府。

顺德区各镇街土地股份社收支状况（2008、2012年） **表6-14**

	收入来源（%）						收入分配（%）					
	租赁[1]		发包及上交收入[2]		其他[3]		成本		集体提留		农民分红	
镇街＼年份	2008	2012	2008	2012	2008	2012	2008	2012	2008	2012	2008	2012
大良	66.03	41.50	25.53	31.88	8.44	26.62	17.7	9.99	16.4	11.60	65.9	78.40
容桂	75.33	70.85	18.81	15.54	5.86	13.61	35.3	22.88	12.6	17.24	52.1	59.89
伦窖	14.28	18.54	69.84	58.86	15.88	22.59	13.1	12.97	15.1	10.25	71.8	76.77
北滘	8.15	14.86	79.79	71.58	12.06	13.56	10.6	12.36	13.0	9.58	76.4	78.06
陈村	16.24	15.80	76.68	65.83	7.08	18.37	16.0	12.16	22.1	31.94	61.9	55.90
乐从	57.92	63.84	10.51	12.51	31.57	23.65	11.2	11.36	12.0	15.08	76.8	73.56
龙江	52.79	57.18	33.29	21.28	13.92	21.55	21.4	13.41	15.2	19.64	63.4	66.94
勒流	15.72	31.67	59.39	57.83	24.89	10.50	17.2	12.28	21.6	18.13	61.2	69.58
杏坛	22.73	22.30	65.10	54.27	12.17	23.42	15.6	15.78	14.9	14.34	69.5	69.88

续表

镇街＼年份	收入来源（%）						收入分配（%）					
	租赁[1]		发包及上交收入[2]		其他[3]		成本		集体提留		农民分红	
	2008	2012	2008	2012	2008	2012	2008	2012	2008	2012	2008	2012
均安	8.52	14.23	47.15	36.59	44.33	49.18	17.3	19.89	39.8	37.62	42.9	42.49
合计	38.72	42.73	42.08	36.31	19.2	20.96	17.1	13.69	16.1	17.05	66.8	69.26

注：1. 租赁收入指股份社向租用土地或物业的外来个人或企业所收取的租金。

2. 发包及上交收入指科目核算农户和承包单位承包集体耕地、林地、果园、鱼塘等上交的承包金及村（组）企业上交的利润。

3. 其他是股份社进行投资和其他方面的收入。

另外，2008年与2012的收益与分配统计的项目不同，其中收入项目分为经营收入、其他收入、各级补助收入三类，分配项目分为支出项目（包括经营支出、管理费用、其他支出）、收益分配（包括福利事业支出、提取公积公益金、提取集体股、股民分红总额四类）两大类。为保持与2008年一致，作如下处理：

收入项目：

（1）经营收入中的发包及上交收入与2008年相同。

（2）经营收入中除发包及上交收入之外的其他收入相加与2008年的租赁收入相同。

（3）收入项目中的其他收入和各级补助收入与2008年的其他相同。

分配项目：

（4）支出项目与2008年的成本相同。

（5）收益分配的前三项与2008年的集体提留相同。

（6）收益分配的最后一项与2008年的农民分红相同。

来源：顺德区政府。

（4）土地股份制对于顺德土地利用的影响

随着顺德农村工业化进程的加快，其农村的主导产业已经从农业变为工业。1978 ～ 2011 年，农业在 GDP 中的比重从 36.8% 下降到 1.7%，工业的比重从 44.9% 增加到 61.0%。尽管服务业也在增长，但工业在经济结构中仍占据着绝对的主导地位。

如上所述，农村土地股份合作制不仅有利于工业化所必需的土地整合，而且成为农村集体经济的主要支柱。从 2008 年土地股份合作社的收支情况来看（表 6-15），土地租金和转包收入占到总收入的 80% 以上，其中 66.8% 的收入作为红利分给了农民，16.1% 的收入留在村集体作为村庄安全、土地集中等公共支出。

2008年土地合作社的收入及支出　　　　**表6-15**

镇街	收入（万元）	收入来源（占比%）			收入分配（占比%）		
		地租	转包	其他*	花费	村集体保留	农民红利
大良	4800.55	66.03	25.53	8.44	17.7	16.4	65.9

续表

镇街	收入（万元）	收入来源（占比%）			收入分配（占比%）		
		地租	转包	其他*	花费	村集体保留	农民红利
容桂	15040.75	75.33	18.81	5.86	35.3	12.6	52.1
伦教	8879.38	14.28	69.84	15.88	13.1	15.1	71.8
北滘	14124.06	8.15	79.79	12.06	10.6	13	76.4
陈村	7505.0	16.24	76.68	7.08	16	22.1	61.9
乐从	30530.62	57.92	10.51	31.57	11.2	12	76.8
龙江	10806.24	52.79	33.29	13.92	21.4	15.2	63.4
勒流	12052.88	15.72	59.39	24.89	17.2	21.6	61.2
杏坛	9226.26	22.73	65.10	12.17	15.6	14.9	69.5
均安	6150.2	8.52	47.15	44.33	17.3	39.8	42.9
总计	119115.94	38.72	42.08	19.2	17.1	16.1	66.8

注：* 其他代表投资及其他收入
来源：顺德区政府

从2000年开始，中央政府实施了一项“乡财县管”政策，逐渐废除乡镇级的预算，以限制镇级政府的财政权力，这项权力起源于20世纪80年代中期的分权政策（侯经川、杨运姣，2008）。“县财乡管”政策备受争议，一方面能减小不同地区间的收入差距，缓解镇级政府管理疲软所造成的问题；另一方面，抑制了镇村政府自下而上的创新，严重影响了农村地区的发展。然而在顺德，由于土地股份合作社的存在，为村集体和村民提供了预算外的收入。一项针对顺德和其他省份没有实施土地股份合作社的共计10个乡镇的调查显示，一个强大的集体经济对于农村地区的工业化和经济发展是必需的。土地股份合作社在顺德农村工业化过程中起到至关重要的作用。

为了实现经济发展的目标，每个行政村建立一个或几个土地合作社来集中管理土地利用。通过建立土地股份合作社，农田和非农业用地变得更加集中。表6-16比较了顺德行政村、土地股份合作社和工业区的数量。几乎每个行政村都有自己的土地股份合作社，大多数的合作社建立了自己的工业区（图6-32），大良和莒南例外。大良以发展服务产业为主，其工业区的数量远远少于合作社的数量。莒南位于顺德的最南端，区位较差，可达性不好，投资者和厂商往往避开这个地方，因此其工业区的数量也少于合作社的数量。

图 6-32　顺德工业用地（2009）

来源：广州城市规划与设计研究院，同济大学．顺德总体规划（2010 ~ 2030）[R]. 2009

顺德10个镇的行政村、土地合作社和工业区的数量　表6-16

镇街	行政村数量	土地合作社数量	工业区数量
大良	20	19	5
容桂	26	48	44
伦教	10	11	15
北滘	18	20	23
陈村	14	15	16
乐从	23	26	52
龙江	22	27	46
勒流	22	45	24
杏坛	30	32	34
均安	13	18	10
总和	199	261	269

来源：顺德区政府。

为了理解顺德农村土地股份合作社对土地开发的影响，我们调查了杏坛镇的三个行政村：吕地村、光华村、南华村（图 6-33），他们分别代表不同的土地合作社类型。光华村和吕地村的合作社基于行政村，因而是行政合作社；南华村的合作社是基于自然村，因而是自然合作社。

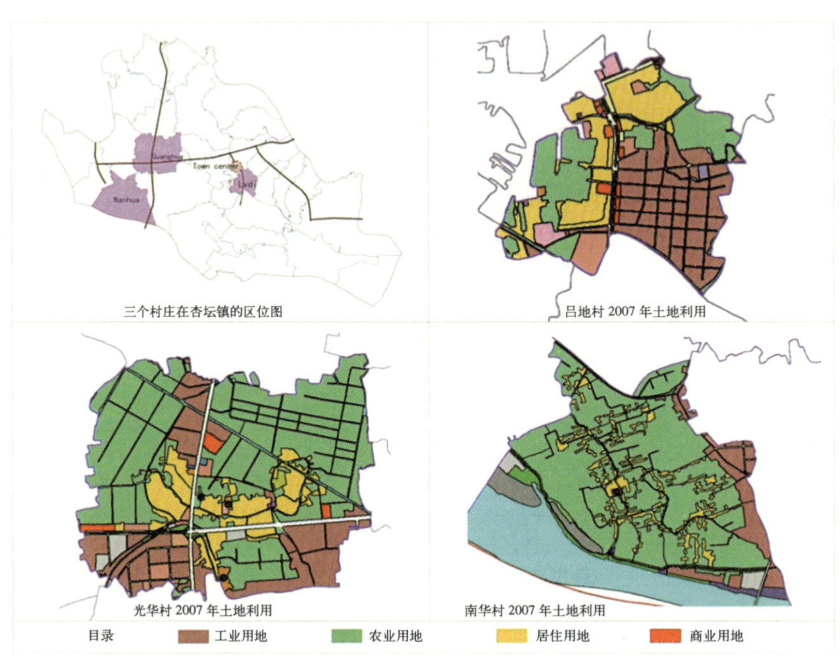

图 6–33　2008 年三个村庄的位置及其土地利用

吕地位于杏坛镇中心的边缘，1998 年成立了股份合作社（包括 6 个大队）。成立之初，集体土地作为股份进行计算，现金和固定财产也可算入股份。随着城市的扩张，有 1/3 的集体土地被收归市政府所有。目前，村集体拥有土地 70hm^2，其中 37hm^2 用于工业和商业，33hm^2 为农业用地。

光华村位于两条高速公路入口处，区位优势明显，1998 年成立了股份合作社。其大量的土地租给了外来企业，2008 年 76% 的集体收入来自于土地租金。村集体也会签订五年一签的短期土地出租合同，由村集体提供土地，承租人自己建设工厂。

南华有 9 个自然村，并没有设立行政村级别股份合作社，而是成立了 9 个自然村股份合作社。南华的主要经济活动是农业，每个村庄的收入根据其拥有的土地面积而差别很大。最高每年的人均分红有 800 元 / 人，而最低的只有 20 元 / 人。

表 6-17 比较了三个村庄的收入和村民分红。结果显示，与自然村合作社相比，行政村合作社有更大的能力集中土地，调整土地用途和提高土地利用效率，因而能有更多的租金收入。

2008年杏坛镇三个村庄合作社的收入及分配　　表6-17

		吕地	光华	南华	杏坛镇
合作社收入（万元）		210.0	1225.0	327.0	9226.26
其中	管理收入*（万元）	8.0	0	93.0	2096.98
	土地出租（万元）	80.0	935.0	0	1976.63
	转包收入（万元）	90.0	290.0	158.0	6005.91
	其他（万元）	32.0	0	76.0	1115.37
村集体保留		0	726	56	13758.5
村民分红（万元）		193.5	353.6	131.0	6408.85
人均分红（元）		800	800	311	566

注：*管理费收入和集体财产租金收入。
来源：顺德区政府。

综上，农村股份合作社成为地方政府吸引外来投资的重要工具。一方面促进了工业的快速增长，但也导致了农村非农业用地尤其是工业用地的盲目扩张。一个分层级的（从镇到行政村到自然村）分散的管理体制，盲目追求土地租金收益，而忽视了相互协作，导致了非农业用地的无序扩张和用地破碎，最终形成了特有的“村村点火、家家冒烟”的乡镇用地格局。

5. 土地利用政策对土地利用的影响

（1）农村居民点用地政策对土地利用的影响

我国对宅基地实行明确的“一户一宅”政策。顺德根据国家规定提出不符合申请条件的不得批准宅基地，并加强农村宅基地管理，强调城镇居民不得在农村购置宅基地。1998 年，顺德提出农民零星分散、无连片规划的住宅用地标准为每宗不超过 $80m^2$，对超出部分予以收费，不予强制。

2001 年，顺德提出固化农村股份合作社股权，量化股份合作社资产。农民宅基地作为个人股的一部分进行固化，就是按照设定的时限对符合分户条件的村民按照每人每户不超过 $80m^2$ 的标准一次性固化村民住宅用地指标，以后不再审批单门独院式的村民个人住宅用地。宅基地固化制度的目的是控制村民建房用地占用耕地的总量。

（2）集体工业用地政策对土地利用的影响

顺德工业发展走的是一条低成本扩张的道路，村级工业园区数量多、总体用地开发规模大，利用粗放。工业园区内部企业规模小（占地只有 2 ~ 5 亩），产值低，且厂房破旧，建筑质量很差。这种发展模式，尽管在工业发展的早期带动了镇域经济的腾飞，却付出了消耗大量土地的代价，也严重制约了其今后的发展。

2000 年顺德提出集中建设市、镇两级集约型工业区，实行工业用地集中连片开发。对各村开发建设的小型、分散的工业区和工业用地重新进行布局和功能调整，严格限制发展，并逐步向集约性工业园区迁移。2001年顺德取消村级分散建设的工业留用地指标，停止审批零星分散的非集约工业区的农用地转用，以保证土地的集约使用。为鼓励工业项目进工业园区，顺德于2002年出台一系列优惠政策，在税费（土地开发金的免收、耕地开垦费的降低）以及规划控制等方面（如建筑密度的优惠）给予了一定的优惠，吸引村级工业进园。2006年提出，控制和整合现有低效工业用地。除少数符合规划，具有一定规模且土地利用集约度较高的予以保留外，对其他分散低效的村级工业用地通过关、停、并、转等方式逐步置换到城镇规划工业用地（原集约工业区）范围。

（3）“三旧改造”政策对土地利用的影响

顺德“自下而上”的城市化模式，土地资源配置低效。具体表现为城乡建设用地年均增速快、建设用地占总用地的比例高（已经达到了生态环境所能承受的极限）、单位建设用地面积的地区生产总值低等特征。新增建设用地有限供给与经济社会发展对土地的强大需求之间的矛盾日益尖锐，已经到了无地可用的局面。

为破解这些难题，广东省出台了《关于推进“三旧”改造促进节约集约用地的若干意见》，佛山市出台了《关于贯彻省政府推进“三旧”改造促进节约集约用地若干意见的实施意见》。顺德区也制定了《顺德区推进“三旧”改造工作的实施意见》，成立“三改办”，指导全区推进“三旧”改造工作。

2007年，顺德进行了旧村居改造，控制单家独户的村民住宅建设。城镇规划区范围内的农村集体暂缓分配宅基地，禁止建设单家独户的村（居）民住宅（不包括农民公寓的新建、改建、扩建），积极推进农民公寓建设。其方式是在原有宅基地基础之上拆除旧房，由集体统一开发利用，新建农民公寓，但集中效果有限。

2007年顺德提出对村级工业园进行旧厂房改造，以实现土地集约利用和产业集聚。计划2007年、2008年、2009年分别进行旧厂房改造215万m^2、520万m^2、512万m^2，总建筑面积达到1247万m^2，占佛山市旧厂房改造计划的57.5%。旧厂房改造项目由村集体作为改造主体，政府给予优惠政策扶持。顺德区政府设立“三旧”改造专项奖励和扶持资金，对积极改造并符合条件的企业或个人奖励将超百万元，开展试点改造项目，建设连片、高标准的工业园区。积极引进社会资本，采用社会资本与集体经济组织合作的方式，对已经建成或部分建成的村级工业区进行改造。提高工业用地的建筑密度和开发强度，控制建设单层厂房，并采取免收城市设施配套费等方式鼓励建设多层厂房。调整原来规划厂区过快的道路和绿化带，减少不必要的公共用地，严格控制配套设施的用地比例。

但事实上，顺德“三旧”改造之路并不平坦。根据区三改办提供的数据显示，截至2013年4月，全区已认定“三旧”改造项目127个，总改造面积6705397m^2，合10058亩，但是全区已认定项目中未开工的占认定面积的82%，“三旧”改造工作缓慢，呈现出项目分散、数量众多、城市更新效率不明显、工业升级项目所占比例与“三改”项目倒挂等情况。

六、结语

20 世纪 80 年代以来，顺德领全国之先，充分发挥乡镇企业的作用，利用集体建设用地的低成本优势，启动了工业化进程。然而，城市化未能同步推进，远远滞后于工业化进程。这种由地方政府或集体经济组织主导的农村工业化，和国家工业化模式下的土地处治和土地利益分配方式相比，保留了土地的集体所有权，将土地的级差收益留在集体内部，改善了农村的生活与福利条件。同时，农民利用自己的土地创办企业，降低了创业的门槛和级差地租上升侵蚀企业利润的压力，由此带动了农村地区的快速发展，大大减少了城乡差距。但同时，这种自下而上、缺乏统一规划和管理的工业化也带来很多问题，如厂房建设遍地开花，宅基地使用粗放，环境污染严重等。如何在既保留村 / 镇域经济自下而上活力的同时，又实现村镇建设用地的相对集中，以便集约利用土地，是我国城乡统筹发展需要解决的重要问题。

20 世纪年代初，作为改革明星的顺德就开始了关于农村土地管理制度改革的探索，并在 2001 年被赋予“全国土地管理制度综合改革试验区”的历史使命，其后的改革成果直接催生了广东省 2005 年出台的《广东省集体建设用地使用权流转管理办法》。2008 年，顺德被列为全省第一批深入学习实践科学发展观唯一的县级试点单位，并且由中共中央政治局委员、前广东省委书记汪洋直接挂点联系，奠定了其在现阶段仍旧继续作为改革试验区的重要地位。在新型城镇化背景下，集体土地制度的改革提上议事日程。曾经担负“全国土地管理制度综合改革试验田”的顺德如何进一步深化落实中央关于新型城镇化的精神，在农村土地管理制度上体现“先行先试”的改革试验田的角色并继续担负改革的艰巨使命任务，是顺德在新时期下面临的机遇和挑战。

第七章　江苏江阴半城市化地区的土地利用：时空特征和形成机制

一、江阴半城市化地区的界定

江阴，简称澄，因地处“长江之阴”而得名，位于江苏省南部，属无锡市管辖。东接张家港，南临无锡市区，西连常州，北对靖江，距上海、南京 148km，到无锡、常州仅 38km，市域总面积 987.53km^2(图 7-1)，常住人口 159.48 万(2010 年六普数据)。1983 年 3 月，江阴实行市管县体制，属无锡市代管；1987 年 4 月，经国务院批准江阴正式撤县建市。

江阴地理位置优越，地处苏锡常“金三角”几何中心，扼长江咽喉，是大江南北的重要交通枢纽和江河湖海联运换装的天然良港。100 年前，中国民族工业的开拓史上就印记着江阴的名字。30 年前，凭借着良好的区位、大都市辐射与扩散、优惠政策及制度创新带来的利好条件，江阴乡镇工业率先起步，崛起于阡陌之间，创造出了闻名于世的“苏南模式”，引领着整个地区迅速从农业向工业转型。如今，江阴在约占全国“0.1‰”的土地上，以“0.1‰”的人口，创造了“1/250”的国内生产总值，拥有“1%”的上市企业，连续 10 年蝉联中国第一经济强县（市）(并列)。

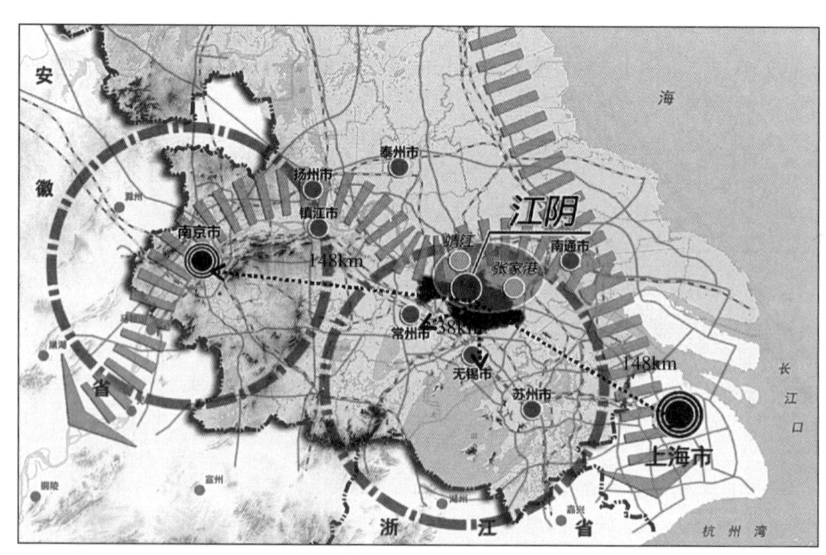

图 7-1　江阴区位示意图

然而，在工业经济快速发展富甲一方的同时，快速乡村工业化、城镇化的不断推进对江阴传统村镇地区的社会文化、产业结构、景观形态、土地利用、生态环境等产生巨大冲击，广大村镇地区实际上已经从传统乡村聚落转变成为一个个高度工业化地区，社会经济结构急剧变化，城乡土地利用混杂交错，外来人口大量涌入，基础设施、公共服务设施建设滞后，城市质素普遍缺乏，形成典型的“似城非城”的过渡性地域类型，即半城市化地区（图 7-2）。由于缺乏有效的用地规划和管理调控，存在着空间布局散乱，土地破坏和浪费，资源环境与社会经济的冲突严重，管理体制滞后等问题。

图 7-2　江阴半城市化特征之居住、工业用地混杂（照片为江阴市周庄镇区）

图 7-3　江阴各镇、街道范围

2013年行政区划优化调整[①]前江阴市下辖6街道10镇，分别为：澄江街道、城东街道（高新区）、申港街道、夏港街道、南闸街道、云亭街道、璜土镇、月城镇、青阳镇、徐霞客镇、华士镇、周庄镇、新桥镇、长泾镇、顾山镇、祝塘镇，其中澄江街道为江阴市政府所在地（图7-3）。除了澄江街道可以定义为成熟的城市化地区外，其他街道和各镇在产业结构、土地利用、人口体制和管治程度上仍与成熟的城市化地区有较明显差别，基于社会经济数据统计的完整性和案例研究的可比性，本研究将江阴市全域定义为半城市化地区。

二、数据来源与研究方法

1. 数据来源

本章数据主要包括土地利用数据、社会经济数据两大类。土地利用数据主要来源为2001年和2010年江阴市编制城市总体规划时制作的土地利用现状图（图7-4）。该土地利用现状图为CAD矢量格式，具有比TM遥感影像更高的精度（TM影像无法判定具体的用地分类，如工业用地、居住用地等），能够提供详细的各类用地的信息，全面了解半城市化地区土地使用的情况，并且免去了人工解译的繁复步骤以及解译过程带来的误差。社会经济数据主要来源为江阴市历年的统计年鉴以及国民经济社会发展统计公报，包括人口（总人口、户籍人口、流动人口）、GDP、三次产业结构、城镇居民可支配收入、农民人均收入等数据，用于分析江阴市经济社会发展状况，并建立土地利用变化与社会经济发展之间的关系。

2. 研究方法与技术

本章研究以GIS为分析平台，运用景观生态格局指数等方法，动态比较并深入分析了2001～2010年间江阴城乡建设用地的扩张与蔓延的时空特征。具体来说，在用地数据的整理阶段，以ArcCatalog10.0为平台，将两地CAD格式的土地利用数据进行转化，建立土地利用GIS数据库。在土地利用变化的时空特征分析阶段，使用ArcMap10.0的空间统计功能得到各用地斑块的基本属性，进行相关景观生态格局指数的计算，然后以此来分析评价土地利用变化的时空特征。

本章采用景观生态格局指数来评价两地村镇土地利用的时空变化特征。在众多的景观生态格局指数中，选取大小及数量（Size）、密度（Density）、形状（Shape）等三大类共六个指数（表7-1）。其中，大小及数量类指标包括斑块数量（*NP*）、平均斑块面积（*MPS*），密度类指标包括斑块密度（*PD*）和斑块间平均距离（*MD*），形状类指标包括景观形状指数（*LSI*）和景观破碎度指数（*LFI*）。

① 2013年江阴市进行行政区划优化调整，撤销夏港街道、申港街道、利港镇，成立新的临港街道，原夏港街道东部临近澄江街道的4个社区和5个村并入澄江街道。由于本书研究土地利用数据最新为2010年，因此为保持一致，行政区划按照优化调整前的建制。

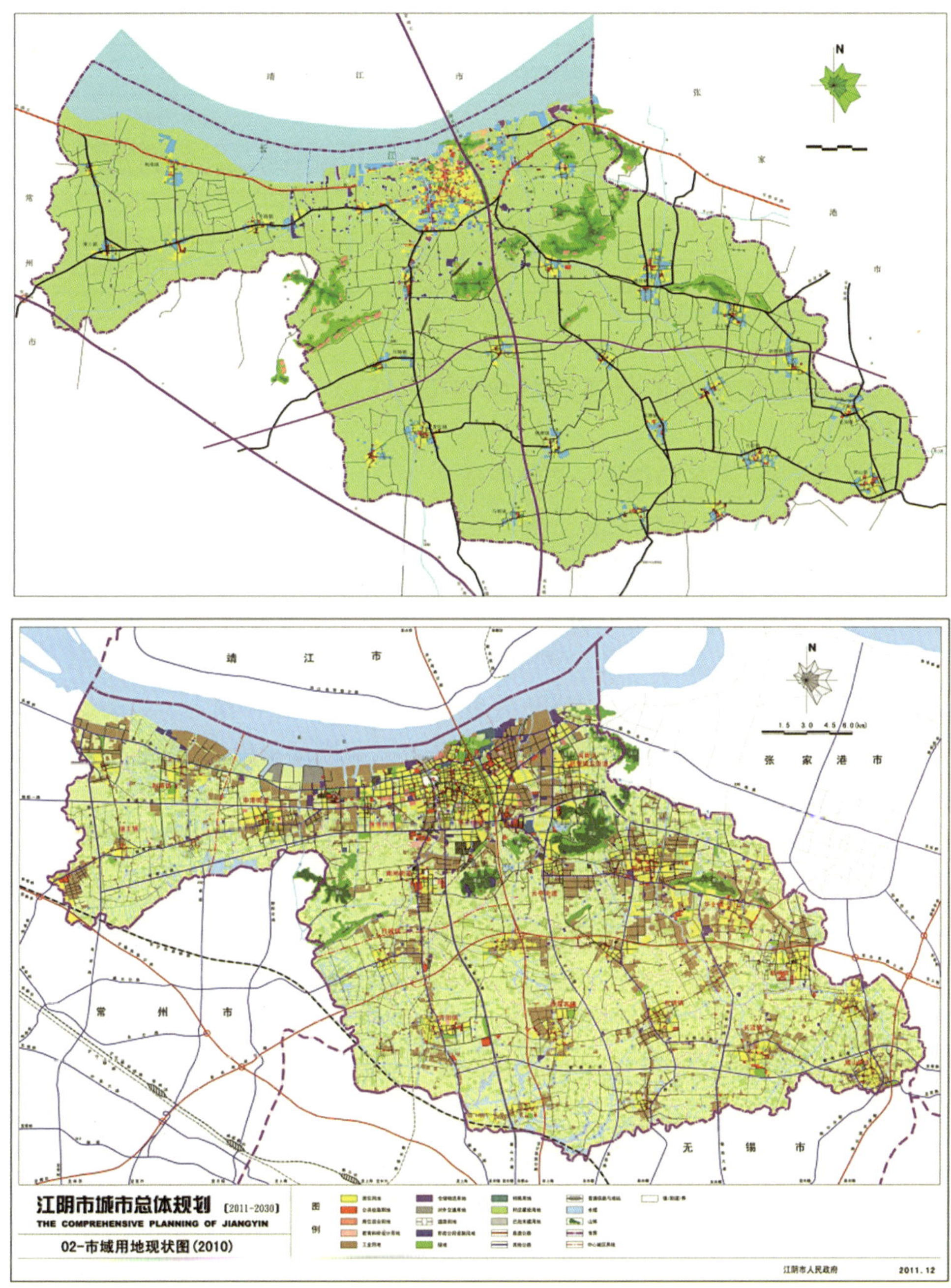

图 7-4　2001 年（上）、2010 年（下）江阴市土地利用现状图

三大类景观生态格局指数　　**表7-1**

类型	景观生态格局指数	英文全称
大小及数量（Size）	斑块数量（*NP*）	Number of Patches
	平均斑块面积（*MPS*）	MeanPatch Size

续表

类型	景观生态格局指数	英文全称
密度（Density）	斑块块密度（*PD*）	Patch Density
	斑块间平均距离（*MD*）	The MeanDistancebetween patches
形状（Shape）	景观形状指数（*LSI*）	Landscape Shape Index
	景观破碎度指数（*LFI*）	Landscape Fragmentation Index

注：斑块间平均距离是指斑块几何中心之间的距离。

三、江阴半城市化地区的经济和社会特征

1. 江阴半城市化地区的经济和产业特征

从 GDP 增长曲线的变化来看，1980 年以来江阴经济发展总体上经历了“先慢后快，逐渐趋向温和增长”的发展轨迹，可以划分为四个阶段（图 7-5）：

第一阶段——乡镇企业主导阶段（1980 ~ 1992）：1992 年改革开放之前，江阴经济增速相对较快但却极不稳定。1980 年江阴市 GDP 仅为 6.22 亿元，1991 年达到 46.78 亿元，增长近 7.5 倍。但其 GDP 增速却大起大落，极不稳定，最高的 1985 年达到 43.0%，而最低的 1990 年仅 4.3%，相差十倍。期间，以 1985 年和 1988 年为拐点经历了两次波动。出现这种现象的原因，主要在于 20 世纪 80 年代初期，“苏南模式”开始崛起，江阴经济在乡村工业化、乡镇企业的带动下快速发展，加之当时 GDP 规模基数较小，因此 GDP 增速相对较快。但由于这一时期国家对乡镇企业的态度不甚明朗，对其进行了一系列制度性调整，引起乡镇企业自身发展的阶段性变化，从而导致了江阴整体经济发展速度上的大起大落。

第二阶段——快速工业化阶段（1992 ~ 2003）：总体来说，1992 年改革开放以来江阴凭借良好的地理区位、国家的优惠政策、外资以及制度创新带来的利好条件，步入快速工业化阶段，发展成效显著。GDP 从 1992 年的“70 亿级别”迅速增长到 2003 年的“500 亿级别”，增长近 6 倍。GDP 增速也逐渐趋向稳定，后期维持在 10% 左右。但是，20 世纪 90 年代初期江阴地方各镇的经济发展一度陷入“阵痛期”，由于乡镇企业的大量改制，使得 GDP 增长速度从 1992 年的历史最高值 66.8% 急剧下降到 1996 年的 9.3%，之后一直稳定在 10% 上下。

第三阶段——高速增长阶段（2003 ~ 2009 年）：2003 ~ 2009 年期间江阴经历了空前的高速增长的经济发展。这一时期，江阴年均 GDP 增速均稳定在 20% 以上，GDP 规模再上一个新的台阶，2009 年江阴 GDP 达到 1713.2 亿元，短短 7 年比 2003 年增长 2.4 倍。

第四阶段——温和增长阶段（2009 年至今）：2008 年金融危机后 GDP 增速开始显著下降，保持 10% 左右的水平，经济发展逐步进入温和增长阶段。2012 年江阴市

GDP 增速仅有 8.5%，为改革开放以来的历史最低值。尽管增速放缓，但 GDP 规模再上一个新的台阶，2010 年江阴 GDP 首次超过 2000 亿元，2012 年达到 2535.4 亿元。

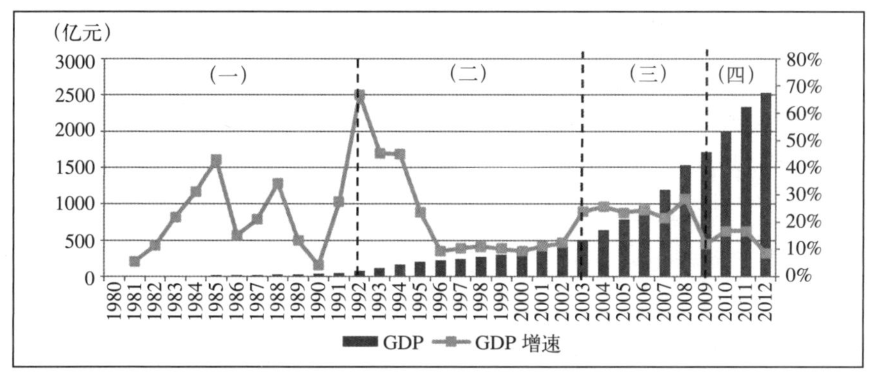

图 7–5　1980 年以来江阴是 GDP 及其增速变化

数据来源：江阴统计年鉴和统计公报

（1）整体经济发展水平进入发达状态，城乡居民生活富裕

人均 GDP 按照人口属性的不同可以分为户籍人口人均 GDP 和常住人口人均 GDP。1992 年以来江阴市户籍人口人均 GDP 总体呈现增长态势，从 1992 年的 0.69 万元 / 人增长到 2012 年的 20.94 万元 / 人，增长近 30 倍（图 7-6）。按照世界银行的衡量标准，人均 GDP 超过 10000 美元是公认的从发展中状态进入发达状态的标志线，说明江阴整体经济发展水平已经进入发达状态。尽管期间经历了 2008 年的拐点短暂下降，但翌年即恢复逐年增长的态势。若按常住人口计算，其人均 GDP 则要远小于户籍人口人均 GDP，并且两者之间的差距在逐步拉大。2010 年江阴市户籍人口人均 GDP 为 12.65 万元 / 人，仅比常住人口人均 GDP 高 0.11 万元 / 人。但到了 2012 年，两者之间的差距扩大到 5.33 万元 / 人。分析原因发现，主要是由于江阴发达的工业经济吸引了大量的外来流动人口，并且近些年来流动人口规模一直在增长，综合导致了江阴市常住人口人均 GDP 与户籍人口人均 GDP 差距的逐步扩大。

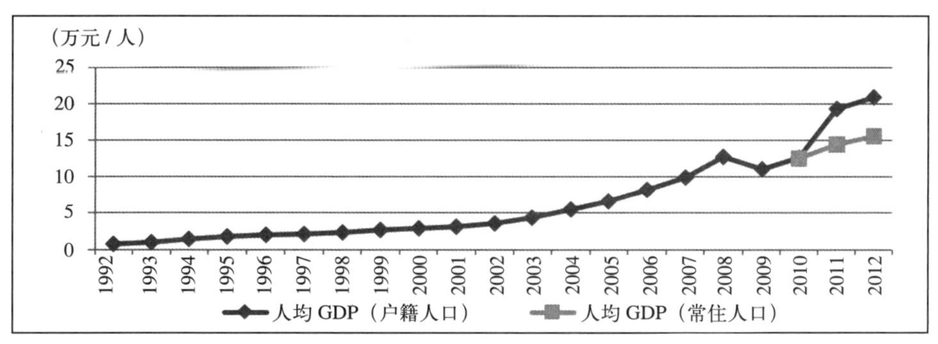

图 7–6　江阴市人均 GDP 变化

数据来源：江阴统计年鉴和统计公报

（2）产业结构逐步优化，但工业独大，且工业内部行业门类偏重

1992 年以来江阴市产业结构逐步得到优化，工业发展阶段正处于工业化后期向后工业化时期的转型过程中，一产、二产的比例呈下降趋势，三产比例稳步增加，且三产比例增长速率已经超过二产，产业结构已从 1992 年的 10 ∶ 66 ∶ 24 调整为 2010 年的 1.9 ∶ 56.9 ∶ 41.2（图 7-7）。但从总体来看，二产仍然占据绝对主导地位，工业经济的强势与江阴地区以工业化起步带动城镇化进程的特点相吻合，这种“工业独大”的现象也正是半城市化地区的普遍性特征之一。工业独大加上相关服务业配套不足，产业发展面临的问题主要表现为产业升级乏力。随着民营企业做大做强，江阴自身能提供的支持捉襟见肘。一方面，建设用地的制约使得企业扩大生产规模难以在本地完成。另一方面，虽然经济总量和规模较大，但未建立与之相匹配的城市服务功能，无法吸引企业所需的中高级技术和管理人才。因此，类似江阴这样的经济发达地区更多指的是高度工业化的地区，而非功能完善、对高端人才拥有吸引力的城市。产业升级乏力，固化于土地之上的企业无法实现转型升级，造成土地利用流转效率的持续低迷，制约土地利用的优化配置。

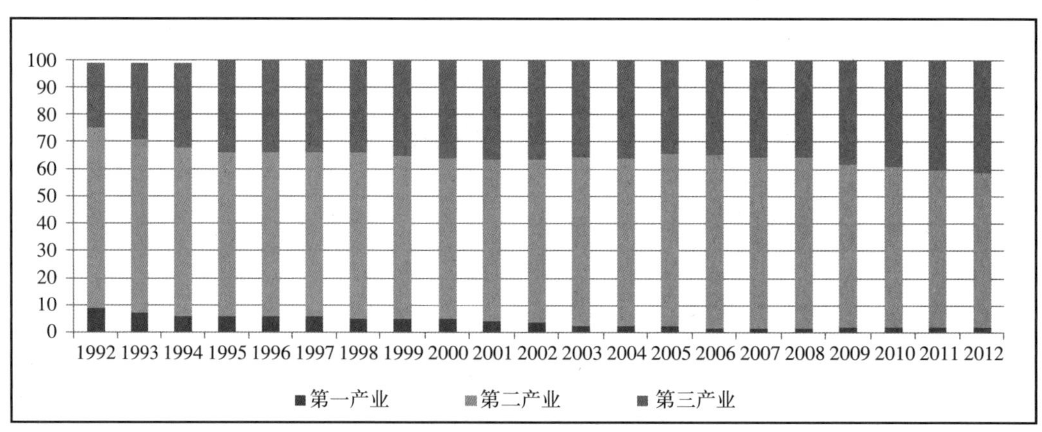

图 7–7　1992 年来江阴的三产结构变化

数据来源：江阴统计年鉴和统计公报

除了工业独大这一普遍性特征之外，工业内部行业结构偏重则是江阴工业经济的独特之处。从 2011 年江阴工业内部产业门类产值占比可看出（图 7-8），冶金类、纺织服装制造类、化工制造类、装备制造类是目前江阴工业最主要的四大核心门类。其中，除去纺织业、纺织服装、鞋、帽制造业和通信设备、计算机及其他电子设备制造业外，其他行业基本都属于重化工类。偏重的工业行业结构对江阴的社会经济发展产生了深刻的影响：一方面，重化工行业均属于资本密集型产业，其占比过大挤压了技术密集型企业的发展空间，造成技术密集型企业的发展疲软，不利于制造

业的转型升级；另一方面，重化工业和传统纺织服装业对本地的生态环境、生活居住环境造成了较大的负面影响。特别是一批基于村级用地的“三高两低”（高污染、高排放、高能耗、低产出、低效益）企业，不仅阻碍了土地利用效率的提高，还加剧了空气污染、水污染，严重降低了村庄地区的生活环境质量。

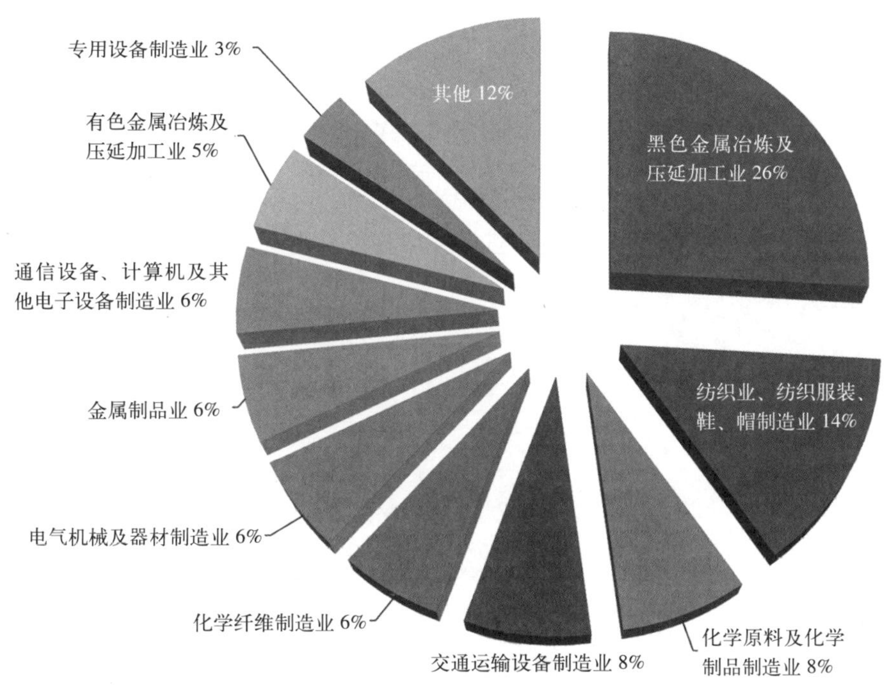

图 7–8　2011 年江阴市工业内部行业产值构成

数据来源：江阴市 2012 年统计年鉴

（3）制造业结构[①]优化缓慢，成为工业经济发展的一大短板

2003 ～ 2011 年间江阴市制造业结构得到持续优化，劳动密集型产业占工业总产值的比重稳定下降，技术密集型产业占工业总产值的比重则稳步提升。到 2011 年，江阴劳动密集型、资本密集型、技术密集型的产值结构为 0.26 ∶ 0.64 ∶ 0.11，呈现出“资本密集型 > 劳动密集型 > 技术密集型”的资本密集型占主导的结构（图 7-9）。

① 制造业结构是指制造业内部的技术密集型、资本密集型、劳动密集型产业的产值比例结构。其中，技术密集型工业由通信设备、计算机及其他电子设备制造业、仪器仪表等产业组成；资本密集型工业由通用设备制造、专用设备制造、交通运输设备制造、电器机械及器材制造、石油化工、化学原料及化学制品、医药、化学纤维等产业组成，劳动密集型工业由食品、饮料、纺织、服装、皮革、木材、家具等产业组成。

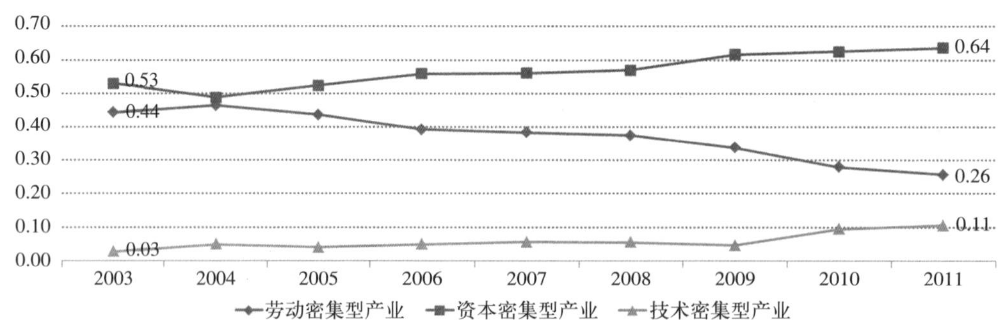

图 7-9 2003 ~ 2011 年江阴市制造业结构变化

数据来源：江阴市历年统计年鉴

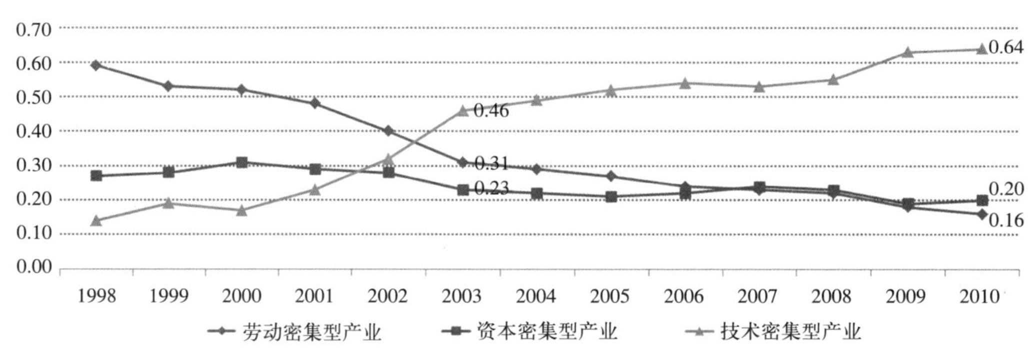

图 7-10 1998 ~ 2010 年昆山制造业结构变化

数据来源：昆山历年统计年鉴

一般来说，技术密集型产业相较于资本密集型、劳动密集型产业，具有更高的土地产出效益和集约效益，成为地方产业发展、招商引资的首选。在与昆山制造业结构转型的比较中发现，2003 年昆山实现技术密集型产业占比超过资本密集型产业占比（图 7-10），制造业结构的成功转型为其工业经济的发展注入了强大动力。2003 年之前江阴工业总产值均要高于昆山，但从 2004 年起昆山工业总产值开始超越江阴，到 2011 年，昆山工业总产值达到 8001.57 亿元，而江阴为 6435.86 亿元，昆山的领先优势已经扩大到 1566 亿元。可见，江阴技术密集型产业发展疲软将成为其工业经济发展的一大短板。

（4）村级集体经济发达，资产规模大，村级收入高

20 世纪 80 年代初期，江阴是以“苏南模式”起家的典型地区，自下而上的乡村工业化如火如荼，农村集体企业和乡镇企业在发展初期为整个国民经济特别是农

村地区的发展作出了巨大的贡献，也造就了江阴地区发达的村级集体经济。时至今日，村级经济仍然在江阴的经济体系中占有非常重要的地位。以 2012 年为例，江阴村级工商开票销售达到 4710 亿元，占江阴市的 44%；国地税入库税金 75 亿元，占全市的 25.30%；工商业投入 143.8 亿元，占全市的 17.5%。村级资产规模大，2012 年全市 252 个行政村资产总额 204.5 亿元，年末净资产达到 181.93 亿元。村级收入高，2012 年全市实现村级收入 27.5 亿元，其中，超亿元的村有 3 个，以华西村为典型代表。从村集体收入来源可看出（图 7-11、表 7-2），村内企业的规费返还[①]、水电费差价、土地及厂房租金成为村集体收入的主要来源，这些都与工业相关，因此村级经济的发展主要依赖于工业的发展程度，工业越发达，村庄集体收入也就越多，村级日常事务的支出、村民的分红都来源于此收入。

2012年江阴村级经济部分指标　　表7-2

	工商开票销售	国地税入库税金	工商业投入
数值（亿元）	4710	75	143.8
占江阴市域的比例（%）	44%	25.30%	17.50%

来源：江阴市村级经济发展公报。

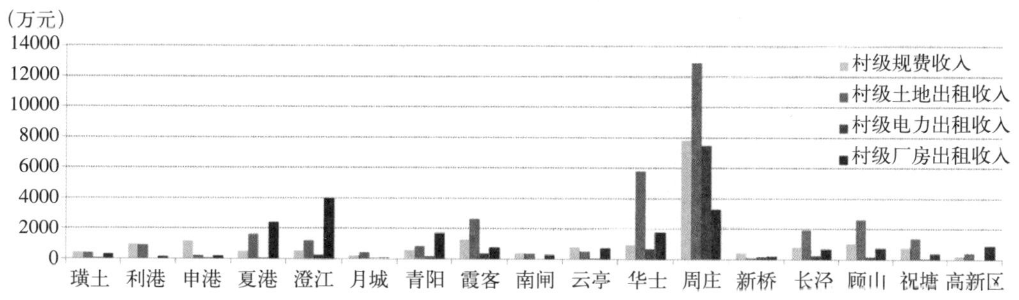

图 7-11　2012 年江阴市各镇（街道）村集体收入来源

来源：江阴市农业局

随着新时期发展环境的不断变化，江阴发达的村级工业经济在富裕一方的同时，也产生了诸多弊端。首先，农村工业化导致了高度分散、非集聚式的村级工业布局，占有土地过多，土地利用普遍粗放低效；其次，工业污染物不能集中有效处理，环境污染日趋严重，村庄生活环境质量下降；第三，金融、物流、信息、技术和人才服务都不容易获取集聚效应所带来的生产成本降低和专业化分工收益，导致村级企

① 村级企业的规费返还是苏南地区特有的一种地方性非正规的税费，是指注册在村里的企业每年除了上交正常的税收之外，需要另交企业产值的 0.2% 作为规费，镇村两级按照一定的比例进行分成。

业技改、转型升级疲软。随着这些集体企业、乡镇企业在市场竞争中转制、解体和凋敝，由于这类企业植根于集体土地，形成分散化、小单元、各自为政的破碎格局，与村民、地方政府、集体之间存在千丝万缕的联系，使得外力很难介入进行调整，其固化效应非常明显，将成为存量工业用地调整过程中的一道难题。

2. 人口和社会演进特征

(1) 户籍人口、流动人口增长

江阴户籍人口的增长总体较为平缓，1999 年江阴户籍人口总数为 114.59 万人，2012 年为 124.79 万人，14 年来仅增长 10.2 万人，年均增长 0.73 万人（图 7-12)。从常住人口来看，流动人口规模[①]来看。2012 年根据统计数据得出江阴常住流动人口规模为 41.1 万，但在与地方政府机构的访谈中得知，事实上当地常住流动人口已达到 80 万左右，而官方公布口径为 41 万。

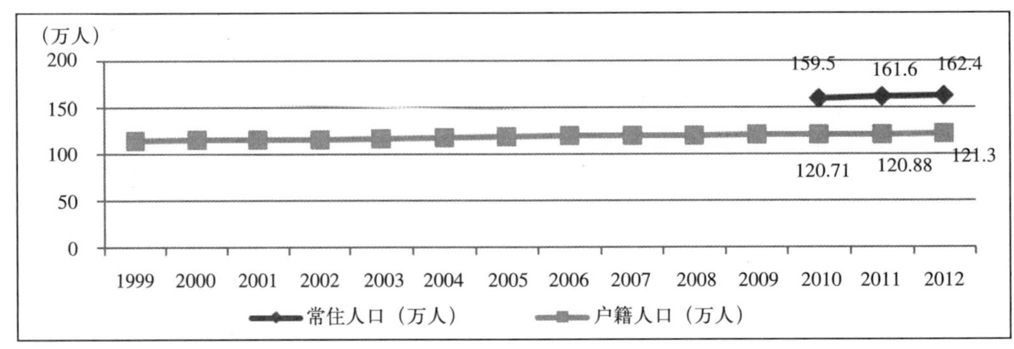

图 7-12　1999 ~ 2012 年江阴户籍人口、常住人口变化情况

来源：江阴市历年统计年鉴和统计公报

(2) 城乡居民收入情况比较

1999 年以来，江阴城镇居民人均可支配收入、农民人均年纯收入都保持了高速增长的态势（图 7-13、图 7-14)，逐渐拉开和江苏省、全国平均水平之间的差距。1999 年，江阴城镇居民人均可支配收入、农民人均年纯收入和全国、江苏省平均水平之间的差距较小。到 2012 年江阴城镇居民人均可支配收入达到 39437 元，远高于江苏省的 29677 元和全国的 24565 元。从江阴农民人均纯收入来看，2012 年已达 19660 元，高出江苏省平均水平 7458 元，是全国平均水平的 2 倍多。可见，江阴经济的高速发展，城乡居民均获益匪浅。

① 常住流动人口计算方法为常住人口减去户籍人口。由于江阴市常住人口的统计数据仅有 2010 年之后的，因此，此处常住流动人口规模的数据也相应只有 2010 年之后的 3 年。

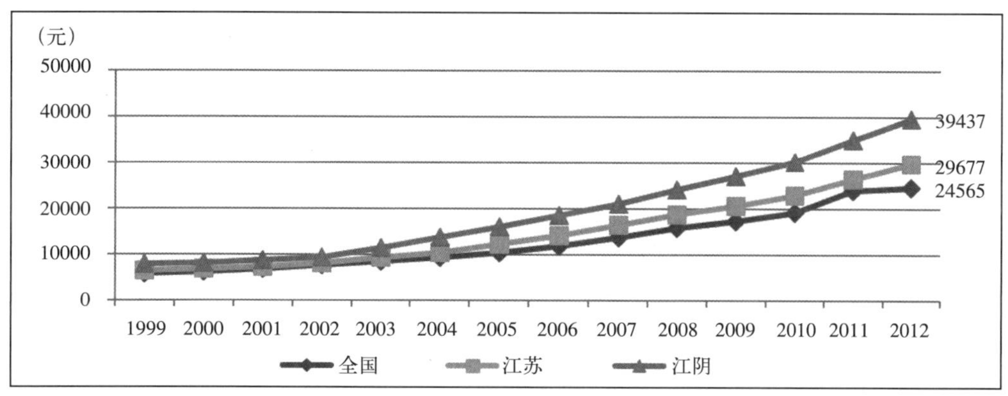

图 7-13 1999 ~ 2012 年全国、江苏、江阴城镇居民人均可支配收入比较

数据来源：中国 2013 统计年鉴、江苏省 2013 统计年鉴、江阴市 2013 统计年鉴

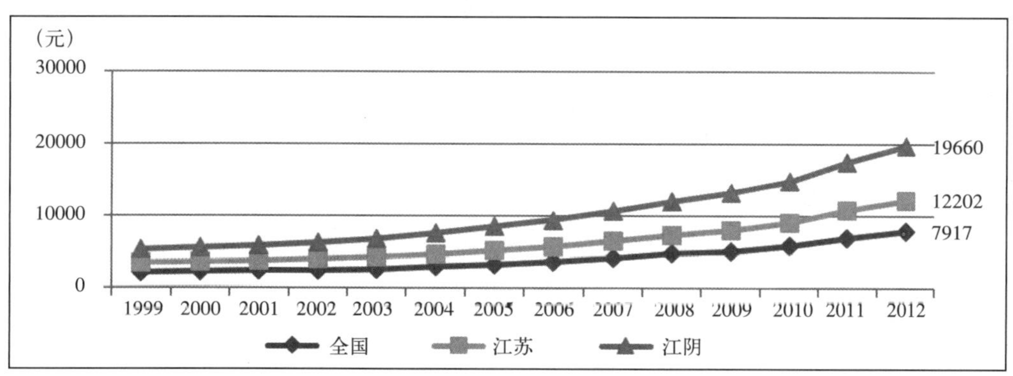

图 7-14 1999 ~ 2012 年全国、江苏、江阴农村居民人均年纯收入比较

数据来源：中国 2013 统计年鉴、江苏省 2013 统计年鉴、江阴市 2013 统计年鉴

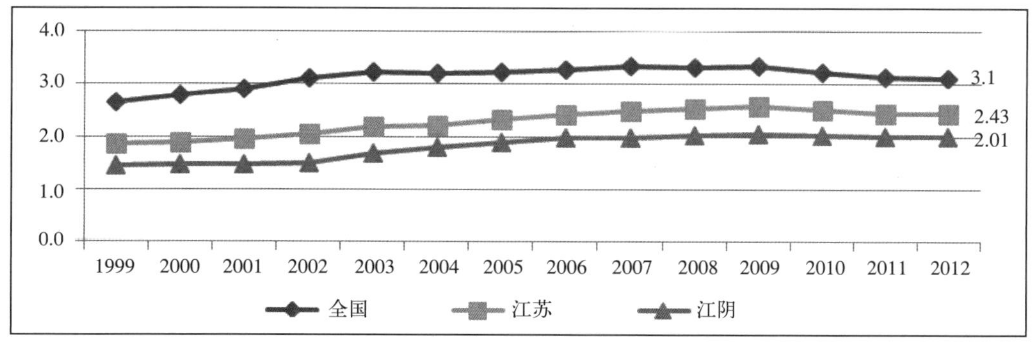

图 7-15 1999 ~ 2012 年全国、江苏、江阴城乡居民收入比变化

数据来源：中国 2013 统计年鉴、江苏省 2013 统计年鉴、江阴市 2013 统计年鉴

从城乡居民收入比来看（图 7-15），1999 年来江阴城乡收入比总体呈现“先增后减”的趋势。其中，2002 ~ 2008 年间是城乡居民收入差距拉大的主要时期，城镇居民收入 / 农村居民收入之比从 1.49 增长到 2.02，2010 年达到历史最高

值 2.06，之后比值有所下降，稳定在 2.0 左右。这与江阴经济发展的阶段特征相吻合，2002 ～ 2008 年是江阴经济的空前高增长阶段，城乡差距被显著拉大。但和全国、江苏省城乡居民收入差距的平均水平相比，江阴的城乡居民收入差距要小得多，2012 年江阴市城乡居民收入比为 2.01，远小于江苏省 2.43 的平均水平和全国 3.10 的平均水平，这主要是由于江阴农村地区集体经济较为发达，农民收入水平较高的原因。

四、江阴半城市化地区土地利用扩展的时空特征

1. 20 世纪 80 年代以来江阴半城市化地区三次土地利用高峰

（1）20 世纪 80 年代“以乡镇企业”为载体的地方政府“以地兴企”

20 世纪 80 年代初期，由于国家改革政策的重心在珠三角，因此，珠三角地方城镇获得了巨大的发展动力，经济社会飞速发展，城镇规模迅速扩张，广东“四小虎”[①]应运而生。这一时期，地处长三角的江阴的经济发展相比位于改革开放前沿的珠三角地区城市明显滞后。没有制度改革带来的政策优惠，发展初期只能依靠上海的外溢效应，利用上海国有大型企业的生产原料、设备，以代工、生产配套产品的方式来发展乡镇企业，带动农村地区的发展，也就是“苏南模式”的缘起。而随着 1983 年、1984 年财税体制改革的变革，在地方政府的积极推动下，1984 ～ 1986 年出现了改革以来第一次经济快速增长，并伴随着发生了第一次土地征占高峰。这一时期的土地利用机制可以归纳为地方政府“以地兴企”，地方政府发生公司化转变直接介入发展乡镇企业。以乡镇企业为主体的乡村工业化进程引发了工业企业用地在广大农村地区的大规模嵌入，解构了传统的乡村聚落，形成了“村村点火，家家冒烟”，“小、散、乱”的农村工业景观。

（2）20 世纪 90 年代初以“开发区热”为特征的新一轮圈地高潮

随着国家 20 世纪 90 年代初期上海浦东的开发开放，国家层面的制度供给重点从珠三角偏向了长三角。外资大量涌进，为消化经济危机的制度成本，长三角地区开始转向依赖外资，迎来了经济发展的高潮期。此时苏南地区主动与浦东开发开放相呼应，先后建立了大批各类开发园区，并迅速将开发园区建成了“外资高地”和“产业高地”，经济运行的国内循环被进一步打破，并引发新一轮的用地高潮。江阴的发展也受此影响，这一时期城市建设用地加速扩张，突出表现为以工业开发区、工业园区为载体的土地利用空间扩张。1992 年之前，全国只有 14 个经济特区可以办开发区。1992 年邓小平南巡讲话之后，各地纷纷要求创办开发区。此时的国家计委

① 指 20 世纪 80 年代广东珠三角崛起的四座经济发展迅猛的中小城市——东莞、中山、顺德、南海，当时是广东改革开放先走一步的象征。

只保留了一定规模以上的开发区审批权，其余全部下放。而实际上，甚至连行政村一级都可以办开发区来吸引外资，结果是镇、村级工业园区大量出现，特别是村级工业园区，以行政村为单位，利用村集体土地大量建设村级工业园区，导致基本上每个村庄都有一个甚至几个工业园区，形成了低效无序的工业开发布局，导致了江阴半城市化地区 1992 ～ 1995 年的土地圈占高潮。

到了 20 世纪 90 年代中后期，为了吸引由上海溢出的外资投资，催生了工业园区的大规模发展。在本轮圈地潮中，大量优良耕地被转为非农建设用地，据统计，1995 ～ 2000 年间江阴的建设用地总量从 195.0km^2 扩张到 236.2km^2，扩张 41.2km^2，增长比例达到 21.1%。随着开发园区的发育成长，各类工业小区的兴起，农村地区非农化程度加深，城乡土地利用混杂等半城市化特征开始显现。

（3）21 世纪以来以“工业集中区”为特征的土地利用空前高速扩张

2001 年我国加入 WTO，经济全面驶入快车道。江阴经济的飞速发展带来建设用地的空前高速扩张，从 2000 年的 236.2km^2 增长到 2010 年的 362.3km^2，增长 126.1km^2。建设用地扩张的最主要因素是工业用地的快速扩张，进入 21 世纪后江阴的工业发展随着国际资本的结构调整转型为“新苏南模式”，现代制造业、服务业的层次开始提高，产业质量开始提高。产业发展对工业园区、配套服务设施的建设提出了更高的要求。2003 年江阴开始设立市级、镇级“工业集中区”统筹安排市域工业用地，不再批准工业集中区外单独的工业用地申请，从而开启了以工业集中区为载体的快速工业化扩张之路。工业经济的迅猛发展，进一步重构了城乡产业结构、就业结构，吸引了大批流动人口，城市人口规模的扩大又促使城市生活性用地的大规模扩张。在这一轮土地扩张高潮中，扩张的面积和速度都远远超过前两次。由于用地扩张多以有规划、集聚的集中工业区为载体，因此新增建设用地的空间形态较之前两次扩张相对集中紧凑，但由于存量的建设用地较为分散和破碎，因此从江阴市域范围内来看，建设用地整体的空间形态格局仍然呈现无序分散、破碎的状态。制造业的持续发展和转型升级深度刻画了江阴地区的半城市化特征，在城区外扩与地方城镇蔓延的共同影响下，江阴半城市化格局已然形成。

2. 建设用地扩张数量与速度的时空变化特征

1995 ～ 2010 年的 15 年间，江阴经历了一轮建设用地的高速扩张与蔓延。建设用地面积从 1995 年的 195.0km^2 迅速增长至 2010 年的 362.3km^2，总计扩张 167.3km^2，面积增长比例达到 85.8%，年均扩张 11.15km^2（表 7-3、图 7-16、图 7-17）。

未来，随着国家“新型城镇化”战略的不断推进，对建设用地指标提出“控增逼存”的要求，特别是对东部发达地区提出了更为严格的要求，如：2014 年 1 月 10 号在全国国土资源工作会议上，中央释放信号“我国将不再安排人口 500 万以上特大城市的新增建设用地”，未来东部发达地区的新增建设用地将更多地依靠存量用地的二次开发来实现。可以肯定，今后江阴半城市化地区的建设用地的扩张速度会大幅放慢，将从建设用地的外延式扩张向存量用地内涵式的改造提升转变。

1995～2010年江阴建设用地总量增长 表7-3

时间	1995～2000	2000～2005	2005～2010	1995～2010
建设用地增长面积（km^2）	41.2	79.2	46.8	167.3
建设用地增长比例（%）	21.1	33.6	14.8	85.8

来源：江阴市城市总体规划（2008～2020）。

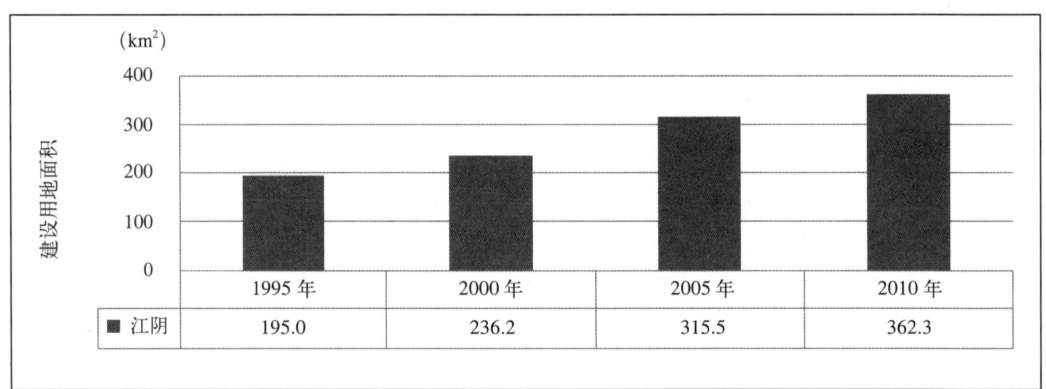

图 7-16 1995 ~ 2010 年江阴建设用地总量扩张

来源：江阴市城市总体规划（2008 ~ 2020）。

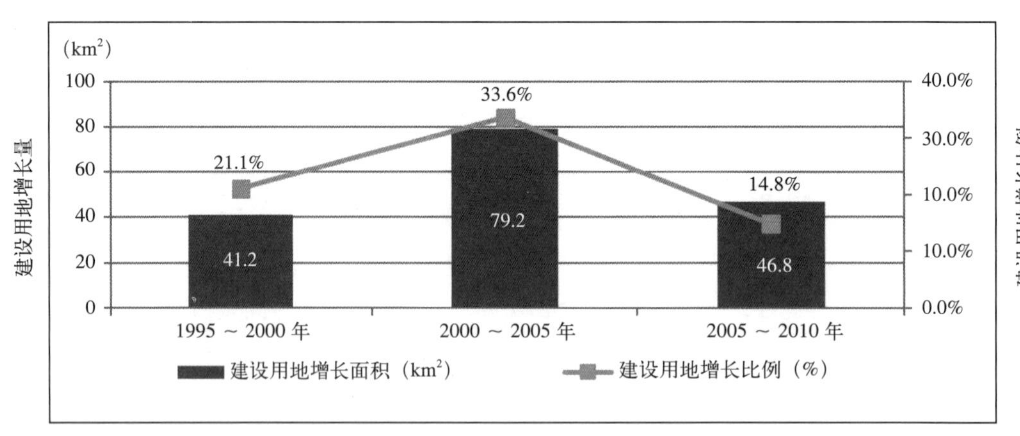

图 7-17 1995 ~ 2010 年江阴建设用地扩张速度

3. 建设用地扩张的空间分布特征

(1) 建设用地扩张的“主战场”逐渐从中心城区转向各镇

2001 年以来，江阴地方城镇（除去中心城区外的其他地区）逐渐成为两地城乡建设用地扩张的“主战场”（图 7-18）。一方面，地方各镇建设用地的增长速度快于中心城区。2001 ~ 2010 年间江阴地方城镇建设用地的增长比例为 138.45%，大大快于中心城区建设用地的增长比例 96.30%。另一方面，地方城镇建设用地增长面积占全域建设用地总增长面积的比例均远高于中心城区。10 年来江阴市新增建设用地中有将近 65.7% 发生在各镇，远高于中心城区所占比例（表 7-4）。并且，随着中心城区用地指标的控制和“退二进三”的不断推进，中心城区建设用地将以存量改造为主，新增量将保持在较低水平，而各镇将成为新增建设用地的核心对象。

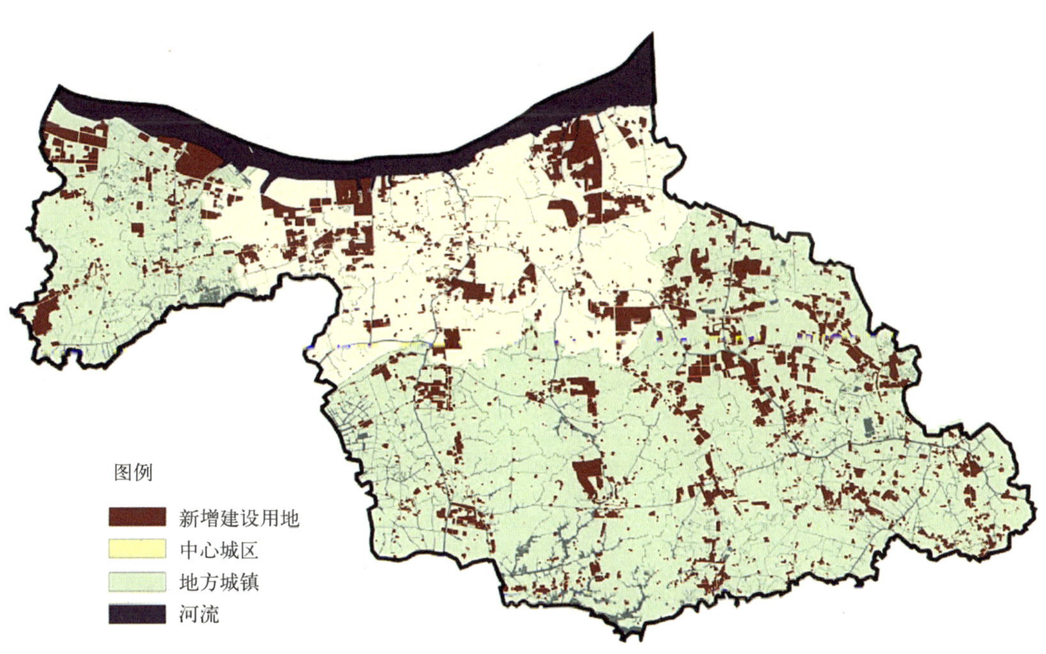

图 7-18　2001 ~ 2010 年江阴新增建设用地空间分布

2001年、2010年江阴中心城区、村镇地区建设用地增长情况　　表7-4

年份	2001年	2010年	用地增长比例	占建设用地增长的比例
中心城区	64.4km^2	126.4km^2	96.30%	34.27%
村镇地区	85.9km^2	204.8km^2	138.45%	65.74%

数据来源：江阴2001～2010年土地利用现状图

(2) 中心城区外拓与地方城镇蔓延相结合的建设用地扩张

在我国，城市建成区通常是在“中心城区外拓”和“地方城镇蔓延”这两种发展模式的作用下快速增长。前者是自上而下由城市政府推动，以整体的规划和基础设施投资推动，不断拓展到传统农村地区。后者则是自下而上，在“乡镇、村和自然村”基础上的分散化的多点建设。2001 ~ 2010 年的 10 年快速发展过程中，江阴建设用地扩张呈现出显著的城区外拓与地方城镇蔓延相结合的趋势，并且地方城镇蔓延更为显著，表现为地方城镇建设用地的增长比例普遍高于中心城区各街道。中心城区各街道平均建设用地面积从 10.73km^2 增长至 21.06km^2，增长 117.35%，但地方各镇平均建设用地面积增长显著高于中心城区，从 7.81km^2 增长至 18.62km^2，增长 138.56%（表 7-5、图 7-19）。

江阴中心城区及地方各镇建设用地面积增长情况 **表7-5**

	镇、街道	2001年	2010年	增长比例
中心城区	高新区	12.04km^2	25.99km^2	115.80%
	南闸街道	6.56km^2	11.60km^2	76.69%
	澄江街道	26.97km^2	41.60km^2	54.21%
	夏港街道	7.73km^2	19.47km^2	151.77%
	云亭街道	5.89km^2	12.93km^2	119.47%
	申港街道	5.16km^2	14.77km^2	186.16%
	平均值	10.73km^2	21.06km^2	117.35%
地方各镇	周庄镇	12.95km^2	32.95km^2	154.38%
	华士镇	10.00km^2	29.43km^2	194.30%
	璜土镇	6.41km^2	17.16km^2	167.62%
	徐霞客镇	13.06km^2	28.52km^2	118.31%
	利港镇	7.79km^2	17.97km^2	130.56%
	顾山镇	7.43km^2	17.27km^2	132.59%
	祝塘镇	5.04km^2	12.74km^2	152.72%
	长泾镇	6.40km^2	14.92km^2	133.29%
	青阳镇	8.69km^2	15.85km^2	82.37%
	月城镇	4.77km^2	8.96km^2	87.77%
	新桥镇	3.35km^2	9.05km^2	170.28%
	平均值	7.81km^2	18.62km^2	138.56%

数据来源：根据2001年、2010年江阴土地利用现状图整理。

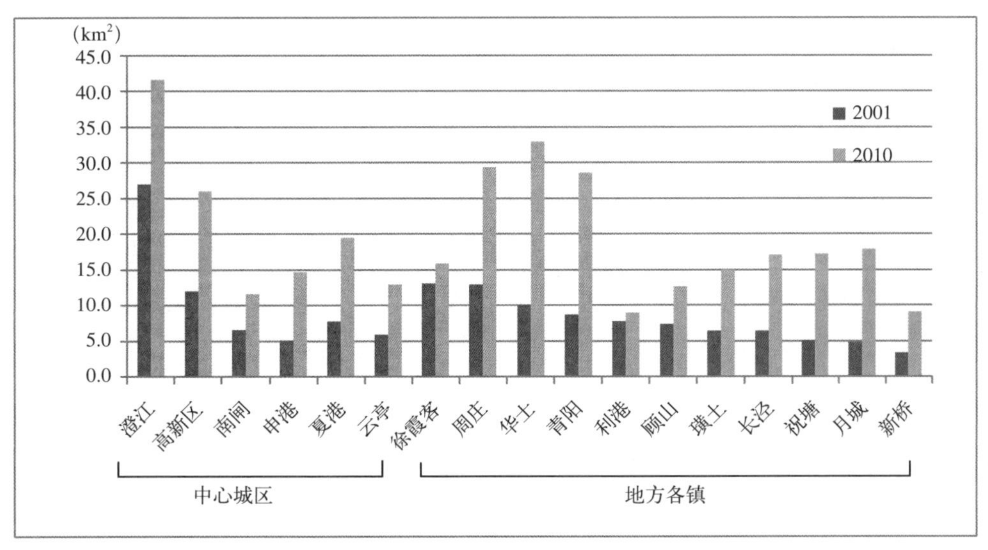

图 7-19　2001 ~ 2010 年江阴中心城区及地方各镇建设用地面积增长情况

4. 建设用地占比的时空变化特征

（1）建设用地占比显著提高，逼近 50% 临界值，生态压力大

伴随着建设用地的扩张蔓延，江阴市域半城市化地区建设用地占总面积的比例也同步提高，由 2001 年的 23.92% 提高到 2010 年的 36.69%，逐步逼近 50% 的临界值（图 7-20）。建设用地占比的持续增长，生态环境压力也日趋增大，并且这一增长势头仍在延续。据悉，目前整个江阴市每年新增建设用地实际需求大概在 2 ~ 3 万多亩，而下拨农转非的用地指标仅为 2000 亩，供需缺口极大，远远无法满足实际建设的需求[①]。面对"新增建设用地极度紧缺"的困境，江阴半城市化地区违章建设的情况愈发严重，给土地管理带来严峻挑战。

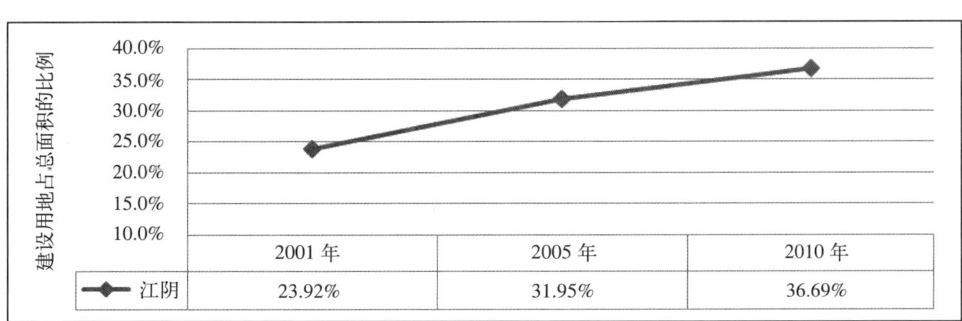

图 7-20　2001 ~ 2010 年江阴建设用地占比变化

数据来源：江阴市规划局

① 根据与江阴市国土局相关负责人访谈记录整理而成。

（2）镇域单元建设用地占比迅速提高，呈现扁平化结构

从各镇（街道）建设用地占比来看（表7-6），平均值从2001年的15.41%上升到2010年的34.26%，增长一倍多。中心城区街道的建设用地占比显著高于地方各镇，其中澄江、夏港两街道的建设用地占比已经超过50%。从镇域建设用地占比提高的平均速度来看，除了月城镇、青阳镇、澄江街道、南闸街道外，其他镇及街道的建设用地占比都增长了一倍以上。另外，从江阴各镇域单元建设用地占比数值结构上看，已经从2001年的“澄江独大，首位度高，各镇（街道）差距不显著”转变为2010年的“澄江最大，各镇（街道）层级清晰”的扁平化结构（图7-21）。

2001～2010年江阴各镇（街道）建设用地占比变化 **表7-6**

镇/街道	2001年	2010年	增长比例
祝塘镇	8.47%	21.40%	152.7%
月城镇	12.44%	23.36%	87.8%
青阳镇	12.86%	23.46%	82.4%
利港镇	10.79%	24.88%	130.6%
璜土镇	9.36%	25.04%	167.5%
徐霞客镇	11.89%	25.97%	118.4%
南闸街道	15.06%	26.61%	76.7%
长泾镇	12.02%	28.03%	133.2%
申港街道	10.99%	31.44%	186.1%
云亭街道	14.68%	32.22%	119.5%
顾山镇	14.98%	34.84%	132.6%
华士镇	13.43%	39.51%	194.2%
高新区	18.41%	39.73%	115.8%
周庄镇	17.05%	43.37%	154.4%
新桥镇	17.10%	46.22%	170.3%
夏港街道	20.36%	51.26%	151.8%
澄江街道	42.15%	65.00%	54.2%
平均值	15.41%	34.26%	122.3%

数据来源：根据2001年、2010年江阴土地利用现状图整理。

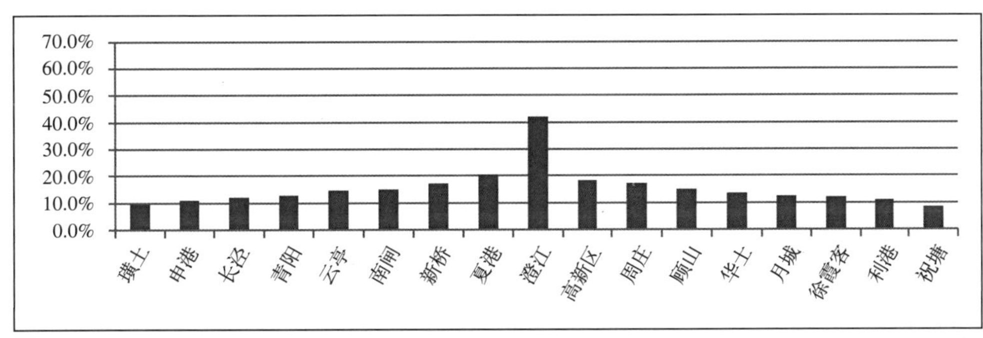

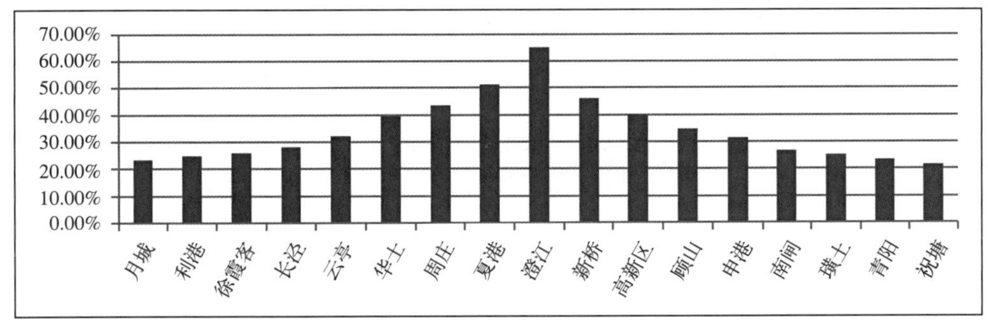

图 7–21　2001 年（上）、2010 年（下）江阴各镇（街道）建设用地占比比较

数据来源：根据 2001 ～ 2010 年江阴土地利用现状图整理

5. 建设用地扩张结构的时空变化特征

工业用地数量过多，特别是在新增建设用地中占比过大，是沿海发达半城市化地区建设用地增长过程中的结构性痼疾之一。2001 ～ 2010 年江阴建设用地规模的增长很大程度上是由于工业用地的快速扩张引起的。如表 7-7 所示，10 年来江阴建设用地增长中有 56.5% 是由工业用地贡献的，远远高于城镇居民点用地（除去工业用地）的增长。

2001～2010年江阴各类建设用地增长情况　　　　**表7-7**

年份	2001年	2010年	用地增长	占建设用地增长的比例
城镇居民点用地	41.23km²	107.36km²	66.1%	37.9%
工业用地	27.53km²	126.15km²	98.6%	56.5%
农村居民点用地	81.49km²	91.27km²	9.78%	5.6%

数据来源：根据江阴2001～2010年土地利用现状图整理

与此同时，工业用地占建设用地的比例也在不断提高，2010 年江阴工业用地占总建设用地的比例已达 34.8%，是 2001 年的近 3 倍（表 7-8）。工业用地比例过高，一方面会导致城市整体环境质量、居民居住生活水平的下降，影响城市综合竞争力的提升；另一方面，工业用地、居住用地的地价“剪刀差”容易导致房价的上涨，并将低价出让甚至零地价出让的工业用地成本转嫁到普通城市购房者身上，增加城市居民生活压力。2013 年 12 月新近召开的中央城镇化工作会议中明确提出，未来要减少工业用地，适当增加生活用地特别是居住用地，形成生产、生活、生态的合理结构。① 因此，减少工业用地，适度增加城市其他用地将成为半城市化地区未来土地利用的一种趋势。

江阴工业用地面积占建设用地比例 表7-8

	工业面积	建设用地总面积	工业用地占比
2001年	27.53km²	236.2km²	11.7%
2010年	126.15km²	362.3km²	34.8%

数据来源：根据江阴2001～2010年土地利用现状图整理

6. 建设用地扩张空间形态的时空变化特征

由江阴建设用地扩张和空间分布形态来看，江阴的建设用地结构已从 2001 年的“大中心城区 + 镇区（部分强镇）+ 变异的乡村聚落形态”转变成 2010 年的“强中心城区 + 大镇区 + 交通走廊 + 功能形态混杂”的网络化结构（图 7-22）。具体而言，2001 年江阴中心城区（主要为澄江街道）成为区域发展极核，带来建设用地的高速扩张。发展条件较好的部分地方乡镇受到乡村工业化浪潮的影响，开始以工业用地为导向的扩张。镇区建设用地规模得到一定的扩张，出现了部分强镇强村，成为小区域的发展极核，如周庄镇、华士镇，但其他乡镇镇区普遍发育不足，建设用地规模较小，造成中心城区的建设用地面积首位度非常高。工业用地的入侵导致部分传统农村居民点出现变异，传统乡村聚落用地形态被打破，表现为农村居民点用地基础上的村级工业的分散式的高度附着、深度嵌入。10 年后，随着江阴中心城区的不断外拓，下属各镇镇区建设用地也开始大规模扩张，此时中心城区建设用地规模最大，同时下属各镇镇区规模也较大，中心城区与镇，镇与镇之间建设用地规模的差距逐渐缩小。扩张过程中，从中心城区辐射出若干条交通轴线，串联起下属各镇，形成“指状”的网络化结构，东部的周庄、华士、新桥片区甚至已呈现出建设用地蔓延分布的形态特征。各类用地混杂相间的现象非常普遍，特别是工业用地与居住用地的混杂，带来城乡居住环境质量的整体下降。

从以上江阴 10 年来的建设用地扩张特征可以归纳出快速工业化地区建设用地扩张的四大阶段，即从建设用地的低水平均衡到极化扩张的阶段，再到网络化发展阶段，最后实现均衡。

① 来源：http：//chanye.focus.cn/news/2013-12-17/4470820.html。

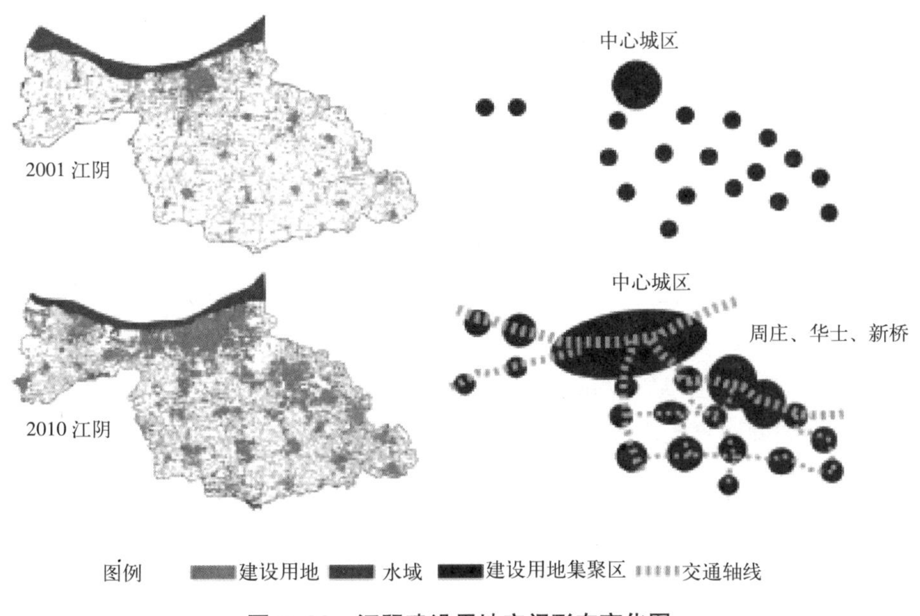

图 7-22　江阴建设用地空间形态变化图

（1）低水平均衡阶段：中心城区 + 小、弱镇区 + 传统乡村聚落形态

工业化进程开始之前，大量资源要素单向地集聚在中心城区，仅有中心城区建设用地具有一定的规模，中心城区首位度较高，而地方乡镇普遍发育不足，镇区建设用地规模小，各镇建设用地面积之间的差距也较小。农村地区还未受到工业化影响，农村居民点用地呈现出较为均质的传统乡村聚落形态。如江阴地区的农村居民点呈现出"小而密"的均质形态，广布于市域。

（2）极化发展阶段：强中心城区 + 大镇区（部分强镇强村）+ 变异的乡村聚落形态

工业化开始后，中心城区成为区域发展极核，并带来建设用地的高速扩张，其面积首位度非常高。地方乡镇则普遍受到乡村工业化浪潮的影响，开始以工业用地为导向进行扩张。镇区建设用地规模得到一定的扩张，并出现部分强镇强村，成为小区域的发展极核，如江阴的工业强镇周庄镇、华士镇，中华第一村华西村等。工业用地的"入侵"导致传统农村居民点出现变异，传统乡村聚落用地形态被打破，表现为农村居民点用地基础上的村级工业的高度附着、深度嵌入。

（3）网络化发展阶段：强中心城区 + 强镇区 + 交通走廊 + 功能形态混杂

随着工业化进程的不断推进，中心城区不断地外拓，下属各镇镇区规模也开始大规模扩张，建设用地结构已呈现出“强中心城区＋强镇区＋交通走廊”的网络化结构。中心城区规模最大，同时下属各镇镇区规模也较大，中心城区与镇，镇与镇之间的建设用地规模的差距逐渐缩小，并通过区域性交通走廊连接成网络状、扁平化的空间等级结构。但这一阶段，各类用地混杂相间的现象非常普遍，特别是工业用地与居住用地的混杂，带来城乡居住环境质量的整体下降。

（4）均衡阶段：强中心城区＋强镇区＋交通网络＋功能区块

这一时期中心城区已经基本没有新增建设用地，以存量用地的二次开发为主，新增建设用地主要集中在下属的重点镇。区域交通网络形成，架构起整体的城镇体系结构。随着区域产业结构的不断调整、完善，土地利用结构、空间分布均得到相应的优化，形成较为清晰的功能区块布局形态，生产、生活、生态和谐发展，进入到高水平的均衡发展阶段。

7. 不同性质用地的土地利用时空扩展变化特征

（1）非农用地（Non-Agricultural Land）时空变化特征

2001 ～ 2010 年间江阴半城市化地区经历了快速的农地非农化过程，除了面积扩张外，非农用地的形态、空间分布上也发生了相应变化（图 7-23）。从表 7-9 非农用地景观生态格局指数的变化来看，2001 年以来江阴市非农用地斑块总数略有下降，从 3830 减少到 3476，下降幅度为 9.2%，斑块密度也相应降低。与此同时，非农用地平均斑块面积从 3.93hm^2 增大到 9.53hm^2，增长 142.7%。两项指数变化说明总体

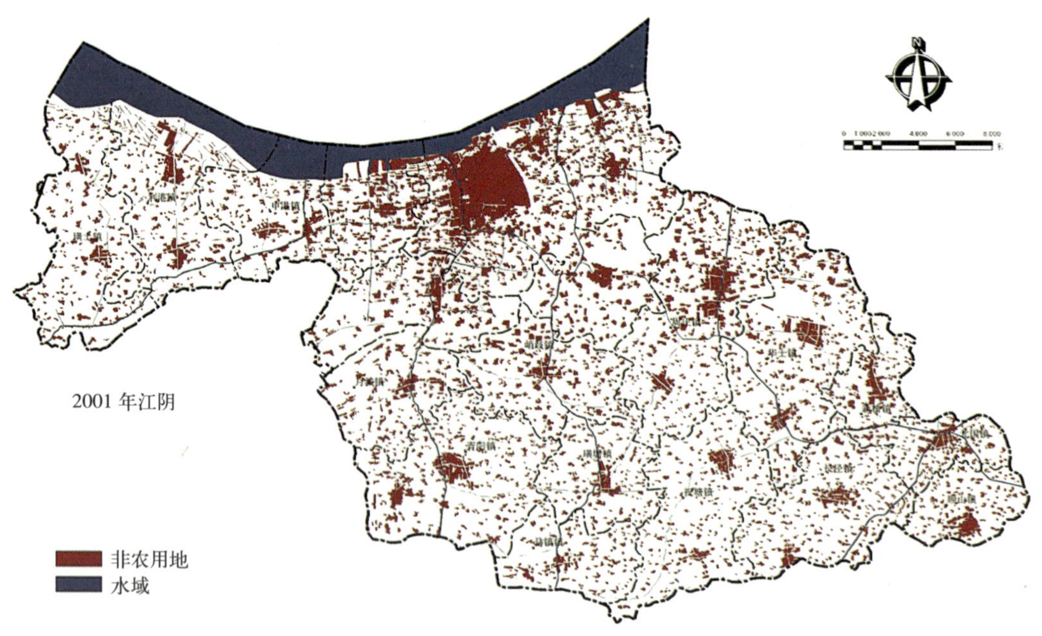

图 7-23　2001 ～ 2010 年江阴非农用地扩张（一）

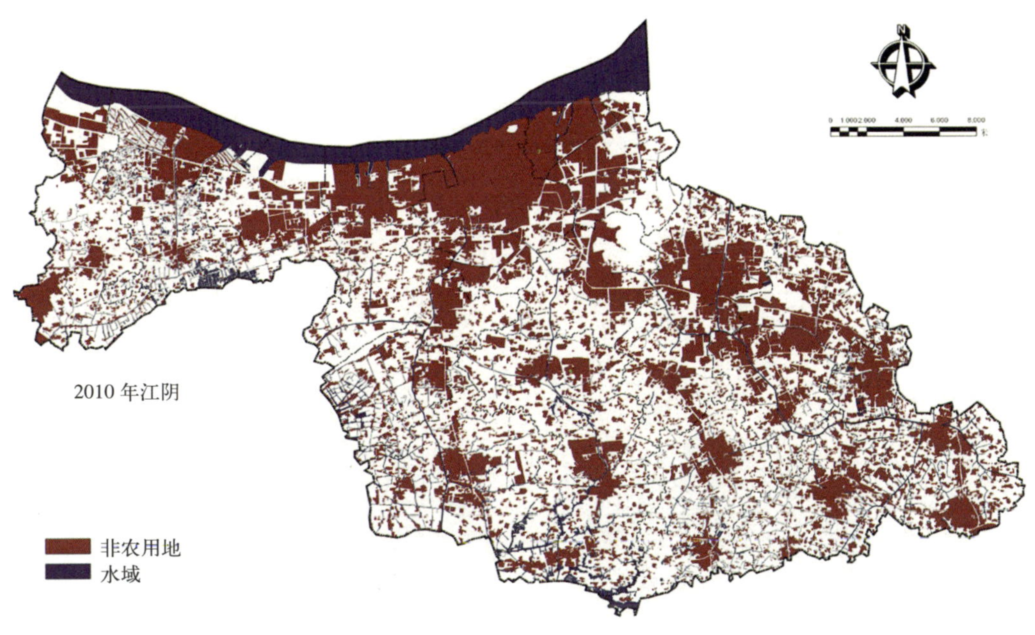

图 7-23　2001 ~ 2010 年江阴非农用地扩张（二）

上非农用地呈现集中的趋势。但 2010 年江阴 10hm^2 以上非农用地斑块数量仅占全部斑块的 10.39%，面积占比也仅为 80.27%（表 7-10、图 7-24），这说明小面积非农用地斑块的数量非常多，面积占比仍然较高，非农用地集中的程度并不十分显著。其次，非农用地的景观形状指数、景观破碎度都有不同程度的下降，说明了非农用地的整体形态呈现规整化的趋势。另外，非农用地斑块间平均距离下降了 1.1%，说明非农用地斑块相互间的距离在拉近，空间分布上比之前更为密集。综上所述，10 年来江阴非农用地的扩张与分布总体上呈现出集中、集聚的趋势，但趋势不显著，小规模斑块过多仍然造成了用地的分散、破碎等特征。

2001年、2010年江阴非农用地景观生态格局指数变化　　表7-9

景观生态格局指数	2001年	2010年	变化幅度
斑块数	3830	3476	–9.2%
平均斑块面积（hm^2）	3.93	9.53	142.7%
斑块密度（个/km^2）	3.88	3.52	–9.2%
斑块间平均距离（m）	284.50	281.34	–1.1%
景观形状指数	74.82	62.29	–16.7%
景观破碎度	975.25	364.64	–62.6%

2001～2010年江阴10hm²以上非农用地占比变化 表7-10

占比变化	2001年	2010年	增长幅度
斑块数量（个）	211	361	71.09%
数量占比（%）	5.51	10.39	88.57%
斑块面积（km^2）	74.03	265.89	259.19%
面积占比（%）	49.23	80.27	63.05%

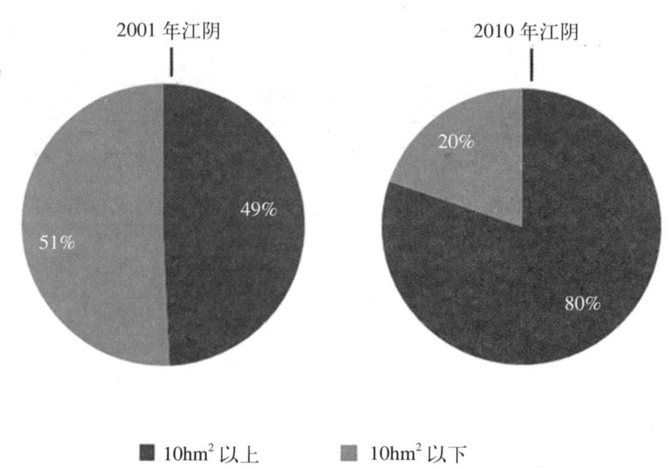

图 7–24 2001 ~ 2010 年江阴两地 10hm² 以上非农用地斑块占比变化

究其原因，有以下三方面：

首先，地理环境格局对土地利用也有一定的影响。江阴境内几乎无大江大河，且地势平坦，用地条件优越，反而助长了非农用地无方向、无节制地全面蔓延扩张，非农用地低成本的以相对独立、“跳跃”的方式进行扩张，新增的用地和存量的用地还未发展成片，导致这一阶段的用地形态较为分散、破碎。

其次，产权对非农用地的形态特征具有重要的影响。地方镇、村行政单元的数量会大大影响用地的整体空间特征，地方行政单元越多，越容易形成小单元、各自为政的分散化用地格局。以工业用地为例，行政村数量越多越容易导致村级工业的泛滥，工业化初期“村村点火、家家冒烟”的土地利用破碎格局就越显著。2010 年江阴市下辖 11 镇 6 街道 300 多个行政村，且往往一个行政村具有多个自然村，这在一定程度上影响了江阴非农用地的空间分布和形态特征。

第三，江阴地区相关土地利用政策的实施效应不同所致。2001 年江阴开始正式推行“工业向工业园区集中、农民向城镇集中、农业向生态园区集中”的“三集中”政策。由于“三集中”针对的主要是增量土地而非存量土地的调整，存量土地的调整涉及高昂的搬迁费用，而苏南地区改革开放之初基于村基层社区的发展模式下所形成的“村村点火，家家冒烟”模式的工业用地已经固化，建设工业集中区，只针对新增的工业用地，因此建设用地分散破碎的状况并未得到改观。

（2）城镇居民点用地（Urban settlements）时空变化特征

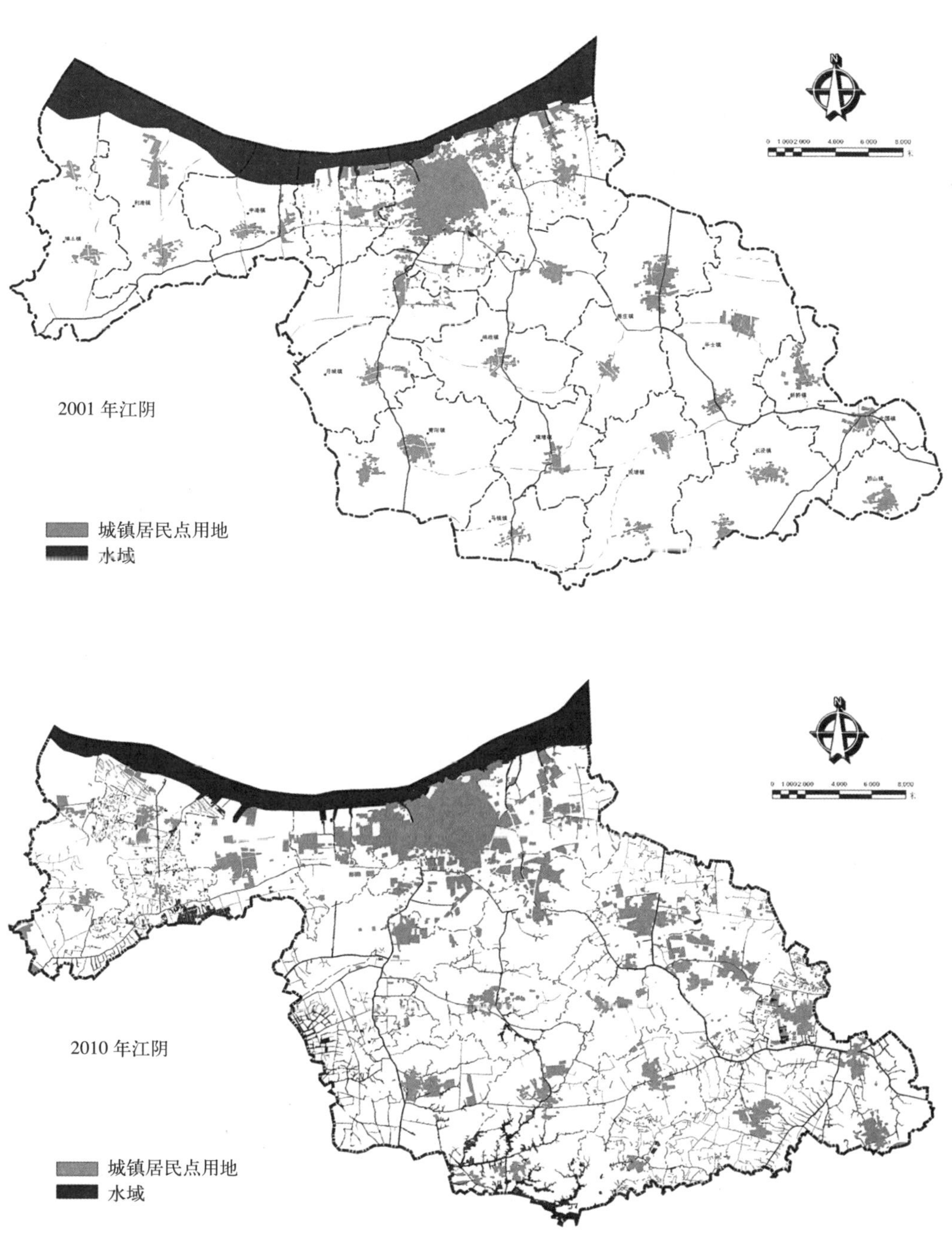

图 7-25　2001 ~ 2010 年江阴城镇居民点用地变化

从图 7-25 城镇居民点用地变化可看出，2001 年江阴半城市化地区的地方各镇镇区城镇居民点用地呈现出“散黄鸡蛋”式的紧凑形态，体现了早期地方小城镇发展的传统特征，往往以单核心、同心圆的模式扩张发展。各镇镇区的城镇居民点用地规模差距不显著，空间分布较为均质。但随着快速工业化进程的开始，各个镇区开始了以工业用地扩张为导向的用地增长，部分镇区开始极化发展，各镇之间城镇居民点的用地差距拉大。从城镇居民点用地景观生态格局指数变化来看，城镇居民点用地的斑块数量、斑块密度都有较小幅度的增加，增长幅度为 6.4%。平均斑块面积显著增大，从 6.72hm^2 增大到 16.44hm^2，增长近 1.5 倍（表 7-11）。从江阴 10hm^2 以上城镇居民点用地面积占比也可看出，大斑块城镇居民点用地成为主要类型，面积占比达到 90% 及以上（表 7-12）。

2001～2010年江阴城镇居民点用地景观生态格局指数变化　　表7-11

景观生态格局指数	2001年	2010年	增长幅度
斑块数	614	653	6.4%
平均斑块面积（hm^2）	6.72	16.44	144.8%
斑块间平均距离（m^2）	320.53	453.63	41.5%
斑块密度（个/km^2）	0.62	0.66	6.4%
景观形状指数	26.52	23.16	–12.6%
景观破碎度指数	91.28	39.66	–56.56%

2001～2010年江阴10hm^{2}以上城镇居民点用地占比变化　　表7-12

占比变化	2001年	2010年	增长幅度
斑块数量（个）	74	114	54.05%
数量占比	12.05%	17.46%	44.87%
斑块面积（km^2）	29.97	96.76	222.84%
面积占比	72.70%	90.13%	23.98%

另外，江阴城镇居民点用地的景观形状指数和景观破碎度指数都有不同程度的下降，其中景观破碎度指数显著下降，幅度达到 56.56%，景观形状指数下降 12.6%。这说明江阴半城市化地区城镇居民点用地的整体空间形态变得越来越规整。但从城镇居民点用地变化图发现，中心城区与地方各镇呈现出迥异的变化特征。中心城区城镇居民点用地变得规整，这主要是由于 2001 ～ 2010 年间中心城区各街道内的星星点点的农村居民点“村改居”被整合引起的。而各镇城镇居民点用地却变得更为破碎，这主要归因于工业扩张带来的用地布局变化。一方面，镇区内部一些地块开始被工业地块

所更新代替；另一方面，城镇居民点用地在向外扩张的过程中，将原先本处于镇区外围的工业用地包纳进来；同时，镇区外围出现“飞地型”的工业园区，出于职住平衡的考虑，工业用地周边开始兴建配套的居住生活设施，这些独立的、分散在镇区外围的城镇居民点用地开始出现。以上三方面原因综合导致了地方各镇原先密实、紧凑的城镇居民点用地形态开始出现破碎、不规整的趋势（图 7-26）。

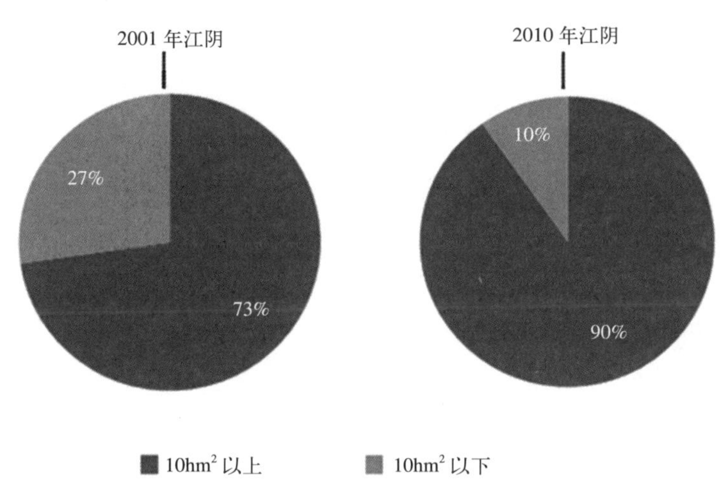

图 7-26　2001 ~ 2010 年江阴 $10hm^2$ 以上城镇居民点用地面积占比变化

此外，地方乡镇的撤并也对城镇居民点用地的空间分布产生巨大的影响。随着发展重心的转移，本地人口也逐步迁往规模较大、发展较好的镇区，原先规模较小的部分镇区逐渐衰落，表现为城镇居民点用地的大幅萎缩（图 7-27）。

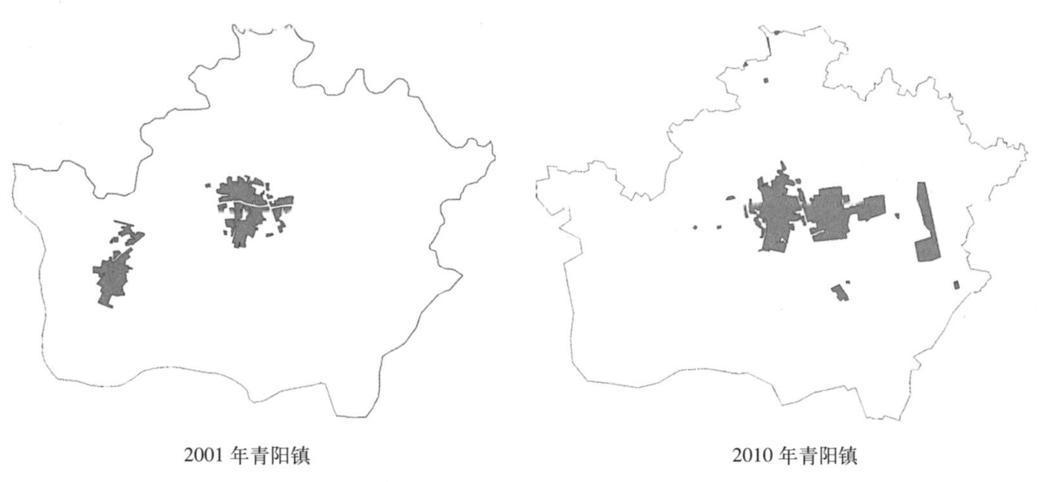

图 7-27　2001 ~ 2010 年青阳、长泾城镇居民点用地变化（一）

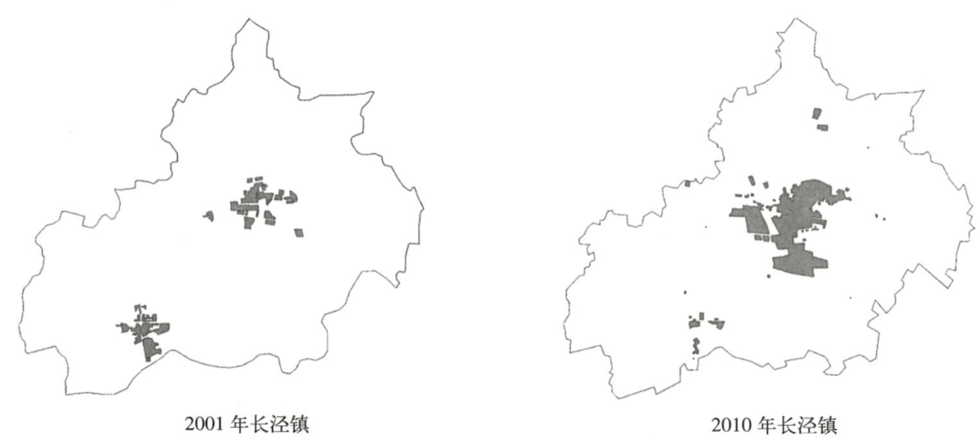

图 7-27　2001 ~ 2010 年青阳、长泾城镇居民点用地变化（二）

（3）工业用地（Industrial Land）时空变化特征

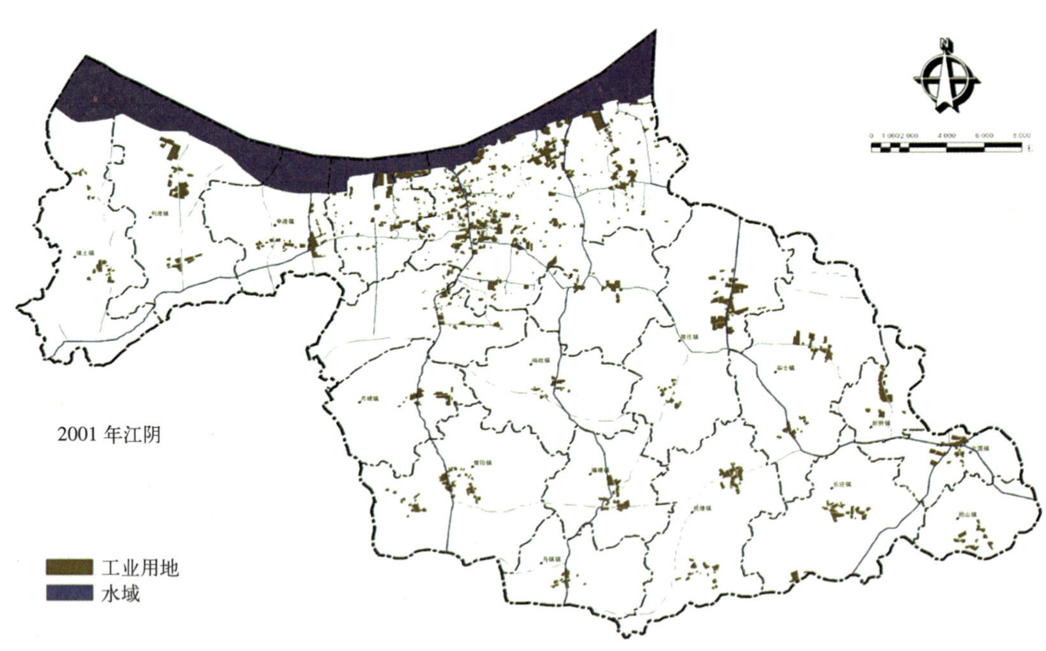

图 7-28　2001 ~ 2010 年江阴工业用地变化（一）

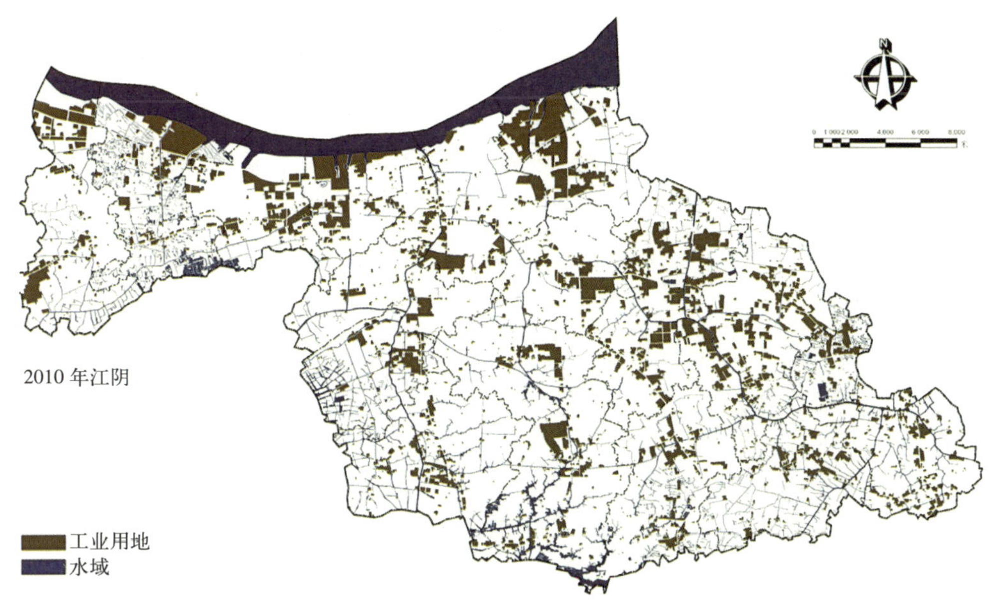

图 7-28　2001 ~ 2010 年江阴工业用地变化（二）

20 世纪 80 年代初期，江阴半城市化地区以集体乡镇企业为载体、地方政府直接介入主导的“苏南模式”崛起。乡镇企业吸收了过剩的劳动力，培养了大批熟练的技术工人，实现了“农村劳动力本地就业”的同时，带来了经济的迅速发展。至 20 世纪 90 年代中后期，江阴地区集体经济开始转制为民营企业，民营经济活力开始爆发。此时，由于上海建设用地日益紧张，地价逐步攀升。很多企业在选择建厂地址时，把眼光移到了与上海邻近，但地价较低的地区，一方面充分利用上海与国际接轨的优势，另一方面也回避了因地价上涨带来的成本增加，此时江阴等靠近上海的地区成为最佳地点。江阴地区工业发展从“苏南模式下的乡镇企业模式”迅速转向“外资吸引下的工业园区模式”，成功吸引出上海溢出的外资投资。工业发展模式的变迁在工业用地空间分布形态上打下了深深的烙印。从江阴市域工业用地分布图可看出（图 7-28），工业用地规模与形态主要由两大部分组成：一类是以自上而下方式建设的市、镇级的集中工业园区，面积规模大，呈现出集中、规整的形态，主要是在“外资吸引下的工业园区模式”主导下形成；另一类则是传统苏南模式、自下而上的乡村工业化兴起的村级工业斑块，面积小而分布散乱，尽管有部分村庄已经形成村级工业园区，但其规模仍相对较小。

具体从江阴工业用地景观生态格局指数变化来看（表 7-13），从 2001 ~ 2010 年江阴工业用地斑块数量从 662 猛增至 1809，增长幅度高达 173.3%，导致斑块密度也同步大幅提高，从 0.67 个 /km^2 增大到 1.83 个 /km^2。同时，景观形状指数也从 26.96 增长至 38.92。景观破碎度指数明显上升，达到 259.26，增长 63.1%。平均斑块面积虽然从 4.16hm^2 增长到 6.97hm^2，但其增长幅度 67.7% 相对于斑块数量的增长幅度来说相对较小。另外，从图 7-29 及表 7-14 中可以看出，江阴工业用地斑块中 10hm^2 以上工业用地斑块数量仅占 12.6%，其面积占总面积的比例也只有 76.18%，说明存在着大量的小面积的工业用地斑块，这些工业用地多为村级工业用地。以上综合说明 2001 ～ 2010 年江阴工业用地呈现出用地斑块数量猛增，密度变大，破碎且不规整的总体形态，说明这一时期江阴镇、村工业用地仍然“多点开花”，工业用地并未得到集约利用，反而比之前更加破碎、粗放。

2001～2010年江阴工业用地景观生态格局指数变化 **表7-13**

景观生态格局指数	2001年	2010年	增长幅度
斑块数	662	1809	173.3%
平均斑块面积（hm^2）	4.16	6.97	67.7%
斑块密度（个/km^2）	0.67	1.83	173.3%
斑块间平均距离（m）	310.44	336.72	8.5%
景观形状指数	26.96	38.92	44.4%
景观破碎度	158.94	259.26	63.1%

2001～2010年江阴10hm^{2}以上工业用地占比变化 **表7-14**

占比变化	2001年	2010年	增长幅度
斑块数量（个）	61	228	273.77%
数量占比（%）	9.21	12.60	36.74%
斑块面积（km^2）	13.89	96.10	591.81%
面积占比（%）	50.46	76.18	50.98%

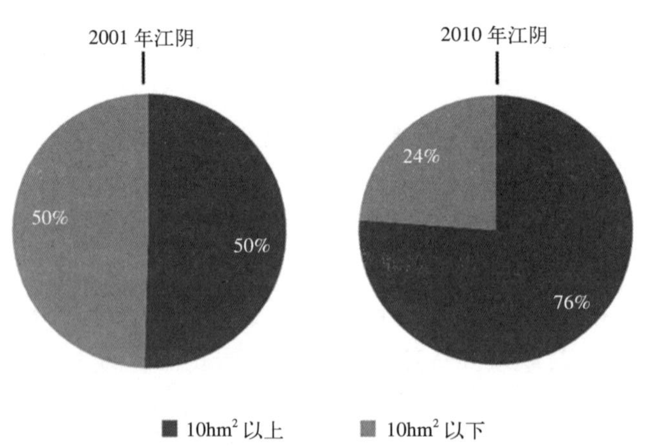

图 7-29　2001 ～ 2010 年江阴 10hm^2 以上工业用地面积占比变化

（4）农村居民点用地（Rural Settlements）时空变化特征

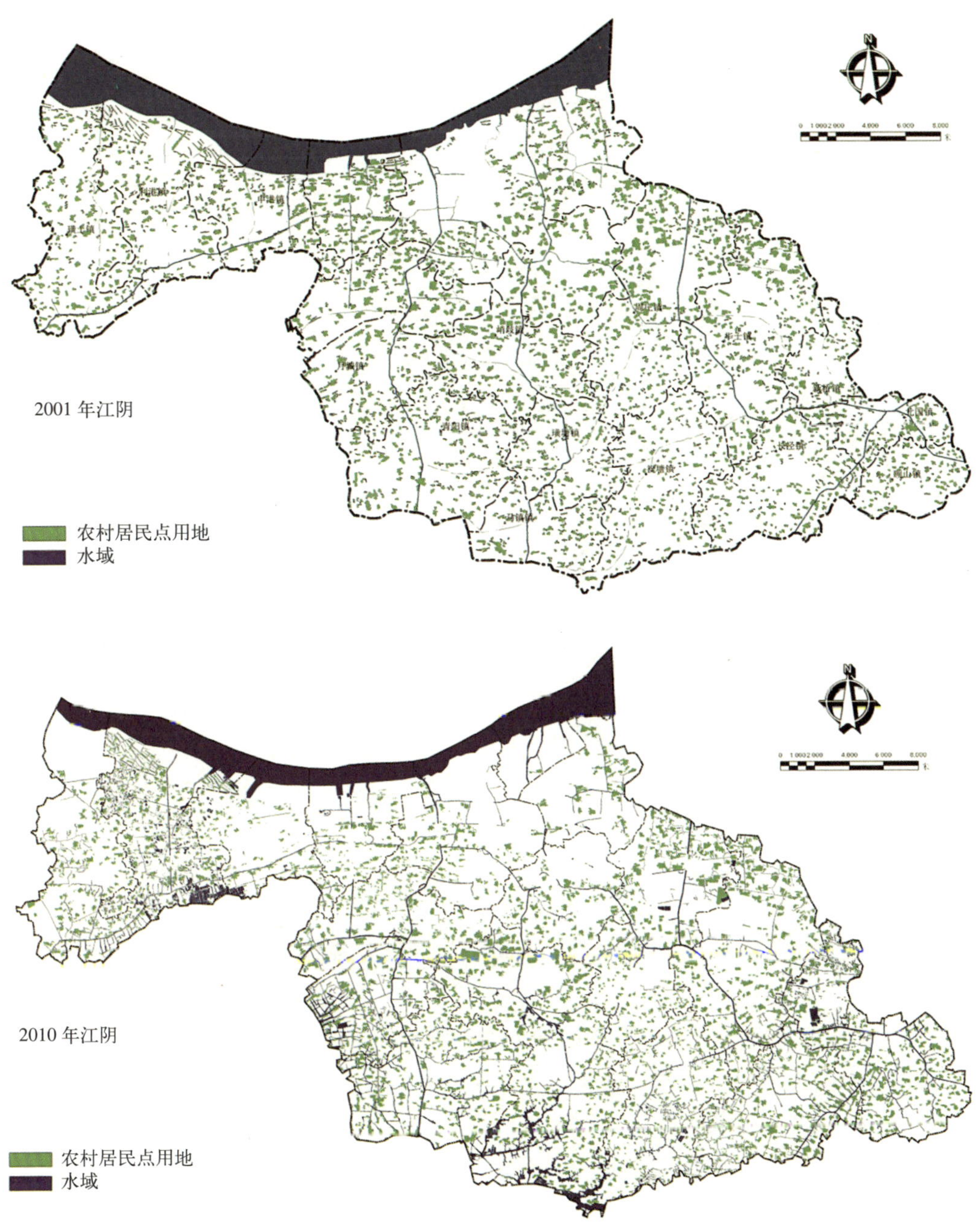

图 7-30 2001 ~ 2010 年江阴农村居民点用地变化

从 2001 ~ 2010 年江阴农村居民点用地变化图中可看出（图 7-30），江阴农村居民点用地的土地利用形态属于“散点广布式”，呈现出“数量多、小而密、景观破碎”的特征，表现为农村居民点用地斑块数量多，密度大，斑块平均面积小，景观破碎度指数大。2010 年江阴市域范围内面积在 10hm² 以上的农村居民点斑块数量仅占全部斑块数的 4.15%，有 95.85% 的农村居民点是小面积的斑块，突出表现了江阴农村居民点的土地利用形态的典型特征（表 7-15、图 7-31）。

2001～2010年江阴10hm²以上农村居民点用地斑块变化　　表7-15

地区	2001年	2010年	增长幅度
斑块数量（个）	99	148	49.49%
数量占比（%）	2.77	4.15	49.65%
斑块面积（km²）	13.67	22.71	66.16%
面积占比（%）	16.78	24.89	48.35%

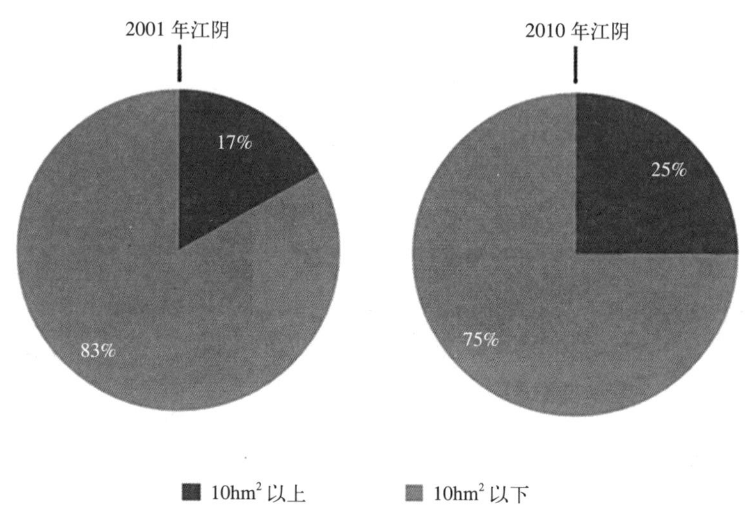

图 7–31　2001 ～ 2010 年江阴 10hm² 以上农村居民点用地斑块变化

从 10 年来农村居民点用地的景观生态指数变化来看（表 7-16），江阴农村居民点用地总体稳定，变化幅度非常小。除了平均斑块面积增长幅度为正外，其他各指数都呈现出轻微比例的下降。用地斑块数量、斑块密度几乎没有发生变化，下降幅度仅 0.1%；斑块间平均距离有所减小，从 275.84m 下降到 259.30m；景观形状指数从 78.3 下降到 77.50，下降 1.0%；景观破碎度指数下降幅度稍大，为 10.9%；平均斑块面积从 2.28hm² 增大道 2.56hm²，增长幅度达到 12.1%。以上指数变化综合表明 2001 ～ 2010 年间江阴半城市化地区的农村居民点用地增长较少，形态特征变化也不显著。江阴市对农村宅基地的严格控制取得了成效，但另一方面，农村居民点数量未明显减少，说明“农民向城镇集中”的目标远未实现。

2001～2010年江阴农村居民点用地景观生态格局指数变化　　表7-16

景观生态格局指数	2001年	2010年	增长幅度
斑块数	3570	3566	-0.1%
平均斑块面积（hm^2）	2.28	2.56	12.1%
斑块密度（个/km^2）	3.62	3.61	-0.1%
斑块间平均距离（m）	275.84	259.30	-6.0%
景观形状指数	78.30	77.50	-1.0%
景观破碎度	1563.53	1392.87	-10.9%

（5）四大类建设用地的时空变化特征总结

2001～2010年江阴半城市化地区建设用地的时空变化特征可概括为趋向集中规整、趋向破碎分散、基本保持原有形态三类（表7-17）。首先，非农用地总体和城镇居民点用地都呈现出集中化的趋势，但集中的程度有所差异。非农用地虽然呈现集中化趋势，但不显著。城镇居民点用地都在原有城镇居民点用地的基础上有所拓展，保持相对集中的态势，但区域之间存在差异，中心城区集中集聚，而地方各镇则比原先要分散。其次，工业用地呈现出非常显著的分散破碎的特征，归因于工业用地10年间的无序、破碎化扩张；第三，农村居民点用地基本保持了2001年的原有空间形态分布特征，未发生显著变化。

2001～2010年建设用地的时空变化特征总结　　表7-17

用地类型	时空变化特征
非农用地总体	有一定的集中化趋势，但现状仍破碎、分散
城镇居民点用地	总体呈现集中化趋势，但区域之间存在差异，中心城区集中集聚，地方各镇比原先分散
工业用地	无序扩张蔓延，呈现出非常分散、破碎的状态
农村居民点用地	动态变化较小，时空特征相对稳定，依旧破碎、分散

8. 土地利用的产出效益变化

（1）建设用地增长绩效及其地均产出变化

1）建设用地增长绩效比较

建设用地绩效弹性系数①是指一定时期内GDP与建设用地两个指标增长速度的

① 建设用地绩效弹性系数=GDP增长倍数/建设用地增长倍数，计算公式为：$CT=\frac{\Delta G/G}{\Delta C/C}$，其中：$CT$为建设用地绩效弹性系数；$\Delta G$为一定时期内的GDP增量；$G$为一定时期初始时刻的GDP；$\Delta C$为一定时期内的建设用地面积增长量；$C$为一定时期初始时刻的建设用地面积。

比率，能够用于衡量建设用地的增长幅度对 GDP 增长幅度的依存关系。因此，可用建设用地绩效弹性系数来衡量建设用地的增长绩效。建设用地绩效弹性系数越大，说明建设用地的增长绩效越高，单位建设用地投入对拉动 GDP 的贡献越大。

表 7-18 比较了江阴 1995 ~ 2010 期间三个五年阶段的建设用地绩效弹性系数变化，从总体变化趋势来看，江阴市建设用地增长绩效一路上升，处于不断的优化中，从 1995 ~ 2000 年间的 2.9 上升到 2005 ~ 2010 年间的 10.4，15 年间建设用地绩效平均弹性系数也达到了 10。

1995年以来江阴建设用地绩效弹性系数变化 **表7-18**

年份	1995～2010年	1995～2000年	2000～2005年	2005～2010年
建设用地绩效弹性系数	10	2.9	4.2	10.4

来源：根据江阴统计年鉴和土地使用现状图整理。

2）建设用地地均产出变化

江阴建设用地地均产出从 2001 年的 1.55 亿元 /km^2 增长到 2010 年的 5.52 亿元 /km^2，10 年翻了近两番（表 7-19、图 7-32）。江阴建设用地地均产出的提高，主要在于其建设用地的增长绩效一直处于上升过程中，即建设用地高速扩张的同时保持了较高的 GDP 增速。

2001～2010年江阴建设用地地均产出变化 **表7-19**

	GDP（亿元）		建设用地面积（km^2）		建设用地地均产出（亿元/km^2）	
年份	2001年	2010年	2001年	2010年	2001年	2010年
江阴	365.03	2000.92	236.20	362.30	1.55	5.52

注：建设用地地均产出=GDP/建设用地总面积。
来源：GDP数据源自江阴2002年、2011年统计年鉴，建设用地数据源自江阴2001年、2010年的土地利用现状图。

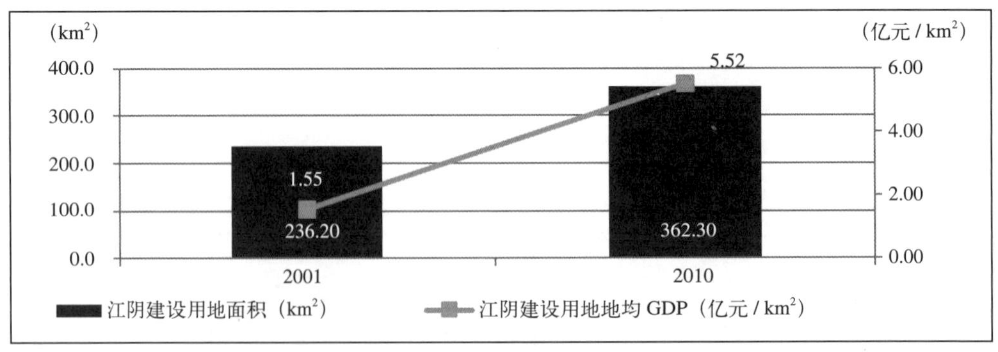

图 7-32　2001 ~ 2010 年江阴建设用地地均 GDP 比较

（2）工业用地增长绩效及其地均产出变化

1）江阴工业用地增长绩效比较

工业用地绩效弹性系数[①]与建设用地绩效弹性系数类似，是指一定时期内工业增加值与工业用地面积两个指标增长速度的比率，能够用于衡量工业用地的增长幅度对工业增加值增长幅度的依存关系。因此，可用工业用地绩效弹性系数来衡量工业用地的增长绩效。2001 ～ 2010 年间，江阴的工业增加值增长至 4.1 倍，工业用地增长至 3.6 倍，总体来看尽管工业用地绩效弹性系数为 1.2，大于 1，但却远小于建设用地绩效弹性系数，说明江阴工业用地的增长绩效并不乐观，反而影响了建设用地增长绩效的提高。

2）工业用地地均产出比较

总体来看，江阴半城市化地区工业用地地均产出从 2001 年的 7.87 亿元 /km^2 增加到 2010 年的 8.81 亿元 /km^2，增长幅度仅 12%，与建设用地地均产出翻两番的表现形成鲜明的反差（表 7-20，图 7-33）。结合江阴的产业发展和土地利用变化发现，这 10 年来工业用地分布反而变得比先前更加分散、破碎，导致工业企业无法形成集聚效应，在很大程度上影响了工业用地的高效集约利用，造成工业地均产出效率的持续低下。“资本密集型主导、技术密集型疲软”的制造业结构也在一定程度上影响了工业用地地均产出的提高。

2001～2010年工业用地地均产出变化　　表7-20

工业增加值（亿元）		工业用地面积（km^2）		工业用地地均产出（亿元/km^2）	
2001年	2010年	2001年	2010年	2001年	2010年
216.60	1110.95	27.53	126.15	7.87	8.81

注：工业用地地均产出=工业增加值/工业用地总面积。

来源：工业增加值数据源自江阴2002年、2011年统计年鉴，建设用地数据源自江阴2001年、2011年的土地利用现状图。

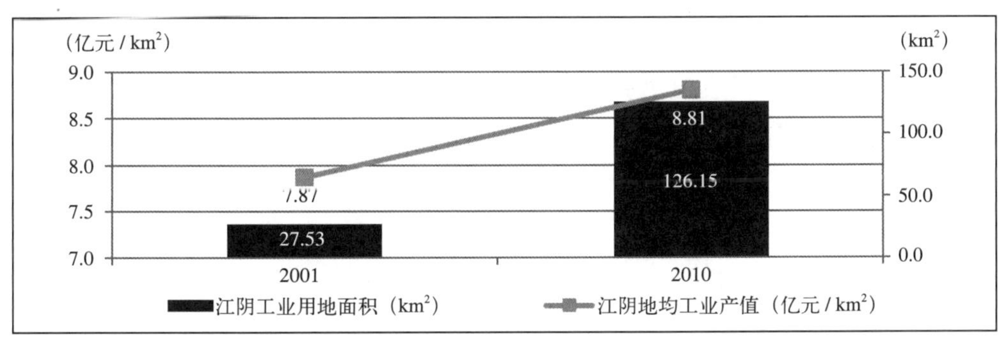

图 7-33　2001 ～ 2010 年江阴工业用地地均产出比较

① 工业用地弹性系数 = 工业增加值增长倍数 / 工业用地增长倍数，计算公式为：$MT=\dfrac{\Delta Q/Q}{\Delta M/M}$，式中：$MT$ 为工业用地绩效弹性系数；ΔQ 为一定时期内的工业增加值的增量；Q 为一定时期初始时刻的工业增加值；ΔM 为一定时期内的工业用地面积增长量；M 为一定时期初始时刻的工业用地面积。

五、江阴半城市化地区土地利用空间扩展的影响因素

1. 区域工业化模式对土地利用格局的影响

苏南模式、珠三角模式、温州模式等都是“在特定地区，一定历史条件下，具有特色的发展路子”。江阴是“苏南模式”的典型代表地区，独特的发展模式在土地利用格局上留下深深的烙印。

（1）“苏南模式”对土地利用的影响

20 世纪 70 年代末 80 年代初，迫于农村人多地少的巨大压力和大量农业富余劳动力急于从非农化转移中找到出路的强烈动机，苏南地区为追求产业资本发展，地方政府直接介入发展乡镇企业。建立在“模糊”产权基础上的苏南集体乡镇企业，自发地适应了当时国内的制度土壤，发育形成了独特机制与模式，吸收了过剩的劳动力，培养了大批熟练的技术工人，实现“农村劳动力本地就业”的同时，带来了经济指标的高速增长。因此，“苏南模式”的本质其实是在制度松绑的过渡期，利用传统地缘优势，形成了嵌入于本地社区的市场关系自我萌发、资本加速积累，并以集体乡镇企业为载体、地方政府直接介入主导、参与配置资源、干预分配的社会经济发展模式，是内生乡村工业化发展的产物（唐伟成等，2013）。

在江阴地区，早在 20 世纪 80 年代初期村级工业便开始“冒烟”，形成了社办企业—村办企业—队办企业的三级集体企业，极大地促进了农村地区的经济发展。到 20 世纪 90 年代，随着市场化改革的逐步推进，江阴乡镇企业与所有制结构相联系的产权制度的缺陷，以及由此形成“小、散、乱”的工业布局和企业组织结构的弊端，促使乡镇企业经营机制上以及苏南模式运行机制上的矛盾不断深化。20 世纪 90 年代中期，我国告别“短缺经济”，出现了从卖方市场向买方市场的转变，苏南模式的致命弱点在经营困境下进一步显露，招致工业生产增幅明显回落，终于促使素有改革创新传统的乡镇企业思想的进一步解放，突破“集体为主”的所有制框架，放手实施产权制度的大面积改革改制：大中型企业大多转制为股份合作制或有限责任公司；中小企业除转制为股份合作制、有限责任公司外，多数通过拍卖或转让，改制为私营企业。集体经济转制为私人企业后，民营经济活力开始爆发。这一时期，以行政村为单位，利用村集体土地大量建设村级工业园区，吸引外资。尽管经济得到快速发展，但“村村冒烟”式的诸侯经济导致了基本上每个村都有一个工业园区，形成了低效无序的工业开发布局。据统计，1987 年江苏全省乡（镇）、村办工业共计 107488 家，其中约有 73% 分布在村庄（唐伟成等，2013）。并且乡镇企业改制后不愿放弃农村种种非正规制度性安排的实惠，几乎全部固化于村庄内部，只有少数迁往镇区集中工业区。这种高度分散化、小单元、各自为政的村级工业布局的固化效应明显，突出表现在以下方面：

1）经济强村，各自为政，难以统筹。江阴拥有华西村、三房巷村等一批经济

非常发达的村庄，这些经济强村实际已演变成为政企合一的集团公司，形成“巨型村庄”，各自为政，难以统筹。市、镇、村三级土地利用矛盾突出，在现行制度框架下，破碎化的土地利用格局难以打破。

2）工业企业与村庄形成复杂的利益共同体，这些企业除了承担小城镇税收来源的职责外，还是有效增加就业、增加农民收入、稳定广大农村社会的重要载体，牵一发而动全身。村级集体经济的发达程度主要依赖于各村工业的发展程度。村内企业的规费返还①、水电费差价、土地及厂房租金等已经成为村集体收入的主要来源，日常事务的支出，村民的分红以及公益事业、道路、水利等基础设施建设等支出都来源于此收入。以 2012 年为例，江阴市各镇平均村级集体收入中与工业相关的四项收入高达 4761.9 万元，最高的周庄镇达到 31505.0 万元。但同时，各镇平均村级支出也高达 7037.6 万元，如果没有村级工业企业提供的村集体收入，大量的村级支出对于江阴市财政将会是巨大的压力（表 7-21、表 7-22）。因此，关停、搬迁村庄内的工业企业势必造成村民集体利益的巨大损失，遇到来自企业、村民等多方的严重阻力。

2012年江阴市各镇村与工业相关的集体收入来源（万元）　　　　**表7-21**

	村级企业规费收入	村级土地出租收入	村级电力出租收入	村级厂房出租收入	总计
璜土镇	423.0	374.0	1.7	304.0	1102.7
利港镇	956.0	898.0	0.0	112.0	1966.0
申港街道	1172.0	211.0	45.0	170.0	1598.0
夏港街道	512.0	1603.0	8.0	2410.0	4533.0
澄江街道	529.0	1177.0	229.0	3971.0	5906.0
月城镇	204.0	408.0	15.0	76.0	703.0
青阳镇	576.0	844.0	147.0	1702.0	3269.0
徐霞客镇	1238.4	2621.0	358.2	759.0	4976.6
南闸街道	391.9	357.0	——	311.0	1059.9
云亭街道	789.0	502.0	6.0	721.0	2018.0
华士镇	967.0	5781.0	666.0	1766.0	9180.0
周庄镇	7816.0	12930.0	7464.0	3295.0	31505.0

① 村级企业的规费返还是苏南地区特有的一种地方性非正规的税费，是指注册在村里的企业每年除了上交正常的税收之外，需要另交企业产值的 0.2% 作为规费，镇村两级按照一定的比例进行分成。

续表

	村级企业规费收入	村级土地出租收入	村级电力出租收入	村级厂房出租收入	总计
新桥镇	417.0	98.0	149.0	211.0	875.0
长泾镇	818.0	1894.5	232.0	705.0	3649.5
顾山镇	1059.0	2609.6	163.0	771.3	4602.9
祝塘镇	745.3	1351.0	11.2	387.9	2495.4
高新区	202.9	402.8	——	906.0	1511.7
平均值	1106.8	2003.6	593.4	1092.8	4761.9

数据来源：江阴市农业局。

2012年江阴市各镇村集体支出（万元） 表7-22

	工资性支出	分红支出	公益事业、道路、水利等基础设施建设等支出	其他支出	总计
璜土镇	597.0	30.0	4092.0	534.0	5253.0
利港镇	390.0	290.0	858.0	37.0	1575.0
申港街道	820.0	122.0	577.0	1167.0	2686.0
夏港街道	1177.0	1066.0	1276.0	5193.0	8712.0
澄江街道	1865.0	4572.0	528.0	1537.0	8502.0
月城镇	474.0	—	1043.0	450.0	1967.0
青阳镇	767.0	111.0	1635.0	325.0	2838.0
徐霞客镇	2011.5	30.0	3840.2	1071.1	6952.8
南闸街道	556.5	—	763.0	451.0	1770.5
云亭街道	534.0	937.0	1501.0	132.0	3104.0
华士镇	2918.0	956.0	5224.0	25939.0	35037.0
周庄镇	3148.0	5318.1	7115.5	10130.1	25711.7
新桥镇	387.0	23.0	179.0	282.0	871.0
长泾镇	768.5	298.0	1299.6	335.9	2702.0
顾山镇	1054.0	153.8	2627.0	944.0	4778.8
祝塘镇	702.3	55.0	1287.4	781.8	2826.5
高新区	771.5	—	398.7	3182.3	4352.4
平均值	1114.2	872.6	2014.4	3087.8	7037.6

数据来源：江阴市农业局。

3）企业搬迁成本大，政府财力有限。实地调研中了解到，目前江阴市拆迁一家企业并平整成能出售的用地的平均成本为 50 ~ 60 万 / 亩，而工业用地出让价格仅为 35 ~ 40 万 / 亩，这就意味着每拆迁一家企业政府必须承担 10 ~ 25 万元 / 亩的费用，对于政府有限的财力来说压力较大。[①]

4）规划的控制引导使部分村级工业陷入两难困境，只能原地“徘徊”。在新一轮的总体规划中，诸多村级工业用地被规划成绿地，但实际操作却困难重重，企业面临两难困境：一方面，无法完成自身的改造升级，因为企业不允许改建、扩建、技改等；另一方面也无法搬迁至工业集中区，因为园区没有足够的指标。

总结来说，传统的“苏南模式”导致了混杂、破碎化的土地利用格局。农民依赖“以地生财”的发展模式，阻碍了他们在空间上的集聚，使建设用地零散地分散在广大的地域空间。受农村土地集体所有制的影响，农村工业发展沿袭了农业生产的土地管理制度，乡村各自为政在属地内建设工业厂房，工业发展呈现一种“村村点火，处处冒烟”的格局，难以实现工业用地的规模集聚。这种自下而上的植根于集体土地中的分散工业，已经与村民、地方政府、集体产生根深蒂固的联系，使得外力很难介入进行调整，这将成为未来存量用地调整过程中的一道难题。

（2）“新苏南模式”对土地利用的影响

所谓“新苏南模式”，即指在经济国际化背景下，在原“苏南模式”基础上，经过演进、创新所形成的新型区域（不再局限于农村）经济社会发展（不再局限于经济发展）模式。在这一时期，苏南全面突破了以乡镇企业为主导的农村经济和社会发展模式，并且出现了三个方面的显著变化：一是通过产权制度改革，企业已经不再具有原苏南模式“以乡办和村办工业为主”的特征；二是通过“工业向园区集中、人口向城镇集中、住宅向社区集中”的“三集中”，城乡工业的界限已经消除，城乡之间的劳动力流动也不再有制度性障碍，城市化进程进一步加快，城乡一体化成为苏南发展的新特征；三是随着开放型经济的发展，在国内、国际两个市场的拉动下，苏南的高新技术产业迅速发展，苏南经济的国际化、信息化水平都得到了迅速提高。这时，苏南经济和社会发展已经步入了城乡一体、区域协调发展的新阶段。乡镇企业的“老板”就由原来实际上由乡镇政府担当转换为由产权所有者的代表或私营企业主自主负责，促使了多元化混合所有制经济在苏南长足发展。由乡镇企业产权制度的自我突破所带动，原来乡办乡有、村办村有的“社区经济”随同突破，使农村工业“小、散、乱”的布局和结构状态不再恶化，新增的工业向城镇、园区集中，使城乡工业从分块发展走向联动发展，有利于城乡土地利用的优化布局。

2. 地方政府公司主义对土地利用的影响

在我国，地方政府在经济社会发展过程中扮演着极其关键的角色，其自身的

---

① 2013 年根据与江阴市国土局相关负责人访谈记录整理而成。

角色定位会对地区的发展产生深远的影响。江阴所在的苏南地区属于典型的集权型政府模式。同时，地方政府公司主义也是江阴地方政府的重要特征之一。地方政府角色发生公司化转变源于国家财政体制的改革。20 世纪 70 年代初到 70 年代末中央巨额的财政赤字难以维持，于 1980 年起开始实行“划分收支、分级包干”的财政体制。实施财政包干体制改革后，地方政府不再仅仅是中央政府的派出机构，而成为拥有独立财权的经济主体，逐渐向一个具有独立经济利益目标的经济组织转型，更像“经济人”一样基于经济利益从事经济和经营活动，从而催生出地方政府公司主义[①]（Local State Corporatism）。而与其他地区最为不同的是，江苏早在 1979 ～ 1980 年经济危机爆发前的 1977 年，就争取到了财政包干权，这也是促进苏南地区进入农村工业化原始积累的一个重要制度诱因（温铁军，2011）。到了 20 世纪 80 年代中期，地方政府公司主义带动的地方工业化在全国遍地开花之际，苏南已经捷足先登地接近于完成农村工业化的原始积累。可以说，地方政府较早地发生公司化转变，是苏南模式异军突起不可或缺的关键一环。在发展过程中，政府直接配置资源（尤其是土地资源和资本）、干预分配，发展乡镇企业，主导了之后的一系列制度变迁。

3. 土地利用政策对土地利用格局的影响

（1）“三集中”政策对土地利用的影响

早在 1985 年，上海就意识到建设用地无序分散带来的问题，提出了推动城市化进程的“三集中模式”，即耕地向种田能手集中、工业向园区集中、居民向城镇集中，之后在江苏省逐步推广。进入新世纪以来，江苏省各级政府根据自身的农村经济发展情况，制定了可量化的实施目标，并将其纳入市（县）、区级政府年度考核和实绩评估指标中。以江阴所属的无锡市为例，2005 年就明确提出：到 2010 年，农业适度规模经营的面积比例达到 80%，工业开发园区和集中区的产出占全市乡镇工业经济总量的比重达到 90% 以上，1/3 的自然村居民并入城镇和农村新型社区。从 2001 年开始，江阴市开始推行“工业向工业园区集中、农民向城镇集中、农业向生态园区集中”的“三集中”政策，其发展思路与上海的三集中模式大体相同，略有差异，核心集中对象主要为工业用地和农村居民点用地。

“三集中”政策实行十几年来，对工业用地、农村居民点用地产生了一定的影响。对于工业用地来说，从 2001 ～ 2010 年江阴半城市化地区工业用地的时空变化特征来看，工业用地斑块数量从 662 猛增至 1809，斑块密度大幅提高，同时景观形状指数也有所增大。另外，工业用地景观破碎度指数明显上升（见表 7-13）。说明

① “地方政府公司主义”（也叫“地方政府法团主义”，Local State Corporatism）是美国斯坦福大学的戴慕珍（Jane Oi）教授在考察了苏南模式的乡镇企业之后提出的概念。参见 Jane Oi. Fiscal Reform and the Economic Foundations of Local State Corporatism in China [J] . World Politics，1992，45（1）.

2001 ～ 2010 年这一阶段，江阴工业用地仍然粗放式增长，镇、村工业“多点开花”，工业用地斑块数量多，密度大，破碎且不规整。江阴针对工业用地推行的“三集中”政策推行成效不显著，并没有带来工业用地的集约利用，反而比之前更加破碎、粗放。究其原因发现，江阴“三集中政策”主要针对增量工业用地的集中，而原先已存在分散于村庄中的存量工业用地并未得到有效的整合集中，因此造成工业用地整体格局仍然分散破碎。近几年来，随着产业结构转型、工业用地调整的力度加大，江阴半城市化地区市级、镇级以上工业园区的用地情况开始逐渐趋向集聚、集约，大量散落在村庄的工业用地已经成为工业用地利用粗放、低效的症结所在，也是未来存量用地调整的重要对象。对于农村居民点用地来说，2001 年以来江阴农村居民点用地较为稳定，变化幅度非常小。用地斑块数量、密度、景观形状指数、斑块间平均距离等指数均未发生显著变化（见表 7-16），说明江阴市对农村宅基地的严格控制取得了成效，10 年间农村居民点用地增长较少；但另一方面，农村居民点数量未明显减少，表明“农民向城镇集中”的目标远未实现。实际调研中发现，地方政府普遍反映“三集中”政策过于理想化，在实际推行过程中困难重重，遇到最大的难题是政府财力有限。江阴地方各镇中仅有新桥镇较好地推行了“三集中”，形成了城镇居民点、农村社区、工业园区较为有序有效、集中集聚的土地利用格局。这主要归功于新桥镇拥有阳光、海澜等大型集团企业，每年上交的税收为该镇提供了雄厚的财政实力，得以完成迁村并点、企业搬迁、进城农民的福利保障等。

综上，从江阴半城市化地区 2001 ～ 2010 年的建设用地分布变化来看，土地整理效果并不理想，其农村居民点和工业用地的分布极为分散，和以自由放任发展为特色的珠三角半城市化地区相比，破碎度有过之而无不及。究其原因，“三集中”针对的主要是增量土地而非存量土地的调整，由于存量土地的调整涉及高昂的搬迁费用，而苏南地区改革开放之初基于村基层社区的发展模式下所形成的“村村点火，家家冒烟”模式的工业用地已经固化，建设工业集中区，只针对新增的工业用地，因此建设用地分散破碎的状况并未得到改观。

（2）工业用地集约利用政策对土地利用的影响

江阴半城市化地区经历了三次用地高潮后，逐渐从“以地兴企”的自发、粗放开发阶段逐渐转变为“以地择企”的土地集约利用阶段。21 世纪以来，江阴市政府在工业土地节约集约利用方面作出了一系列政策尝试，对于工业用地的空间格局产生了较大的影响。主要包括：加快工业集中区建设，优化空间布局；加快拆迁腾地，提升承载能力，盘活存量建设用地，全面提升土地利用效率。

1）工业集中区的提出与实践

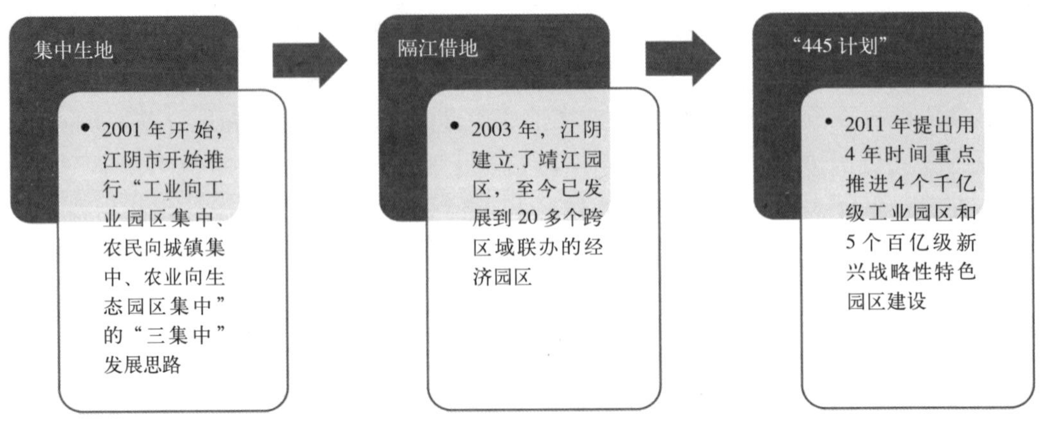

图 7–34　集中工业区的提出与实践

2003 年江阴开始设立市级、镇级“工业集中区”统筹安排市域工业用地，不再批准工业集中区外单独的工业用地申请。从“集中生地”到“隔江借地”，再到“445 计划”，随着“集中工业区”相关政策的深化落实，有效地遏制了江阴半城市化地区，特别是农村地区村级工业粗放、破碎化程度加深的趋势，并且开始以工业集中区作为载体，以建设用地指标的划拨为调节杠杆，推进土地资源在江阴市域范围内的优化配置（图 7-34）。以“江阴靖江工业园区”为代表的市际飞地型工业园区和以“青阳工业园区”为代表的镇际飞地型工业园区开始出现，至今已发展到 20 多个跨区域联办的经济园区。

2012 年，江阴市政府颁布了《关于进一步加强工业集中区建设的意见》，实施期限为 2012 ～ 2015 年。从精明增长、集聚集约、项目引领、优化转型、绿色低碳

• 市际飞地型工业园区：江阴靖江工业园区

2003 年，由江阴出资 90%，靖江出资 10%，在靖江建立江阴经济开发区靖江园区。这是江阴、靖江两市跨市跨江联合投资开发的省级经济技术开发区，总体规划面积 60km²。靖江园区给予江阴新的发展空间，新的创新平台。10 多年来，发展态势良好。2010 年，江阴靖江工业园区全年实现地区生产总值 88.36 亿元，增长 35.02%；工业总产值 267.74 亿元，增长 27.26%；利税总额 52.12 亿元，增长 12.36%。

• 镇际飞地型工业园区：江阴高新技术产业开发区青阳园区

2013 年，为积极拓展江阴高新区发展空间，加快产业升级，同时带动江阴澄南片区经济发展，规划了江阴高新技术产业开发区青阳园区。青阳园区东至锡澄运河，南侧与西侧至江阴行政边界，北至常合高速公路，总面积 26.83km²。

等五大方面对工业集中区提出了更高的要求，特别是针对土地的集聚集约一项，明确提出全市工业集中区腾地面积年均不少于3000亩，盘活存量土地年均超过2000亩，这将大大促进江阴工业集中区内存量用地的二次改造，促进土地利用集约程度的提高。

2）存量工业用地二次开发政策

经历了三轮建设用地的高速扩张后，加上国家对建设用地指标的进一步收紧，江阴实际可利用的土地资源已捉襟见肘，面临建设用地极度紧缺的困境。因此，江阴市出台了一系列土地盘活政策，包括二次用地、宕口垦地、“三强”盘地等。在二次用地方面，明确了对存量工业用地使用的优惠政策。比如：对于企业在符合规划、不改变用途的前提下，进行二次开发、提高土地利用率和增加容积率的，不再增收土地价款等；2004年，江阴市政府开始宕口垦地，全面关停矿山、窑业，整治废弃地，积极引导，盘活存量土地3800余亩，保障了发展用地；2006年以来，江阴市还出台了“三强”举措——“强势分割、强力征收、强制收回”[①]，进一步加大盘活存量土地的力度。

尽管江阴市在工业用地二次开发利用方面已经出台诸多政策，但政策的实际效应却远没有达到预期效果，究其原因：其一，工业用地二次开发利用政策主要针对增量工业用地的集中、闲置用地的处理等，没有从全市层面针对低效工业存量用地进行较为彻底的整治，如2006年实行的“三强”政策重点在处理、盘活闲置用地，而没有针对整个市域范围内那些低产出、低效益的工业用地，特别是星星点点的村级工业用地；其二，政策的时效性差，近几年来江阴不少用地政策时效性往往只有两三年，并且诸多用地政策缺少明确、统一的空间实施规划（如佛山的“三旧改造规划”）去统筹落实。

六、结语

总结来看，20世纪80年代以来江阴半城市化地区在地方政府公司主义的影响下，凭借着良好的区位、大都市辐射与扩散、优惠政策及制度创新带来的利好条件，经历了三轮建设用地的扩张高潮，呈现出一种相对无序、碎片化、效益偏低的土地利用蔓延态势。在建设用地的快速扩张中，工业用地面积的扩张最为显著，其空间扩

---

① 江阴“三强措施”具体指：一是强势分割。江阴在政府与企业签订的投资协议中明确载明投资强度、产出标准、开竣工时间等要求；在出让合同和划拨土地决定书中也明确了容积率、建筑密度、绿地率等土地使用条件，并明确了相关违约责任，保留了政府对批而未用的土地进行分割的权力。二是强力征收。对被认定的闲置土地，如该宗土地是以划拨方式取得的，则按每年每亩5000元征收土地闲置费；如该宗土地是以出让方式取得的，则工业用地每年按土地出让金的15%计征土地闲置费，经营性用地和其他用地每年按土地出让金的10%计征土地闲置费。三是强制收回。对闲置二年或二年以上的土地，江阴市委、市政府坚持原则，排除干扰坚决依法收回土地使用权，重新进行配置使用。

张载体经历了“乡镇企业”—“开发区”—“工业集中区”的变迁；其次是城镇居住用地；农村居民点保持相对稳定，变化幅度较小。工业用地占建设用地的比例过高，而城镇生活性用地的比例偏低，导致城乡居民的生活空间、自然生态空间受到挤压。镇区基础设施普遍相对匮乏，城市功能不够完善，城市质素缺乏，无法吸引高端产业、人才，导致产业升级乏力，只能依靠土地资源的投入发展相对低端的制造业来保持经济的发展，导致土地产出低下，生态环境破坏，形成产业、土地利用、生态环境之间的恶性循环。建设用地指标极度紧缺等现象仍较严重，已经开始严重制约地区经济的可持续发展，土地集约利用、推进存量用地二次开发的诉求已经迫在眉睫。

近几年来，随着产业的转型、用地的调整，江阴半城市化地区市级、镇级以上工业园区的用地情况已呈现相对集约化的趋势，而大量散落在村庄的工业才是土地利用粗放、低效的症结所在，也是未来存量用地调整的核心对象。针对半城市化地区的建设用地集约利用，必须增量、存量“两手抓”，土地政策必须包含增量、存量两方面，并且随着增量用地的不断减少，政策供给也将从增量与存量并重进入到以存量为主的阶段。

第八章 工业化与土地资本化驱动下的半城市化地区土地利用变迁：驱动机制的区域比较

一、研究对象与数据来源

本章选取的研究对象为半城市化特征突出的苏南地区的江阴市和珠三角地区的顺德区，重点对其 2001 ~ 2010 年 10 年间土地使用的变化进行研究和分析。由于土地利用变迁的特征分析必须通过不同时期土地使用现状图的叠加得出，而顺义 2000 年左右的土地使用现状图只涵盖中心城区而缺乏全域的土地使用现状图，因此无法对其土地使用的变迁进行深入研究。

二、苏南地区和珠三角地区的土地资本化与农村工业化进程

中国农村工业化进程始于乡镇企业。乡镇企业在改革开放初期农村资金因素高度稀缺而劳动力过剩的条件下，以劳动和土地“替代资本投入”的发展方式，完成了城乡二元体制制约下农村工业化进程的原始资本积累（温铁军，2011）。1980 ~ 1991 年间，乡镇企业占国家工业总产值的比重从 11.11% 上升到 30.82%，对国民经济的发展起到了极为重要的促进作用（中国统计年鉴，1992）。虽然 20 世纪 80 年代末期到 90 年代中后期，乡镇企业由于自身产权不清晰而带来发展后劲乏力及由于发展层次偏低而带来的环境污染问题，进行股份制改革而渐渐消亡，但其发展模式对半城市化地区城乡土地利用的巨大影响犹存，且左右着半城市化地区的空间格局。在乡镇企业发展最为活跃的苏南地区和珠江三角洲地区，乡村工业化的进程和集体土地的资本化密切相关。回顾两地自下而上的工业化进程，我们可以发现，在资金、劳动力匮乏的情况下，集体土地资源的资本化充当了乡村工业化进程的“推进者”（facilitator）角色。当然，以土地的要素扩张作为工业化的基础及基层政府（主要是镇村）为主体来推进的工业化，不可避免地带来松散的、低层次的、重复化的加工工业，半城市化地区土地利用的破碎化亦不可避免。

在以“苏南模式”发展闻名的苏南地区，20 世纪 80 年代乡镇企业的创办充分利用了集体土地产权的模糊性。乡镇企业作为社区集体所有的事业，使用本来就属于村社共有的或工业化之初通过支付低廉地价从农民手中获得的集体土地，从

而不必支付高昂的土地价格，就可以将土地用途转化为工商业用途，获得了土地资本化的收益。根据温铁军的估算（1998），20 世纪 80 年代乡镇企业创办时，农村土地从农业转化为工商业用土地的增值收益，几乎无偿或低偿被乡镇企业占有，这部分土地资本化的利润约占到企业创办投资的 30% 左右。同时，苏南地区在发展的过程中，村社组织资源发挥了主要作用。由于无须支付有土地保障的村民的社会福利，农民可以“工农兼业”、“以工补农”，使得劳动力的成本大大降低。正是这种基于村社理性的社队内部化机制，使得农村工业化的原始积累进程社会矛盾和冲突维持在一个很低的水平，而使农业资源低成本地转化到了工业部门（温铁军，2011）。

在以“珠江模式”为代表的珠三角地区的农村工业化进程中，土地资本化同样不可或缺。1992 年始于广东南海，以土地为中心的社区股份合作制，则是农村工业化对规模土地的需求及农村社区组织在 20 世纪 90 年代初期“开发区热”背景下支付大规模低价征地而设定的制度性对抗。与苏南地区不同的是，通过自下而上的农村土地股份合作社的制度创新，原本在家庭联产承包责任制下分散于农户手中的零星土地集中到了村镇政府手中。股份合作社一般以行政村（当时称为管理区）为单位组建，通过区别不同地块的价值，将土地作为固定资产折股，再以股份的形式分配给农民。对于集中起来的土地，管理区对土地进行区划和土地整理，部分作为农业规模经营用地再发包，租给本村或外来的种田大户；部分作为工商业用途，出租给本地或外来企业，所获得的租金作为红利分配给股民（即村民）。这种自下而上的制度变革，使原本模糊的集体土地产权明晰化（Tian and Zhu，2013）。通过农业用途向工商业用途的转性，股份合作社获得了工业化所需要的规模用地，并可以在政府征地的过程中，代表股民向政府谈判。一方面可以获得较高的赔偿价格，另一方面可以使政府在征地过程中无须和高度分散的农民进行谈判，使社会冲突和矛盾在某种程度上得以缓和。

自下而上工业化进程的一个重要特点，是集体和村民的利益得到保护，在松散的乡村规划管制下，农业用途向工商业用途转性的巨大土地增值收益为村集体和村民所享有。这也是苏南地区和珠三角地区的城乡差距收入远低于全国平均水平的主要原因。[①] 当然，自下而上的工业化所衍生的副产品，则是不可避免的耕地的大量流失和农业生态功能的退化。

① 2011 年，全国平均城乡差距收入之比为 3.13 ：1，在江阴为 2.0，在顺德，2010 年约 2.4，之后顺德取消农业户口，因此也就不再存在名义上的“农民”。

三、半城市化地区土地利用变迁特征：以 2001 ~ 2010 年江阴与顺德土地利用变化为例

1. 非农用地扩张驱动下的城市扩张

在半城市化地区，非农用地的扩张速度很快。表 8-1 和图 8-1 显示了江阴和顺德 1995 ~ 2010 年间的非农用地的扩张情况。在过去的 15 年间，江阴的非农用地扩张了 85.8%，顺德扩张了 127.4%，其中 2000 ~ 2005 这 5 年间扩张速度最快。其主要原因是中国在 2001 年加入了 WTO，吸引了更多的外来投资，带动了土地需求的快速增长。

1995~2010年江阴和顺德非农用地扩张情况　　表8-1

年份	1995～2000年	2000～2005年	2005～2010年	1995～2010年
江阴	21.1%	33.6%	14.8%	85.8%
顺德	13.7%	59.7%	37.4%	127.4%

数据来源：江阴市国土资源局；顺德市国土资源局。

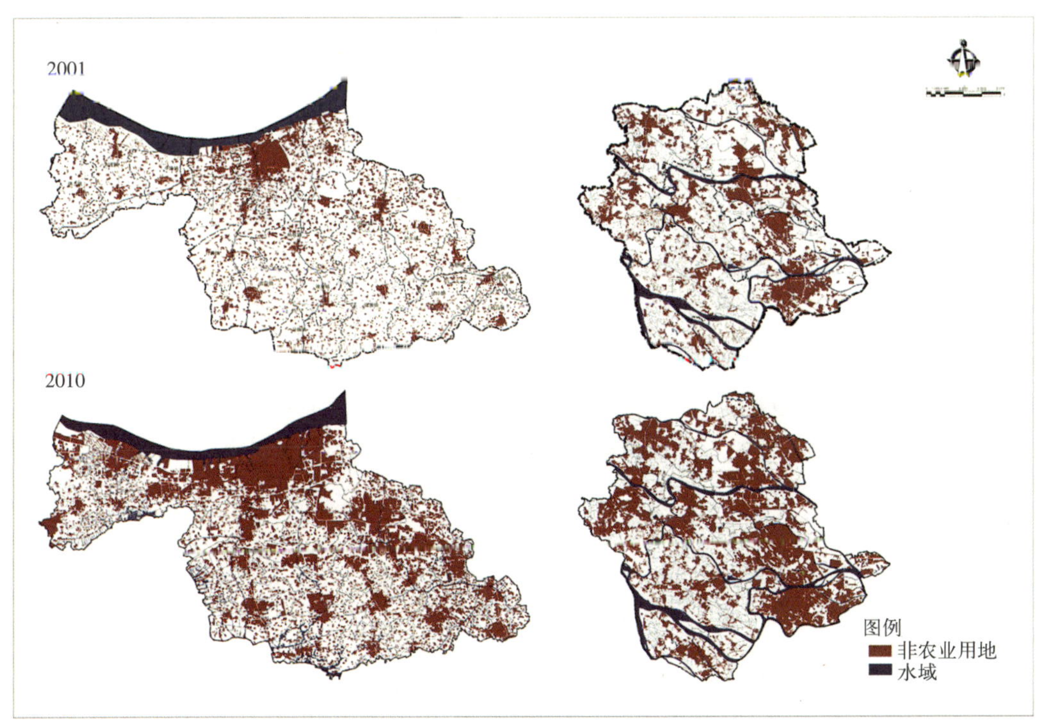

图 8-1　江阴市（左）、顺德市（右）的非农用地扩张

数据来源：江阴、顺德城市总体规划

2. 不同土地利用类型的空间变化特征

本章将半城市化地区的非农用地分为三类：城市居民点用地、农村居民点用地和工业用地。城市居民点用地包括了城市的居住用地、商业用地和公共服务设施用地。同样，农村居民点用地也包括相应的用地类型。工业用地包括两类：一类是位于城镇地区的工业园区用地，另一类是位于农村地区的相对零散的工业用地。本章中我们用第五章所列的景观生态学指数，来表示土地利用变化的特征。

表 8-2 和图 8-2 表示江阴和顺德在 2001 ~ 2010 年间，非农用地的变化特征，我们发现：

（1）就非农用地的总体变化而言，江阴和顺德的 *NP*、*PD*、*LSI*、*LFD* 指数均下降，而 *PLAND*、*MPS* 指数均提高。其中，江阴（18.3%）的 *PLAND* 指数的增长大于顺德（16.2%），但是 *MPS* 指数的增长江阴（142.7%）远小于顺德（317.9%）。土地利用指数的变化表明，非农用地的集约化程度在 2001 ~ 2010 年间不断提高，其中顺德的集聚趋势表现更加明显。

（2）对于城市居民点用地，江阴和顺德的 *PLAND*、*NP*、*MPS* 和 *PD* 指数均增长，而 LSL 和 LFD 指数均下降。江阴和顺德的城市居民点用地表现出集聚和碎片化共存的趋势。一方面，现有斑块的规模还在不断扩大，碎片化程度不断减小，形状上更加规整。另一方面，新的斑块还在不断出现。其中，江阴（6.7%）*PLAND* 指数的增长比顺德（5.3%）大，但是 *NP*、*PD*、*MNN* 指数的增长小于顺德。江阴（144.8%）的 *MPS* 指数的增长比顺德（45.4%）大，这表明江阴城市居民点用地的新增斑块规模更大，但数量少。

（3）对于农村居民点用地，江阴和顺德的 *NP*、*PD*、*LSI*、*LFD* 指数均呈现出下降趋势，但 *MPS* 指数均增长，表明这两个地区的农村居民点用地都变得更加集聚和规整。其中，江阴 *PLAND* 指数（1%）的增长远低于顺德（3.1%），这是由于江阴在 2003 年暂停了新的宅基地的审批。顺德的集聚趋势比江阴更加显著。比如，顺德的 *NP* 和 *PD* 指数均下降了 47.5%，而江阴只下降了 0.1%。顺德的 *LSI* 和 *LFD* 指数分别下降了 9.4% 和 82.7%，而江阴只分别下降了 1% 和 10.9%。

（4）江阴和顺德的工业用地变化表现出不同的特征。总体来说，江阴的工业用地变得更加破碎，而顺德变得更集聚。江阴的 *NP* 和 *PD* 指数均增长了 173.3%，而顺德下降了 7.2%。江阴的 *LSI* 和 *LFD* 指数分别增长了 44.4% 和 63.1%，而顺德分别下降了 0.2% 和 57.9%。唯一相同的是两地工业用地的 *MPS* 指数均增长，但顺德的增量几乎是江阴的 2 倍。换言之，在江阴的工业用地变得更加破碎的同时，顺德的工业用地更为集聚和规整，但这也和顺德工业用地的大幅扩张，造成部分工业用地斑块连绵成为一体有关。

总之，土地利用指数的变化表明江阴和顺德两地的非农用地呈现出蔓延和集聚的特征。但就农村居民点用地和工业用地而言，顺德的集聚趋势更加明显，这主要是由于两地不同的土地制度设定和土地政策引起的，在后文将详细讨论。

2001～2010年江阴和顺德的土地利用指数（*NAL*、*US*、*RS*、*IL*）的变化 　表8-2

年份	2001年								2010年								增长率							
地区	江阴				顺德				江阴				顺德				江阴				顺德			
土地类型	总非农用地	城市居民点	农村居民点	工业用地	总非农用地	城市居民点	农村居民点	工业用地	总非农用地	城市居民点	农村居民点	工业用地	总非农用地	城市居民点	农村居民点	工业用地	总非农用地	城市居民点	农村居民点	工业用地	总非农用地	城市居民点	农村居民点	工业用地
PLAND	15.2%	4.2%	8.2%	2.8%	21.3%	9.1%	5.3%	6.8%	33.5%	10.9%	9.2%	12.8%	37.5%	14.4%	8.4%	14.0%	18.3%	6.7%	1.0%	10.0%	16.2%	5.3%	3.1%	7.1%
NP	3830	614	3570	662	1577	464	1524	852	3476	653	3566	1809	665	507	800	791	-9.2%	6.4%	-0.1%	173.3%	-57.8%	9.3%	-47.5%	-7.2%
MPS (hm^2)	3.9	6.7	2.3	4.2	10.9	15.8	2.8	6.5	9.5	16.4	2.6	7	45.4	22.9	8.5	14.2	142.7%	144.8%	12.1%	67.7%	317.9%	45.4%	203.7%	120.4%
PD	3.9	0.6	3.6	0.7	2	0.6	1.9	1.1	3.5	0.7	3.6	1.8	0.8	0.6	1	1	-9.2%	6.4%	-0.1%	173.3%	-57.8%	9.3%	-47.5%	-7.2%
LSI	74.8	26.5	78.3	27	50.6	26.1	51.6	31	62.3	23.2	77.5	38.9	38.9	21.9	46.8	30.9	-16.7%	-12.6%	-1.0%	44.4	-23.1%	-16.1%	-9.4%	-0.2%
LFD	975.3	91.3	1564	159	145	29.4	547.1	131.9	364.6	39.7	1393	259.3	14.6	22.1	94.5	55.6	-62.6%	-56.6%	-10.9%	63.1%	-89.9%	-24.9%	-82.7%	-57.9%

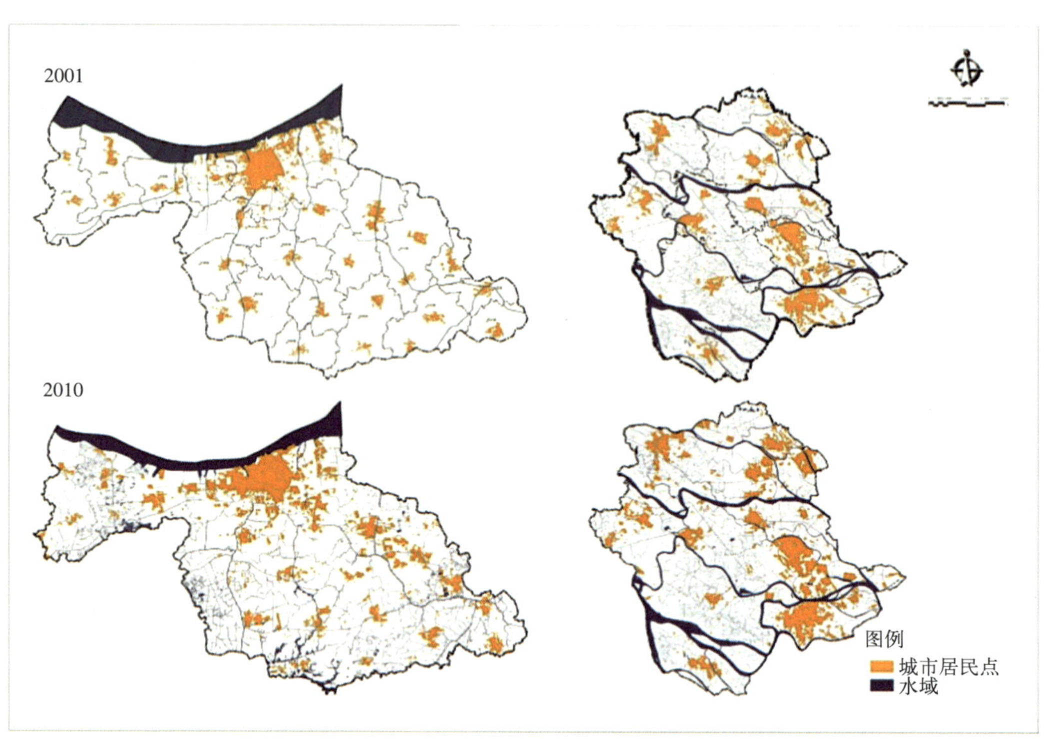

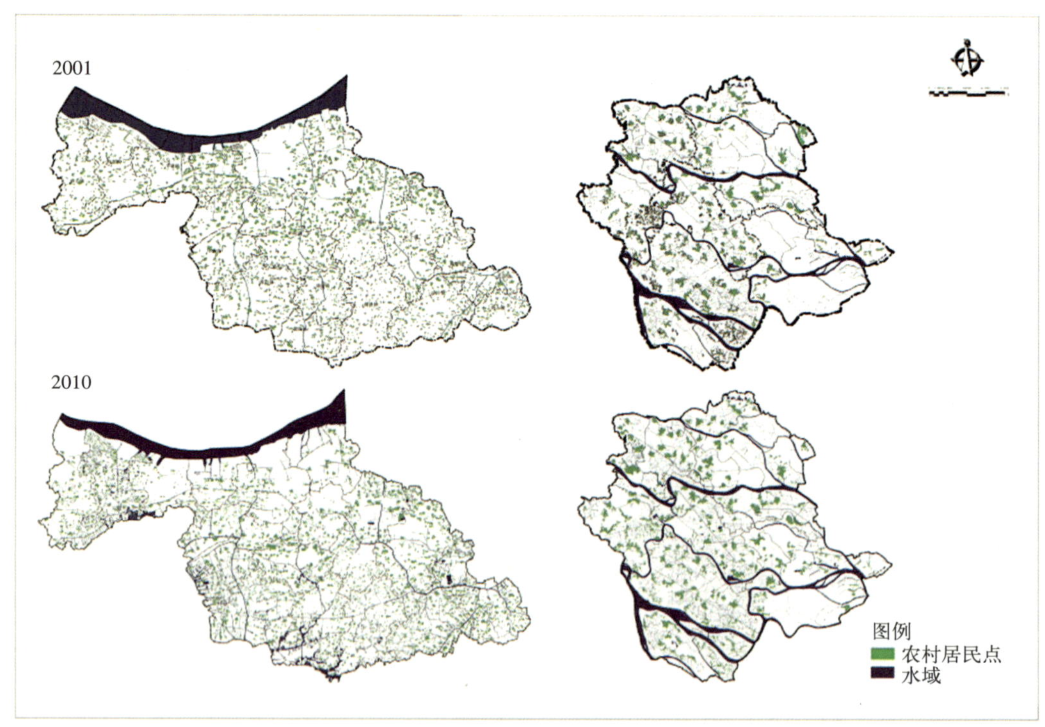

图 8-2　2001 ~ 2010 年间江阴和顺德不同类型的土地利用变化（一）

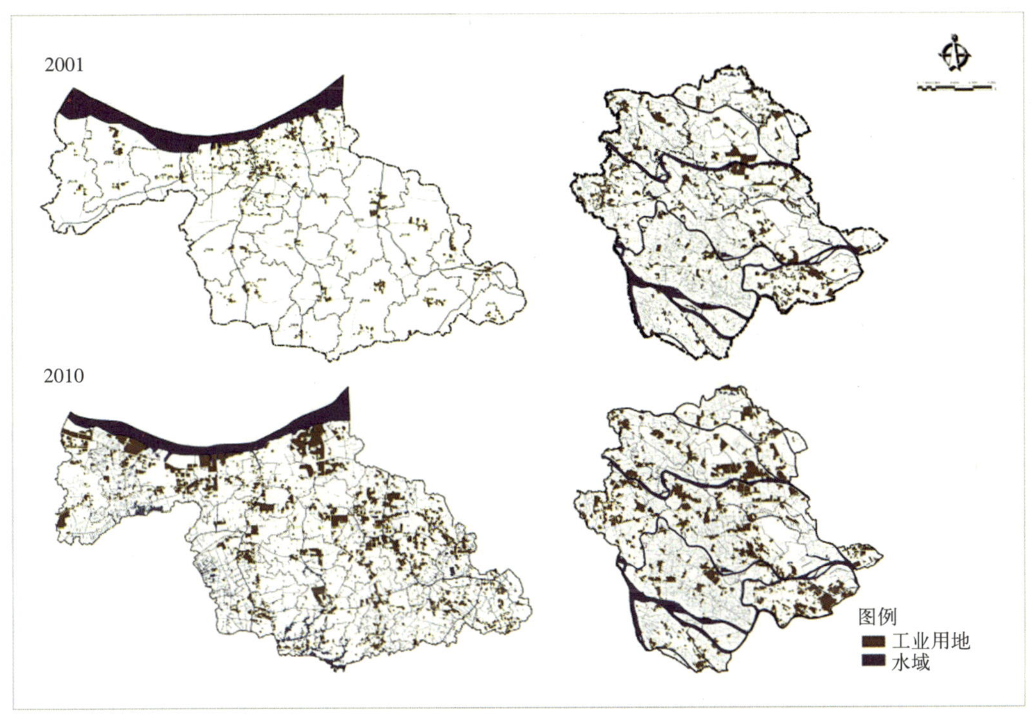

图 8-2　2001 ~ 2010 年间江阴和顺德不同类型的土地利用变化（二）

四、半城市化地区土地利用变迁的驱动机制

工业化和城市化通常被认为是影响土地利用变化的最重要的两个因素，中央和地方政府及土地使用者的个人行为共同主导了这个变化过程（Long et al.，2008）。无论是江阴还是顺德，自下而上和自上而下相结合的工业化与集体土地的资本化是半城市化地区土地利用变化的主要因素。

1. 现行财税体制下的镇村“土地财政”依赖

经济改革之前，中国的税收基础是数千大型的国有企业（Naughton，1992）。20 世纪 80 年代改革开放之后，农村地区乡镇企业的发展极大地推动了中国经济。1978 ~ 1993 年财政包干制赋予地方政府可以全额占有上缴上级财政后的盈余（Oi，1992；1999），乡镇企业成为镇村政府的主要收入来源。1994 年，实行分税制的财政体制，税收收入在市 / 县 / 镇级政府、省级政府、中央政府间分配，其中中央政府所占份额最大。2011 年，中央政府占有国家总体税收收入的 54.2%，其余的 45.8% 在省、市、县、镇级政府间分配（中国税务年鉴，2012）。

江阴和顺德各镇占有所在地工业税收收入份额各不相同。例如，江阴的新桥镇 2012 年可以保留当地创造税收收入的 15.9%（当地访谈数据）。而在顺德的北滘镇，2010 年顺德区政府占有税收收入的 25.25%，镇只占有 6.5%，其余的 68% 归上级政府（徐勤贤，2012）。由于大部分的税收收入都收归上级政府，而财政转移支付的经费在支付镇村的财政工资外，只涵盖户籍人口有限的公共事务的支出。但半城市化地区往往流动人口数量庞大，由此产生的额外费用均不在财政转移支付的范围内解决。为此，镇村基层支付只能寻求其他的预算外收入来源。集体土地和建于其上的工业厂房、商业楼宇的租金因此成为基层收入的重要来源。

基于江阴和顺德2008年和2012年村集体收入的统计数据（江阴市农业局、顺德区农业局），我们发现江阴的集体收入是573617000元，其中土地及房屋出租的租金占到65%，其他来自于企业的管理费等。2012年，集体收入增加到809515892元，其中65.92%来自于土地及资产出租。顺德2008年的集体收入是594480000元，比江阴略高，其中69.42%来自于土地及资产出租，19.01%来自于地方企业和承租人企业的管理费用，剩余的11.57%来自于经营市场的收入。2012年，集体收入增加到790216100元，土地及资产租金占到68.03%。正是由于土地和资产出租成为村集体收入的主要来源，因此村集体才不愿去迁移当地企业和承租人企业，以免带来租金损失。通过对镇政府及村委会的访谈，也证实这是江阴和顺德自下而上的棕地再开发不受欢迎的根本原因。

2. 土地指标制约下的工业用地偏好

在分税财政体制下，地方政府60%～70%的税收收入主要包括营业税、增值税、除国有企业外的企业所得税，其中制造业是增值税的主要部分，2001～2006年的贡献率达到60%（Cai，2011）。增值税与一次性的土地出让金不同，对地方政府来说是一种可持续的收入来源。因此不论是市县政府还是镇村政府都热衷于工业化进程。

随着不断缩紧的国家土地政策，中央政府在2003年严格地推行土地指标分配制度，但同时给予地方政府在其行政管辖范围内足够的自主权决定土地配额在行业间的分配。在严格的土地配额制下，由于地方收入依赖增值税多于营业税，导致更多的土地配额分配到工业部门。例如，江阴为了给工业留有足够的用地配额，暂停了农村新宅基地用地的审批。结果其工业用地在2001～2010年的10年间，增长了4.57倍，而农村居民点用地仅增长了1.12倍。同期，顺德的工业用地增长了2.05倍，农村居民点用地仅增长了1.58倍。到了2010年，工业用地成为江阴和顺德主要的土地利用类型，在江阴甚至超过了城市居民点用地。

3. 管治体系破碎化引致土地利用破碎化

土地产权的复杂性和政府管理的破碎化是半城市化地区的主要特征。大部分的国有土地归市政府管理，而农村集体土地则由三级行政体系管理：镇、行政村、自然村。在半城市化地区，各级政府都希望通过工业来推动地区经济发展。

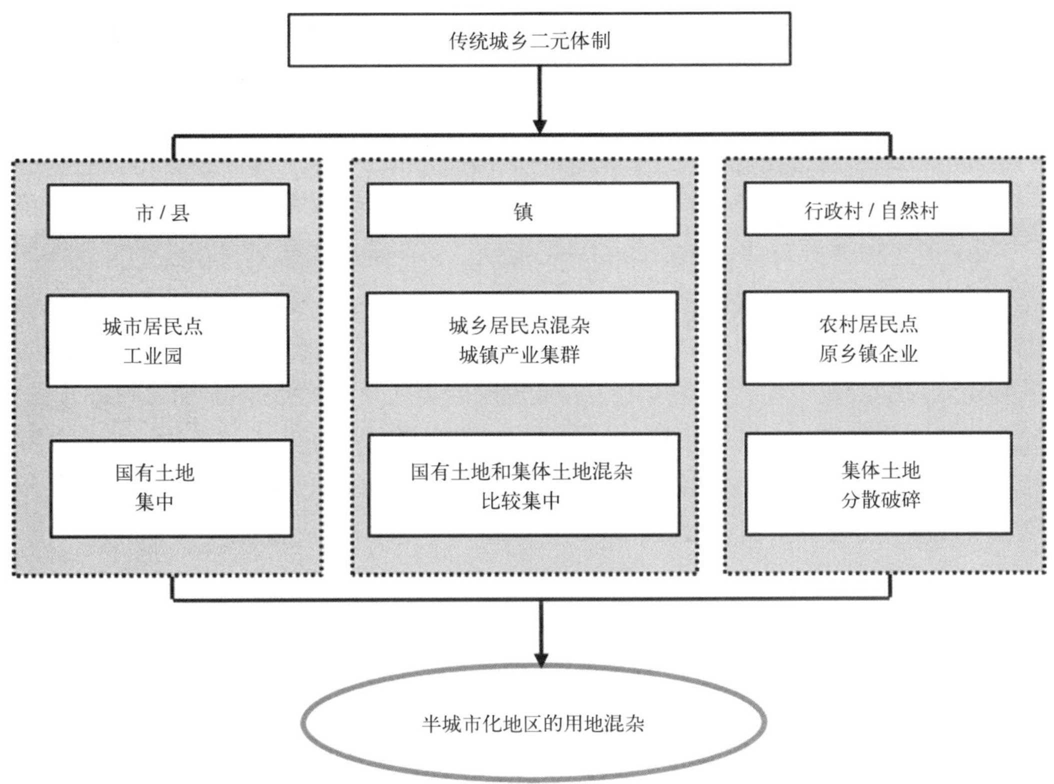

图 8-3　半城市化地区的各管理层级及土地利用特征

通常市县政府有自己的工业园区，例如江阴市有两个市级工业园区，顺德有一个区级工业园区。市县政府负责工业园的招商引资及管理，工业园区的用地必须是国有土地。一般来说，市县工业园区有相对较高的准入标准，如最小投资额度、环境绩效标准等，只有那些符合标准的企业才能进入，且所有的建设必须按法定规划执行，因此土地利用相对集约。

在分税制的激励下，镇政府通常试图建设自己的工业区。在平等主义的原则下，每个镇都可以建设 1 ~ 2 个工业区，镇政府负责招商引资及管理。通过对镇领导的访谈，工业园区的土地性质通常根据企业实力的不同而不同，既包括国有土地也有部分集体土地。如果企业的经济实力足够强，通常愿意支付土地使用权转让费将集体土地变为国有土地，因为他们认为国有土地更加安全，而且只有国有土地才可以作为银行贷款的抵押。尽管在半城市化地区大多数的村民都不再以种田为生，但由于历史原因，农村居民点的分布仍然比较分散。然而，工业用地的分散却是乡镇企业发展的产物，正如上文中提到，土地及资产的租金是地方收入的主要来源，棕地的再开发不受欢迎一样。

通常而言，行政等级越高，土地规划控制就越严格，土地使用越集中，工业用地尤其如此。为了追求经济利益，原先分散的乡镇企业在保留发展的同时，各种各样的新工业区也在不断涌现。这种国家主导的自上而下的工业化和自下而上的农村工业化并存的状况，导致了居住和工业用地的混杂、破碎。

4. 自下而上的制度变迁对土地利用的影响

尽管江阴和顺德在自下而上和自上而下相结合的工业化、土地破碎方面有许多相似性。但由于制度安排的不同，其土地利用变化表现出不同的特征。

20 世纪 80 年代珠江三角洲的农村工业化，对土地的需求迅速增加，村集体发现整理集中农民手中零碎的土地是十分必要的。土地股份合作社作为一种自下而上的制度创新在 20 世纪 90 年代应运而生。合作社通过支付土地租金获取农民土地，并划定相应的农业用地、工业用地、商业用地的界线，再根据规划修筑道路，建设给水排水、燃气等公共基础设施，然后通过竞拍的方式出租土地。合作社负责征收租金等费用，管理土地资产投资及分配股份分红（Tian and Zhu，2013）。由于股份合作社大多建立在行政村的层面，因此村级的工业用地相对比较集中。

江阴的村集体土地在农村工业化进程中也起到类似的促进作用。在建立初期，乡镇企业可以免费使用集体土地而不需支付任何租金，并且由于宽松的集体土地使用管制，乡镇企业在土地使用上有较大的自主权。与顺德不同，江阴的农村集体土地主要是根据自然村的自身意愿来使用，而没有自下而上的制度改革，也正是由于没有自下而上的土地集聚，江阴的工业用地比顺德更加分散。

第九章　新型城镇化背景下半城市化地区土地利用的整合优化对策

一般认为，中国城镇化以20世纪90年代中期为界，前后可划分为两个阶段。前一阶段的城镇化以农村工业化为先导，带动土地的城镇化；而后一阶段的城镇化以大城市加速扩张为特征，甚至进入了“以土地为中心”的城镇化时代(Lin，2007)。当前，我国土地城镇化的传统路径通常是以政府经营为主导，依托产业投资驱动，外延式扩张，土地利用低效粗放的道路。而在新型城镇化战略土地资源“控增逼存”的约束机制下，传统外延式土地城镇化模式受限，各地出现不同程度的“用地荒”现象。特别是在建设用地供需矛盾最为突出、土地利用变化最为频繁的发达半城市化地区，这种困境表现尤为明显：在顺德，2012年其建设用地规模为59.87万亩，这个数字超过了《顺德区土地利用总体规划(2010～2020)》中规定的52.8万亩红线，提前8年超标7万多亩[①]；在江阴，全市每年新增建设用地实际需求大概在2～3万多亩，而下拨农转非的用地指标仅为2000亩，远远无法满足实际建设的需求[②]；在上海，由于各类用地需求量巨大，建设用地急速扩张，其总规模已经达到3070km^2，占全市陆域面积的45%，土地资源短缺问题非常突出。因此，在上海新一轮的土地新政中明确提出了到2020年建设用地3226km^{2}的终极规模，并且明确了建设用地只减不增，以土地利用方式倒逼城市发展转型的思路。由此可见，发达半城市化地区传统的土地扩张道路已经不可持续，亟待转型。

一、总体思路：“增量创新、存量优化”相结合的内涵式土地利用模式

近20多年来，半城市化地区的土地利用变化（LUCC）一直是国际城市地理研究领域的一个热点问题。特别是处于快速城市化进程中的发展中国家城市，在大城市辐射、自下而上的本土乡村工业化、外资驱动等影响下，半城市化地区土地利用的产权、功能、空间形态急剧变化，突出表现为城市和乡村用地迅速转换，土地利用类型多样且相互混杂；非农土地景观分散、破碎，利用效益粗放低下；集体土

① 资料来源：http：//fs.house.sina.com.cn/news/2012-10-16/082648120.shtml。

② 根据与江阴市国土局相关负责人访谈记录整理而成。

地管理主体分散且产权不明，难于管理和规划；地区环境恶化，基础设施无法配套。在此背景下，半城市化地区的土地利用整合就显得尤其重要。对于土地利用的空间整合行为在各个国家和地区都在频繁发生着。针对不同的用地类型，不同的区域类型以及不同的目的有着不同的整合方式，较为著名的有日本、中国台湾地区的市地重划、欧洲的土地储备和土地银行以及欧美的增长管理等。台湾地区的市地重划主要针对那些杂乱不规则的地形地界和畸零细碎、不合经济使用的土地进行整理，其作用能够降低土地破碎程度，改善居住环境，促进城市发展。欧洲的土地储备最早始于1896年的荷兰。政府在使用之前先对私有者的土地进行收购或征购，然后再通过一定的前期开发后分期分批推向市场。主要目的在于市政交通设施改造，公益项目建设，新区开发和旧城更新。欧美的增长管理则是专门用于应对城市形态的增长方式，特别是因城市蔓延（urban sprawl）导致的土地资源浪费、环境破坏等问题。增长管理常用的工具和政策手段包括：分区、绿化隔离带、城市增长边界、开发权转移、基础设施同步开发、交通导向型开发、足量公共设施建设、暂停开发、填充发展、混合利用开发等。这些手段能够有效地起到改善半城市化地区土地利用环境、提高利用效率的作用。

而在上海、江阴和顺德也进行了相应的具中国特色的土地整理政策。1985年上海首次提出推动城镇化进程的“三集中”模式，即“耕地向种田能手集中，工业向园区集中，居民向城镇集中”，而后在江苏、浙江等省得到推广。上海在“三集中”政策推行过程中，特别是在半城市化地区，出于各乡镇的经济发展和利益考虑，允许乡镇把兴建工业园区作为招商引资的手段，出现了“乡乡批土地、镇镇办工业区”的现象，土地集中集约利用的目标并未取得理想成效。江阴2001年开始推行“工业向工业园区集中，农民向城镇集中，农业向生态园区集中”的“三集中”政策，主要针对的是增量土地而非存量土地的调整，由于存量土地的调整涉及高昂的搬迁费用，而苏南地区改革开放之初基于村基层社区的发展模式下所形成的“村村点火，家家冒烟”模式的工业用地已经固化，建设工业集中区，只针对新增的工业用地，因此建设用地分散破碎的状况并未得到改观。而顺德针对增量、存量用地均提出了“增量进园，存量改造”的要求。要求村级工业园区实行“关停并转”，针对村级工业园进行旧厂房改造等，并出台了涉及政府机构设立、专项资金、优惠奖励制度的配套政策，取得了较好的成效。从上海、江阴以及顺德半城市化地区土地利用政策的实施效用中发现，缓解用地困局，促进土地集约利用必须坚持走“增量创新、存量优化”相结合的内涵式土地利用模式。相应的土地利用政策必须包含增量、存量两方面，亟须完成两大转变：一方面以创新方式来获得增量；另一方面促进存量用地的二次开发，从“绿地”开发向“棕地”开发转变。随着增量用地的不断减少，政策供给也将从增量与存量并重进入到以存量为主的阶段。

1. 增量创新：促进城乡、区域土地要素流转

当前，我国城市建设用地的极度紧缺与农村集体用地的大量闲置是土地双轨制下的核心矛盾之一。如何促进城乡、区域之间的土地要素流转，是缓解城市用地困境，实现土地要素优化配置的关键问题。

目前，国内城乡、区域土地流转方面已有诸多成功经验，流转的广度和深度都在不断增强。流转用地从农用地拓展到建设用地，流转深度则从最初的以土地资源的流转来获得股份分红，到依托土地流转来推进城镇化，解决农民进城的居住、就业、社会保障等问题。初期以广东南海的股份合作社为典型代表，由村庄组成股份公司统一向工业企业出租农地，地租收益按股在农户和集体之间分红。后期涌现出多种各具地方特色的模式，如成都重庆的地票交易，对土地确权颁证，建立农村土地产权交易市场，设立建设用地增减挂钩机制；浙江嘉兴的“两分两换”模式，把农民的宅基地和承包地分开，搬迁和土地流转分开，以宅基地置换城镇房产，以土地承包经营权置换社会保障；天津模式，以宅基地换房集中居住，先解决农民的安置问题，然后通过土地集约增值的收益来发展地区产业，解决农民就业问题等。2011 年底，深圳市在国土资源部和广东省的支持下，启动了被称为“第二次土改”的土地管理制度综合改革。2013 年深圳开始集体土地入市的做法，将原农村集体经济组织继受单位可用的产业发展用地，纳入全市统一的土地市场，以有效拓展产业用地的来源。2013 年 11 月召开的全国十八届三中全会中明确提出，要建立城乡统一的建设用地市场，建立“同地同权同价”的土地市场，这将给半城市化地区的土地利用带来深远的影响。

2. 存量优化：促进存量用地的二次开发

（1）制度性逼存：完善存量土地利用制度，促进存量土地的流通效率

很多国家在城市化进程中都出现依靠土地获取收入的现象，但国外主要通过对存量土地征收房产税、物业税等方式来创造长期的财政收入。而我国城市存量土地使用制度改革滞后，存量土地长期实行无偿使用制度，工业企业可以低成本，甚至“零成本”持有用地，一定程度上诱致了集体性“圈地”行为的发生。因此，亟须完善存量土地的利用、管理制度。首先，应建立完善的存量土地持有制度，征收类似房产税的“滞后开发税”，提高土地的持有成本，促进土地资源的流通效率；其次，建立存量土地的退出机制，设立投入产出的基本门槛，淘汰存量用地中的落后产能，促进土地的高效利用；最后，建立存量土地的收储机制，统筹管理存量土地的再开发事宜。

（2）挖潜：促进低效用地的再开发

在存量优化方面，从“绿地”（Greenfield）开发向“棕地”（Brownfield）开发转型，积极促进存量土地的二次开发，真正实现土地利用结构、空间布局的双重优化，这也是沿海发达半城市化地区土地利用优化的必然之路。关于存量土地

的二次开发，国外已有诸多成功案例，棕地再开发概念就是典型的存量用地二次开发。发达国家工业化进程开始早，在经历了郊区化、内城衰落后，城市内部闲置、废弃的棕地开始大量出现，为了重塑地区形象，激活内城活力，改善居住环境，促进产业升级，政府开始大力推动棕地再开发，例如加拿大安大略省的棕地再开发。而在国内，棕地再开发的推行相对较晚。2008 年，广东省政府与国土资源部签署《国土资源部、广东省人民政府共同建设节约集约用地试点示范省工作协议》，广东省获得了为期三年（2009 ~ 2012）的“三旧”改造先行先试政策。如今广东“三旧”改造的第一阶段已经结束，其经验值得深入研究和借鉴。2013 年 2 月，国土资源部印发了《开展城镇低效用地再开发试点指导意见》，确定在内蒙古、辽宁、上海、江苏、浙江、福建、江西、湖北、四川、陕西十省开展试点，推进城镇低效用地再开发利用。同年深圳也积极尝试土地整备、发展单元和社区规划等多种新型规划编制模式，目的都是盘活存量用地，提供经济增长的空间。2014 年，上海在郊野单元地区实行“集体建设用地减量化”政策，开始编制郊野单元规划，通过对集中建设区外低效集体建设用地的整理来达到缓解建设用地需求缺口、土地集约利用的目的。

1）加拿大安大略省棕地再开发

在加拿大，“棕地”指被遗弃的、闲置的或者未充分利用的商业或工业不动产。从安大略省的用地情况来看，这些“棕地”一般位于城市的重要区域，如市中心区域或滨水区域，虽然这些不动产由于之前的利用含有或可能含有环境污染物，但却仍然具有巨大的潜在商业开发价值以及社会价值和历史文化价值。加拿大没有经历像美国一样的郊区化过程，城市中心的居住密度相当大，市中心的土地需求也相当大，旺盛的需求刺激了“棕地”的清理和再利用，这和当前我国诸多大中城市面临的问题极其相似。

加拿大政府一直把棕地治理与再开发作为一项全国性的发展战略来对待，并制定了一系列棕地开发政策、方针和立法（图 9-1）。在安大略省，棕地再开发是建立在法律基础之上，并且由政府起到主要引导作用的计划。通过《棕地法 2001 修正案》（Brownfields Statue Law Amendment Act 2001）法律框架来支持政府参与和协调棕地再开发过程，明确了政府在这一过程中的作用、可用措施和具体规划实施手段。政府可以提出再开发议题，组织社区、开发商、建筑师、土地利用和环境规划师、顾问、法律团体和其他有关的利益集团进行合作。此外，在这部法律中还修改了《环境法》、《规划法》、《教育法》等 7 部法律，以解决棕地再开发中的环境责任、财政支持和规划方法等三个主要障碍。特别是该项法律规定了政府可以针对不同的开发情境，通过一些经济方式鼓励地块所有者或开发商进行棕地再开发，包括税收减免、开发相关费用减免、提供贷款以及奖励等方式，有力地推动了棕地的再开发。

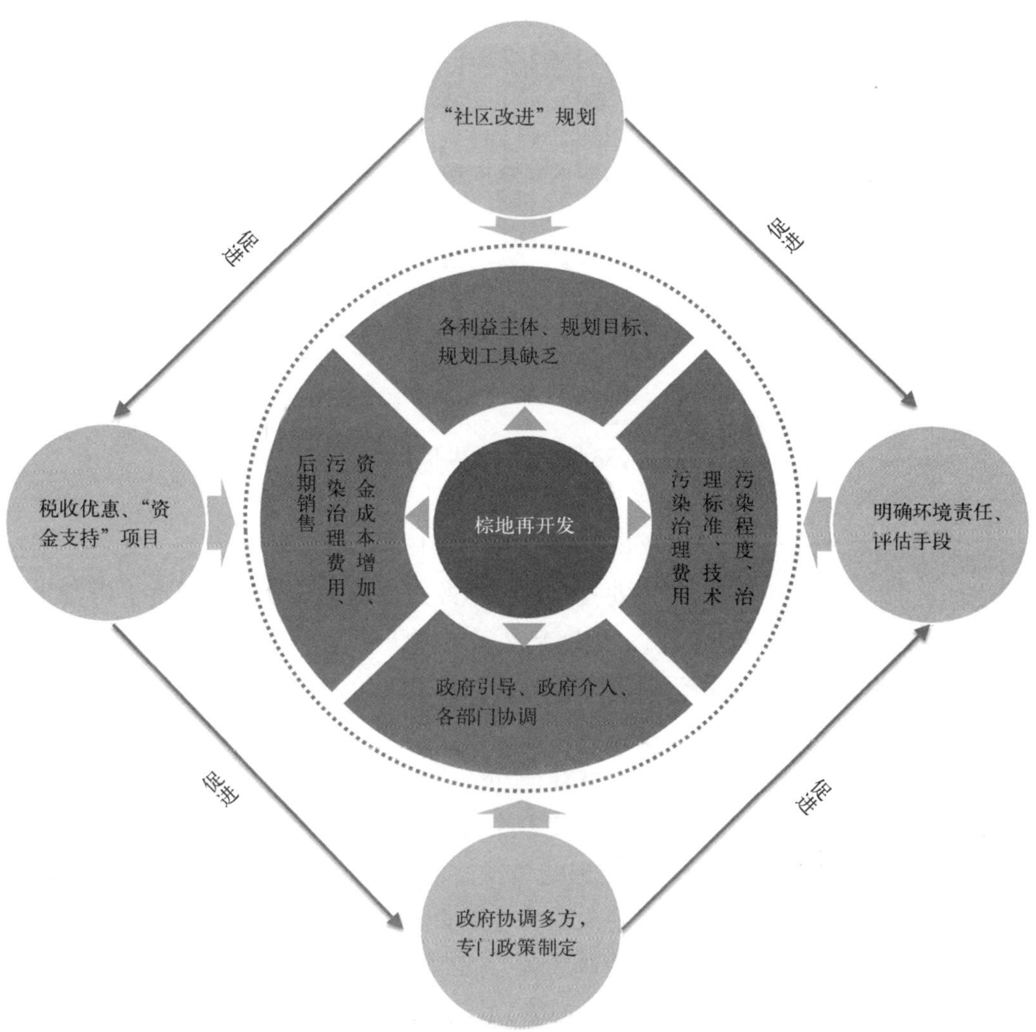

图 9–1　加拿大安大略省棕地再开发框架示意

整个棕地再开发过程包括立项、法律程序审批、实施三个阶段。在立项阶段，首先确定需求，通知议会请求方向。然后建立公众参与机制，对开发项目进行背景研究和分析，以此报告议会请求批准。议会批准后，起草“社区改进规划”，并制定招商计划。在法律程序审批阶段，主要就是针对立项阶段起草的“社区改进规划”进行评议，基于公众意见形成最终的方案。在实施阶段，核心内容为实施和管理财政资助项目以及对每个项目进行监督检查，确保项目的正常推进（图 9-2）。

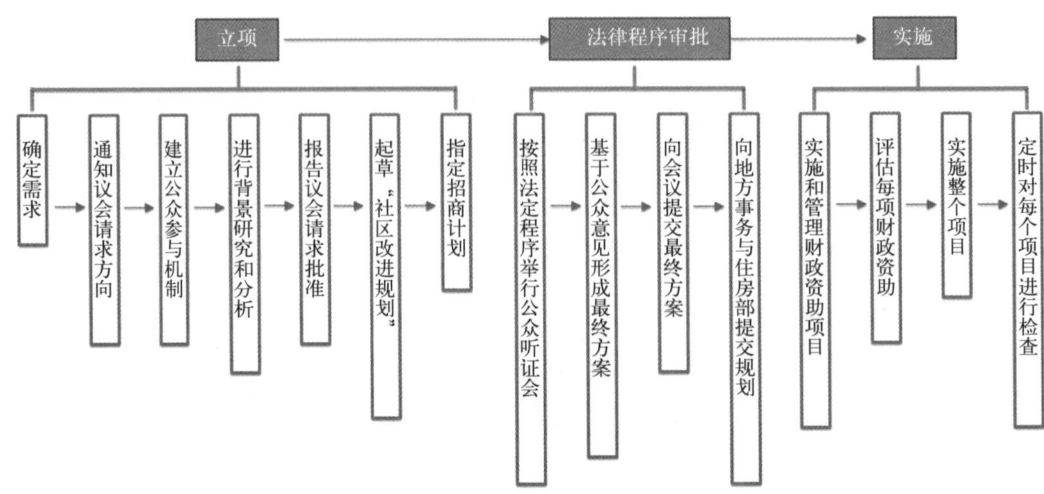

图 9-2　安大略省棕地再开发全过程

总结而言，加拿大安大略省棕地再开发的成功有四大可借鉴之处。其一，制定合理的土地利用现状评价体系。安大略省棕地改造项目的成功很大程度上得益于良好的区位环境和便利的配套设施，而这是基于对现状土地利用具有良好的评价体系，能够给予项目开发、选址科学合理的指导建议。其二，对于环境污染的检验标准和治理方法。安大略省复杂的环境影响评估步骤、法律程序和规章，严格地控制了环境污染处理过程和结果，保障了自然环境和公众的安全健康，不论是开发商还是政府来处理场地原有的污染，他们的处理方法和检验标准都值得借鉴。并且安大略省通过立法减轻了开发商棕地环境治理的负担，为棕地的再开发扫除了最大的障碍。其三，多样化的公众参与策略。安大略省棕地再开发从项目一开始就将公众纳入工作组，并在项目进行的不同阶段明确了各方的职责与权力，能够及时听取和反馈公众意见，取得了良好效果。其四，财政资助及"社区改进"规划为棕地再开发提供了重要支持。安省为棕地再开发提供了较多的财政支持（开发商愿意介入的主要原因），推动了棕地再开发的进展，同时项目的顺利进展也为当地政府带来了社会效益和税收效益，整体上达成了多方赢利的局面。将棕地再开发纳入"社区改进"规划的举措也为其提供了便利的操作途径。

2）广东"三旧"改造

"三旧"改造是广东省为应对发展瓶颈与问题而诞生的土地节约集约发展的重要政策创新，其内涵是在不超出给定的增量土地条件前提下，对存量土地进行二次开发，增加土地流量，提高土地利用效率。"三旧"具体是指"旧城镇、旧厂房、旧村庄"。旧村改造的意图是实现城乡统筹发展，而旧城改造的目标是城市面貌的更新和人居环境质量的改善。旧厂改造的总体思路是"退二进三"，实现产业的转型升级。广东"三旧"改造经历了从试点到全局铺开的过程，并且得到了国土资源部的大力支持。

2008年，广东省政府与国土资源部签署《国土资源部、广东省人民政府共同建设节约集约用地试点示范省工作协议》，广东省获得了为期三年（2009～2012）的“三旧”改造先行先试政策，“三旧”改造被列为盘活存量土地的重要政策创新。“三旧”改造并取得了良好的改造成果，提升土地利用效率的同时带动了产业的升级与发展，拓展了广东持续发展的潜力。

广东“三旧”改造建立了一套从行政管理到具体操作的完备的工作体系，构建了从职能部门到数据信息管理、政策创新、专项基金、规划体系的一套完整的运作框架（图9-3）。

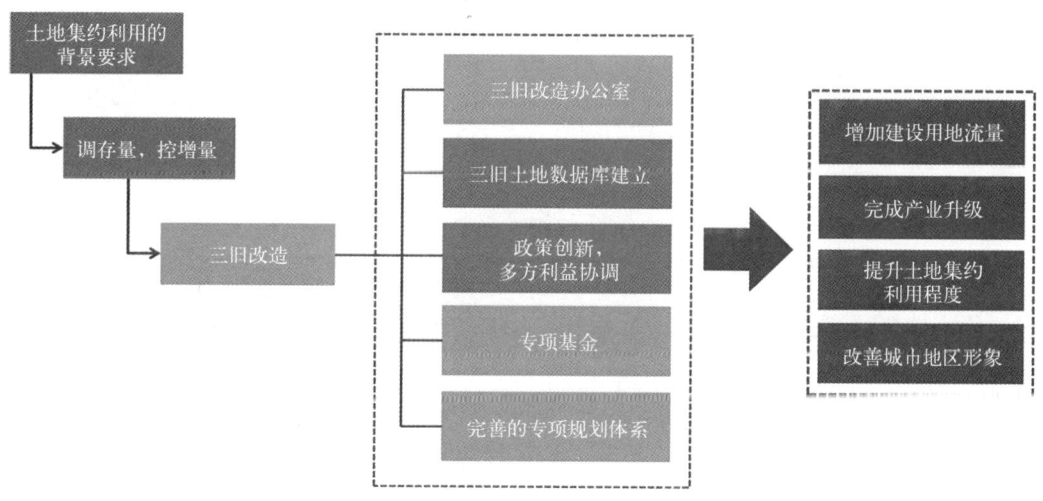

图9-3　广东“三旧”改造运作体系框架

首先，在职能部门构建上，各地在政府层面建立了“三旧”改造办公室，形成了完整的职能部门，并且规定各县级以上人民政府对本地区的“三旧”改造工作负总责，有效地推进了广东省三旧改造工作的顺利进行。其次，建立三旧改造项目信息库，进行完备的数据信息管理。各地市根据自身的建设发展特征制定了相应的“三旧”标准，并以此对各地区的“三旧”土地信息进行收集整理。广东省厅根据各市上报的“三旧”改造地块标图成果资料，建立全省“三旧”改造地块监管数据库，并以此作为审批和管理“三旧”改造地块的依据。为保证数据库的实时动态，对其每半年进行一次调整，即每年的1月及7月分别进行一次调整；第三，通过有效的政策创新来突破存量用地改造的政策性瓶颈。广东省整体的政策上的创新可以归纳为土地征收、土地供应、土地收益分配、改造模式、拆迁补偿、财政扶持和规划管理等七个方向。第四，尊重、协调多方利益。“三旧”改造过程中可以划分为三个不同的利益群体，其中市政府、镇政府在“三旧”改造中扮演了引导者角色，让利于民，协调多方利益，“三旧”改造的政策创新充分调动了企业及村镇的改造积极性，而城市最终收获产业升级、环境改善、土地集约的利益。村民集体和企业是核心参与者，在这一过程中起到了最重要的改造作用，并对改造项目进行实际的执行与操作。而市民也是作为重要的参与者之一。第五，探索了多元的资金渠道。广东省“三旧”改造引入了多元改造主体，包括政府、企业、村民集体等等，拓宽了改造的资金来源，包括了政府财政、社会资金、集体资金和个人资金，为“三旧”改造的推行提供了可靠的资金保障（图 9-4）。广州市政府还专门为“三旧”改造设置了财政转型资金，以保证改造项目的顺利推行。最后，建立了完善的规划体系。广东省为“三旧”改造制定了专项规划系统，包括宏观的专项规划及年度实施计划以及具体的单元规划，在单元规划中明确了内容强制要求、实施策略保障和改造主体确定三方面的内容，对“三旧”改造从规划到实施全过程进行了控制与保障。

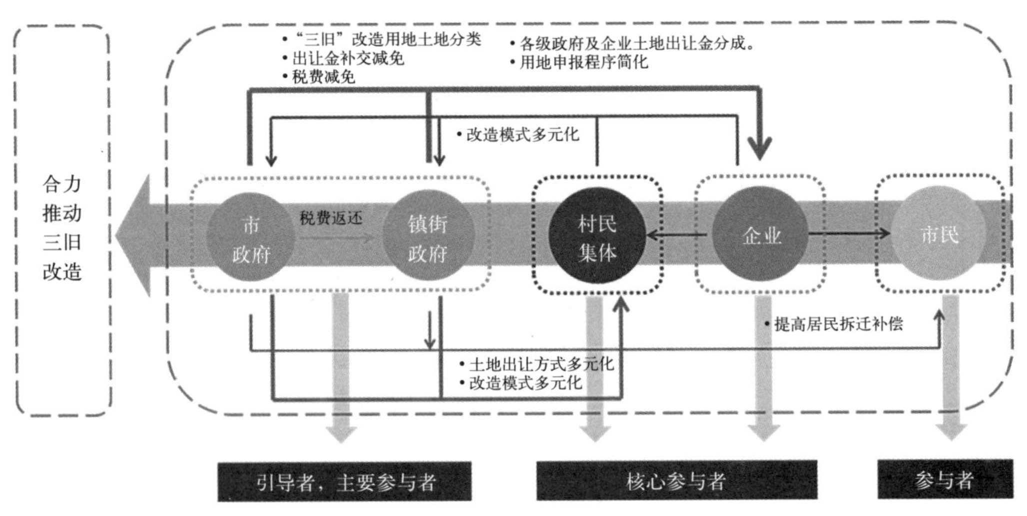

图 9-4 广东省“三旧”改造多方利益关系

截至 2011 年底，广东省已完成 14 万亩改造项目，平均容积率由 0.66 提高到 1.5，建筑面积由改造前的 6139.5 万 m^2 增加到 1.39 亿 m^2，增加 1.3 倍；腾挪增加可利用土地面积占已完成改造面积的 43.5%，节约用地约 6.1 万亩。据估算，广东省 370 多万亩“三旧”用地改造后，可节约土地超过 100 万亩，相当于广东省 10 年规划新增建设用地规模的近 40%。可以说，广东的“三旧”改造取得相当可观的成效。下一阶段，如果国家将广东“三旧”改造的经验推广到全国层面，将会对我国存量用地的二次开发起到非常大的推动作用，为城市的经济发展注入新的活力。

3）上海建设用地减量化（郊野单元规划）

郊野单元规划是上海实施建设用地“减量化”的规划与土地管理平台，它主要是围绕一系列“减量化”的规划土地政策，运用上海“规土合一”的规划编制手段（包括城镇空间布局规划、土地整治规划和增减挂钩规划等），来确定减量计划的实施。

因此，郊野单元规划是“政策、规划、计划”三位一体的规划。一般以镇域为规划编制单元，主要任务是落实总体规划要求，整合相关专业规划，依托土地综合整治平台，集聚相关政策资源，推进农村地区现状低效建设用地减量化，促进建设用地布局优化和利用效益的提高，生态环境的改善以及农村地区经济发展，是破解土地资源供需瓶颈，激发郊区发展内生动力，加快城乡统筹和美丽乡村建设的新途径。

郊野单元规划的主要内容包括“三大类整治规划”：农用地整治（含未利用地）、建设用地整治以及专业规划整合。其中，在建设用地整治方面，主要研究并确定集建区外现状建设用地的分类处置和新增建设用地的规模、结构和布局，重点是通过对集建区外的现状零星农村建设用地、低效工业用地等进行拆除复垦实现减量化。

郊野单元规划有五大相关配套政策，主要包括土地出让政策、财政扶持政策、实施监管政策、空间奖励政策和规划管理政策等。首先，在土地出让政策方面，针对国有土地、农村集体土地采取不同的出让政策。特别是对农村集体建设用地提出综合利用政策，包括征地留用地政策、集体建设用地流转政策和集体建设用地建设租赁房政策。其次，在财政扶持政策方面，主要体现在建新免缴规费上。在增减挂钩实施规划中的建新地块办理农转用手续时，免向市级缴纳新增建设用地有偿使用费和耕地开垦费。第三，在实施监管政策方面，主要是将减量化工作考核纳入年度计划管理。第四，空间奖励政策，也是最为核心的政策之一。郊野单元规划在发展空间问题上，突破性地提出了“类集建区”的概念，即“拆三还一”（拆掉 3 亩现状建设用地返还 1 亩规划空间），“还一”的空间指标是利用 2010 年上海市土地利用总体规划中未落地的“有条件建设区”来实现的（图 9-5）。这对于郊区乡镇，无疑是一个巨大的机会，尽管这个机会是以减量为前提的，但是比从中心城区、新城的集建区中划回一块来得实际得多。因此，在实际推行过程中，郊区乡镇积极性普遍较高。具体而言，实行类集建区空间比例控制、双用地指标腾挪和减量建设用地差别化三方面的奖励措施。第五，在规划管理政策方面，对因建设用地减量化引起安置和开发的用地和类集建区选址布局要求两方面内容。

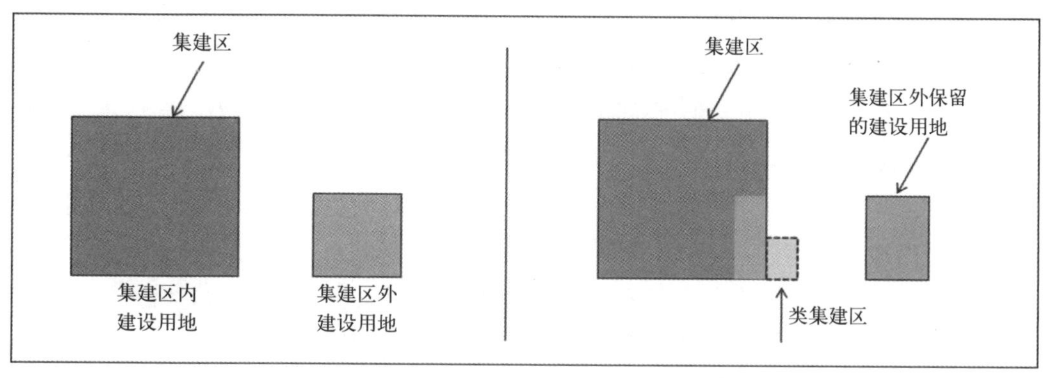

图 9-5 郊野单元空间奖励政策图示

目前，上海市郊野单元规划正处在编制日趋完善、推向实施的阶段，建设用地减量化的实施成效还有待观察。但总结来说，上海为实现建设用地减量化，通过灵活性的政策措施保证了国有土地出让和农村集体建设用地的经济效益，形成了长效的“造血机制”。通过“拆三还一”的空间奖励调动起地方政府的积极性，通过控制类集建区空间比例、双用地指标腾挪、减量建设用地差别化奖励等空间奖励措施提升了市民、村民等协助达成这一目标的积极性，这些都保证了土地减量化发展的可持续性。另外，严格的规划编制流程、有效的监督管理都有助于促进减量化目标的实现。

二、空间策略：构建紧凑高效、布局合理、发展有序的空间结构

用地空间的不集约不仅造成自身土地资源的空间“错放”，在一定程度上还会导致经济、生态利用效益的降低。因此，土地利用空间结构是整个土地利用系统的构架，必须构建起紧凑高效、布局合理、发展有序的空间结构，这也是发达半城市化地区持续发展的基础和关键。构建合理高效的用地空间结构必须要有城乡一体的空间整治专项规划来统筹指导，并从国土、规划建设、产业、财政、税收等多方面设计“组合拳”式的政策体系，以配套空间整治规划的编制和实施。

1. 编制城乡一体的空间整治专项规划

江阴、顺德、顺义等发达半城市化地区介于城市与乡村之间，兼有城与乡的特性，土地利用动态变化频繁，涉及利益群体复杂，如果没有城乡一体、专门的空间规划来统筹整个地区的空间整治，仅靠现有的总体规划、控制性详细规划和修建性详细规划很难取得针对性的良好成效。江阴在规划编制实施过程中就遇到了规划远期控制与现实实施操作的矛盾。现状村级工业用地在镇总体规划中被规划成绿地后，企业面临两难困境：一方面，企业无法完成自身的改造升级，因为规划控制不允许改建、扩建、技改等；另一方面，又无法搬迁至工业集中区，因为园区没有足够的工业用地指标来容纳这些工业企业。而政府由于财力有限，无法对这些企业实施统一的补偿拆迁。这就导致了现状的这些工业企业只能“坐以待毙”、“得过且过”，规划远期控制引导与现实实施操作的矛盾实际上造成了规划的失效。

因此，编制半城市化地区空间整治专项规划的重要性不言而喻。就江阴、顺德、顺义、上海郊区的半城市化地区而言，这些地区建设用地的破碎化主要是由分散的农村居民点用地和工业用地引起的。因此，需要针对农村居民点用地、工业用地进行相应的用地空间整理。

针对当前发达半城市化地区普遍区面临着工业用地散乱破碎、粗放低效的困境，可以通过编制存量工业用地改造规划来进行空间整治（图 9-6）。存量工业用地改造规划体系可以包括《市 / 县域存量工业改造规划》和《市 / 县级年度改造实施计划》

两部分内容，在市/县、镇、村三级层面分别细化落实。在市/县一级层面，编制存量工业用地改造规划，需与新一轮的总体规划、土地利用规划、产业发展规划等相衔接。同时，起草年度改造实施计划，统筹全市/县每年的改造计划。在镇、街道层面，以存量工业用地改造规划和年度改造实施计划为上位指导，编制（街道）存量工业用地控制性详细规划和镇（街道）年度改造实施计划，并将年度改造实施计划上报市一级，由市/县里统筹。在村一级层面，按照镇、街道层面的要求，编制具体的改造方案村存量工业用地改造详细规划设计，最后指导实施建设。

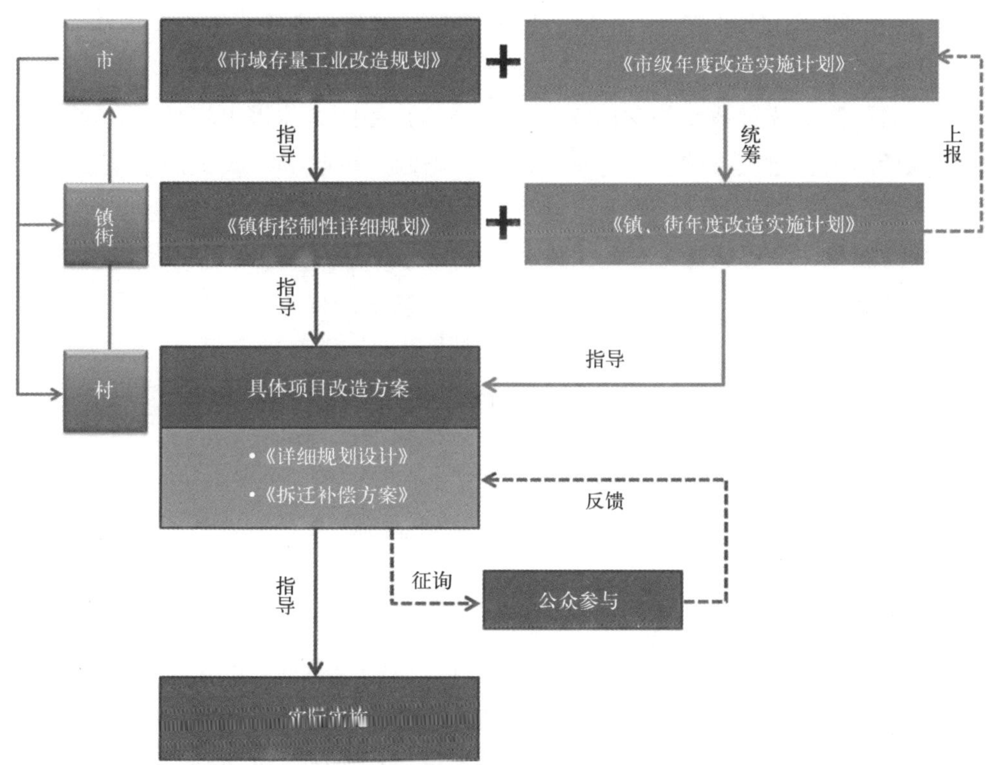

图 9–6　市、镇、村三级存量工业用地调整规划编制体系

2. 完善与空间整治规划相配套的政策体系

空间整治规划需要不同的配套政策的支持才能更好地实施操作，因此，需要完善与空间整治规划相配套的政策体系。由于不同层面的政策对空间规划的影响不同，因此，将政策体系分为第一层次的纲领性政策，第二层次的指导性政策，以及配套第一、二层次政策的操作性政策。具体而言，第一层次的纲领性的政策体系主要是规定空间整治规划的组织领导机制，推进改造的基本原则和要求，改造规划计划和目标任务等。例如确定基本原则：政府引导，市场运作；明晰产权，保障权益；统筹规划，有序推进；节约集约，提高效率；尊重历史，客观公正等。第二层次的指导性政策体系则针对市/县域范围内符合整治改造要求的各类用地，出台相应的具体改造的实施政策，例如：对应市/县、镇城区工业改造的市推进旧城存量工业改造的实施意见，对应村级工业改造的村级存量工业改造土地处置实施意见等。第三层次的配套操作性的政策体系需要从管理机制、改造控制引导、拆迁补偿等方面起草多份政策文件，来具体指导空间规划各方面的具体实施。例如存量工业改造规划控制指引、旧厂房改造工作流程、存量工业改造复建资金监管办法和存量工业改造拆迁补偿安置工作指导意见等一系列配套政策。

另外，在空间整治规划的编制与实施过程中，会遇到部分政策创新会突破原有的政策体系，甚至是突破相关的法律法规的情况，需要向上级或中央争取相关权益。在政策创新设计方面，广东的“三旧”改造已经取得了阶段性成果，值得借鉴学习。整个“三旧”改造政策体系与之前的相关政策体系相比有了很大不同，内容涉及多方面，包括国土、建设、规划、房管、产业、财政、税收等。政策创新主要包括用地权属历史问题的处理方式、用地报批手续简化、土地供应方式多样化、税费减免、出让金补缴减免、税费返还、土地出让金分成等方面，需要重点进行分类、梳理。

随着区域产业结构的不断调整、完善，土地利用结构、空间分布均得到相应的优化，城镇居民点用地、工业用地、农村居民点用地等城乡建设用地得到合理配置，形成较为清晰的区域功能区块布局形态，形成生产、生活、生态的“三生”和谐发展局面。

三、结语：发达半城市化地区转型升级为富有魅力的城市

改革开放30多年来，以江阴、顺德、顺义等为代表的我国发达的半城市化地区率先起步，更早地遇到了发展的极限和瓶颈。回顾这些地区的工业化与城市化之路，可以看出，除了制度创新激发的发展动力之外，主要依靠资源尤其是土地资源投入以换取经济的增长速度。从破解我国城镇化进程中的“城市病”来看，大城市在短期内难以“瘦身”，而广大的内陆地区的乡村实现经济繁荣困难重重。半城市化地区处于大都市与乡村两极之间，经济发达，城镇建设基础好，具有吸纳人口与产业、推进新型城镇化的巨大潜力。对发达半城市化地区实施“再城市化”策略，特别要针对众多的经济强镇，使其从单纯的工业化地区转变成为富有魅力的小城市，真正起到城镇化过程中“人口蓄水池”的作用，成为新型城镇化的重要空间载体，让广大半城市化地区成为真正能“看得见山，望得见水，记得住乡愁”的美好家园。

参考文献

[1] 曹广忠，缪杨兵，刘涛 . 基于产业活动的城市边缘区空间划分方法——以北京主城区为例 . 地理研究，2009（5），771-780.

[2] 车生泉，马晓星 . 上海半城市化区域自然景观生态格局优化设计的途径 [J]. 上海交通大学学报（农业科学版），2007，25（3），194-201.

[3] 陈贝贝 . 半城市化地区的识别方法及其驱动机制研究进展 [J]. 地理科学进展，2012，31（2）：210-220.

[4] 陈文理 . 地方政府管理模式的制度创新及其作用 [J]. 武汉大学学报（人文科学版），2005（1），89-97.

[5] 崔功豪，武进．中国城市边缘区空间结构特征及其发展［J］．地理学报，1990，45（4）：399-411.

[6] 广州市城市规划勘测设计研究院 . 佛山市顺德区总体规划（2009 ~ 2020）专题研究 3：顺德产业与城市发展研究 [R]. 2009.

[7] 顾朝林 . 中国大城市边缘区研究 [M]. 北京：科学出版社，1995：1-39.

[8] 顾松年 . 从苏南模式的创新演进到新苏南模式的孕育成型 [J]. 现代经济探讨，2005（4）：3-6.

[9] 韩非，蔡建明 . 我国半城市化地区乡村聚落的形态演变与重建 [J]. 地理研究，2011，30（7）：1271-1284.

[10] 何佳声，王颖捷 . 迈向新世纪的广东经济特区 [M]. 广州：广东高等教育出版社，1999.

[11] 何为，黄贤金 . 半城市化：中国城市化进程中的两类异化现象研究 [J]. 城市规划学刊，2012(2)，24-32.

[12] 侯经川，杨运姣 .“乡财县管”制度对乡镇财政支出的约束效果——基于湖南两试点乡镇的实证分析 [J]. 公共管理学报，2008（01），61-67.

[13] 胡序威，周一星，顾朝林 . 中国沿海城镇密集地区空间集聚与扩散研究 [M]. 北京：科学出版社，2000.

[14] 花利忠，崔胜辉，黄云凤，尹锴，熊永柱 . 海湾型城市半城市化地区空间扩展演化——以厦门市为例 [J]. 生态学报，2009，29（7），3509-3517.

[15] 黄宗智 . 中国发展经验的理论与实用含义：非正规经济实践 [EB/OL]. 2010/11/03.2. http：//www.civillaw.com.cn/article/default.asp?id=51033

[16] 贾若祥，刘毅 . 中国半城市化问题初探 [J]. 城市发展研究，2002（2）：19-23.

[17] 蒋省三，刘守英 . 土地资本化与农村工业化——广东省佛山市南海经济发展调查 [J]. 经济学，2004（04），211-228.

[18] 李昕，文婧，林坚 . 土地城镇化及相关问题研究综述 [J]. 地理科学进展，2012（08）：1042-1049.

[19] 梁印龙 . 沿海发达地区不同村镇土地利用模式的特征比较及绩效评价——以江阴、顺德为例 [D]. 上海：同济大学，2014.

[20] 廖泽芳 . 论我国地方政府之间的竞合博弈 [EB/OL].2010/07/07，http：//www.chinareform.org.cn/gov/system/Forward/201007/t20100712_36277.htm

[21] 林德荣 . 可怕的顺德：一个县域的中国价值 [M]. 北京：机械工业出版社，2009.

[22] 刘红星．企业区位自由度与小城镇发展城市规划 [J]. 城市规划，1988（04）：6-8.

[23] 刘江，崔胜辉，唐立娜等．半城市化地区住区形态及空间分布特征：以厦门市集美区为例 [J]. 地理科学进展，2010，29（5）：579-585.

[24] 刘骥，刘秀汀等．历史制度影响地方政府当下决策——以环渤海、长三角、珠三角三地劳工政策为例 [J]. 甘肃行政学院学报，2011（4）：107-115.

[25] 刘荣增．城乡统筹理论的演进与展望 [J]. 郑州大学学报（哲学社会科学版），2008，41（4），63-67.

[26] 刘盛和，叶舜赞，杜红亮．半城市化地区形成的动力机制与发展前景初探：以浙江省绍兴县为例 [J]．地理研究，2005（4）：115-124.

[27] 刘盛和，陈田，蔡建明．中国半城市化现象及其研究重点 [J]. 地理学报，2004，59（S1）：101-108.

[28] 刘云刚，黄思骐，袁媛．“三旧”改造政策分析——以东莞市为例 [J]. 城市观察，2011（2）：76-85.

[29] 龙花楼，刘彦随，唐国平，陈玉福．昆山市土地利用变化与新农村建设 [J]. 北京大学学报（自然科学版），2007，43（6）：790-796.

[30] 史晋川，钱陈主编．民营经济与区域发展（第六辑）[M]. 杭州：浙江大学出版社，2008.

[31] 史金善．工业化、城市化下的顺德农村改革 [C]// 中国农业技术经济研究会 2008 年学术研讨会论文集，2008.

[32] 石忆邵，何书金．城乡一体化探论 [J]. 城市规划，1997（5）：13-19.

[33] 唐伟成，罗震东等．重启内生发展道路：乡镇企业在苏南小城镇发展演化中的作用与机制再思考 [J]. 城市规划学刊，2013（2）：95-101.

[34] 田莉．有偿使用制度下的土地增值与城市发展 [M]. 北京：中国建筑工业出版社，2008.

[35] 田莉．我国城镇化进程中喜忧参半的土地城市化 [J]. 城市规划学刊，2011（02）：11-12.

[36] 田莉，梁印龙．半城市化地区的工业化与土地利用：基于我国三大区域三个百强县 / 区的分析 [J]. 城市规划学刊，2013（5）：30-37.

[37] 田莉，戈壁青，李永浮．20 世纪 90 年代以来上海半城市化地区土地利用变化的时空特征和影响因素研究 [J]. 城市规划，2014（6），45-51.

[38] 王登嵘，任赵旦．路径依赖与路径锁定——珠江三角洲与长江三角洲区域发展的空间制度变迁比较 [J]. 城市与区域规划研究，2011（01）：69-78.

[39] 王华，陈烈．西方城乡发展理论研究进展 [J]. 经济地理，2006（5）：463-468.

[40] 王琼．京津唐区域经济发展的新制度经济学分析 [EB/OL]. 2013-04-06. http：//qkzz.net/article/10ac08a9-d126-4c09-b1cd-4b77304318b0_2.htm.

[41] 王秀兰，李雪瑞，冯仲科．基于 TM 影像的北京城市边缘带范围界定方法研究 [J]. 遥感应用，2010（4）：100-104，134.

[42] 王佑汉．半城市化地区土地利用变化及驱动力分析——以成都市龙泉驿区为例 [J]. 资源与产业，2009，11（2）：61-65.

[43] 温铁军等著．解读苏南 [M]. 苏州：苏州大学出版社，2011.

[44] 温铁军等著．解读珠三角：广东发展模式和经济结构调整战略研究 [M]. 北京：中国农业科学技术出版社，2010.

[45] 温铁军．乡镇企业资产的来源及其改制中的相关原则 [J]. 浙江社会科学，1998（3）：38-41.

[46] 吴崇伯．香港产业结构的变化与调整 [J]. 亚太经济，1992 (05)：45-47.

[47] 夏永祥．改革开放 30 年来我国城乡关系的演变与思考 [J]. 苏州大学学报（哲学社会科学版），2008（11）：18-20.

[48] 徐勤贤 . 关于顺德北滘镇财政体制的调研报告 [EB/OL]. 城市中国网，2012-1-11.

[49] 薛德升 . 有关“乡村城市化”和“城乡一体化”等几个概念的辨析 [J]. 城市问题，1998（1）：14-16.

[50] 薛德升，李川，陈浩光，许学强 . 珠江三角洲乡镇工业空间分布的分散性研究——以顺德市北滘镇为例 [J]. 人文地理，2001（03）：31-36，56.

[51] 薛凤旋，郑艳婷 . 我国都会经济区的形成及其界定 [J]. 经济地理，2005（11）：827-833.

[52] 杨静，陈亮 . 经济转型期中国城市发展动力模型研究——以长三角、珠三角城市发展模式为例 [J]. 当代经济管理，2006（12）：47-52.

[53] 于伟，宋金平，毛小岗 . 城市边缘区内涵与范围界定述评 [J]. 地域研究与开发，2011，30（5）：55-59.

[54] 袁弘，陈田等 . 半城市化地区非农土地利用及整合研究进展 [J]. 地域研究与开发，2008（01）：88-93.

[55] 张敏，甄峰，张晓明 . 中国沿海欠发达地区半城市化特征与机制——以福建莆田为例 [J]. 地理研究，2008（4）：927-934.

[56] 招汝基，邓俭，李允冠，杨文灿 . 先行者的 30 年——追寻中国改革的顺德足迹 [M]. 北京：新华出版社，2008.

[57] 朱庆芳. 城乡差别与农村社会问题 [J]. 社会学研究，1989（2）：26-33.

[58] 综合开发研究院（深圳）城市化研究所 . 未来 30 年的中国梦：顺德北滘的再城市化 [M]. 北京：人民出版社，2012.

[59] 张红宇 . 城乡统筹的阶段性与经验启示——江苏、上海的调查分析 [J]. 农业经济问题，2005（10）：4-10.

[60] 张宁，方琳娜，宋金平等. 北京城市边缘区空间扩展特征及驱动机制 [J]. 地理研究，2010，29（3）：471-480.

[61] 张水清，杜德斌 . 上海郊区城市化模式探讨 [J]. 地域研究与开发，2011（12）：22-26.

[62] 郑艳婷，刘盛和 . 试论半城市化现象及其特征——以广东省东莞市为例 [J]. 地理研究，2003，22（6）：760-768.

[63] Adell，G.，Theories and models of the peri-urban interface：A changing conceptual landscape[R]. The UK Department for International Development（DFID）working paper[R].1999.

[64] Adrian G A. Globalization regional development andmega-city expansion in Latin America：Analyzing Mexico City's peri urban hinterland[J]. Cities，2003，20（1）：3-21.

[65] Boudeville，J. R. Problems of Regional EconomicPlanning[M]. Edinburgh：Edinburgh University Press，1966.

[66] Burnley I，Murphy P. Residential location choice in Sydney'sperimetropolitan region [J]. Urban Geography，1995，16（2）：123-143.

[67] Browder J.，J.R. Bohland and J.L. Scarpadi.Patterns of Development on theMetropolitan Fringe - Urban Fringe Expansion in Bangkok，Jakarta and Santiago[J]. Journal ofthe American Planning Association，1995，61（3）：310-327.

[68] Buxton M，Tieman G，Bekessy S，et al..Peri-Urban Case Study：Bendigo Corridor. Research Report No2.of “Change and continuity in peri-urban Austrialia” Project[R].RMIT University，Melbourne，2007：123-143.

[69] Cai，M.Local Determinants of Economic Structure：Evidence from Land Quota Allocation in China [EB/OL]. 2013-07-15. http：//extranet.isnie.org/uploads/isnie2012/cai.pdf.

[70] Doan，Peter L.Urban primacy and spatial development policy in African development plans [J].

Third world Planning Review，1995，17（3）：313-335.

[71] Douglass，Mike. A Regional Network Strategy for Reciprocal Rural-urban Linkages. An Agenda for Policy Research with Reference to Indonesia[J].Third World Planning Review，1998，20（1）：1-33.

[72] Douglass，Mike. Rural-Urban Linkages and Poverty Alleviation：Toward a Policy Framework[R]. International Workshop on Rural-Urban Linkages，Curitiba，Brazil，1998b.

[73] Friedman J R. Regional development policy：a case study of Venezuela[M]. Cambridge：The MIT press，1966.

[74] Friedmann，John，Douglass，Mike.Agropolitan development：towards a new strategy for regional planning in Asia [M]. Los Angeles：University of California，1975.

[75] Heikkila E. J T.Shen，K. Zhong Yang，Fuzzy urban sets：theory and application to desakota regions in China [J]. Environment and Planning B：Planning and Design，2003，30：239-254.

[76] Hirschman，A. O. The Strategy of Economic Development[M]. New Haven：Yale University Press，1958.

[77] Ilbery B. Indonesia Property Report：Future City Development. Agricultural Geography [M]. Oxford：Oxford University Press，1985.

[78] Krugman，P. Geography and Trade [M]. Cambridge，MA.：MIT Press，1991.

[79] Krugman，P. Increasing returns and economic geography [J]. J. Polit. Econ. 1991，99：483–499.

[80] Krugman，P. History versus expectations [J]. Quarterly Journal of Economics，1991，106：651–667.

[81] LEWIS，W. A. Economic Development with Unlimited Supplies of Labor[J].The Manchester School，1954，22（5）：139-91.

[82] Lin，G.C.S. Reproducing spaces of Chinese urbanization：New city-based and land-centred urban transformation[J]. Urban Studies，2007，44（9）：1827-1855.

[83] Lipton，Michael. Why Poor People Stay Poor：Urban Bias in World Development[M]. London：Temph Smith，1977.

[84] Long，H. Wu，X. Wang，W.and Dong，G. Analysis of Urban-Rural Land-Use Change during 1995-2006 and Its Policy Dimensional Driving Forces in Chongqing,China[J],Sensors,2008（8）：681-699.

[85] McKenzie F. Beyond the Suburbs：Population change in the major exurban regions of Australia [M]. Canberra：Australian Government Publishing Service，1996.

[86] Myrdal，G. Economic Theory and Underdeveloped Regions[M]. London：Duckworth，1957.

[87] Myrdal，G. [M].（Vol. II）. Asian drama New York：Random House，1968.

[88] Naughton，B. Implications of the State Monopoly over Industry and Its Relaxation [J]. Modern China，1992，18（1）：14-41.

[89] Northam，R M. Urban Geography[M]. New York：John Wiley & Sons，1975.

[90] Nottingham and Liverpool Universities. Literature Review on Peri-Urban NaturalResource Conceptualisation and Management Approaches[R]. Initial Draft，Peri-Urban Production，1998 .

[91] Oi，J. C. Fiscal Reform and the Economic Foundations of Local State Corporatism in China[J]. World Politics，1992，45，（1）：99-126.

[92] Oi,J. C. The Role of the Local State in China’s Transitional Economy[M]// Walder,A.G.China’s Transitional Economy. Oxford：Oxford University Press，1996：170-187.

[93] Oi，J. C. Rural China Takes Off：Institutional Foundations of Economic Reform [M]，Los

Angeles：University of California Press，1999.

[94] Perroux，F. Economic Space：Theory and Applications [J]. Quarterly Journal of Economics，1950，64：89-104.

[95] Perroux，F. Note Sur la notion de Pôle de Croissance [J]. Economie appliquée，1955，7（1）：307-320.

[96] Pryor，R. J.Defining the Rural-urban Fringe[J].Social Forces，1968，47：202-215.

[97] Rakodi，C. Review of the Poverty Relevance of the Peri-urban Interface Production System Research[R]. Report for the DFID Natural resources Systems Research Program，2nd Draft，1998.

[98] Rondinelli，D. A. Secondary Cities in Developing Countries：Policies for Diffusing Urbanisation [M]，Sage Publications，Beverly Hills，1983.

[99] Russwurm L. Urban Fringe and Urban Shadow [M]. Toronto：Holt，Rinehart and Winston.1975：148-164.

[100] Stöhr W. and Tödtling F. Spatial equity—Some anti-theses to current regional development doctrine[J]，Regional Science，1997，38（1），33-53.

[101] DFID. Systems Research，Natural Resources Systems Programme [R].London.

[102] Tian Li. Chengzhongcun Land Market in China：Boon or Bane?——A Perspective of Property Rights[J]. International Journal of Urban and Regional Research，2008，32（2）：282-304.

[103] Tian，Li and Zhu，Jieming . Clarification of collective land rights and its impact on non-agricultural land use in the Pearl River Delta of China：A Case of Shunde[J]，Cities，2013（35）：190–199.

[104] Trewartha，T. J. Mobility and Migration[M]//. A Geography of Population：World Patterns. New York：John Willey，1969.

[105] Tumer，II.B.L.，Moss，R.H.，Skole，D.L. Relating land use and global land cover change[R]. IGBP Report No.24 and HDP Report No.5，Stockholm：IGBP，1993.

[106] Webster，D. & L. Muller . Challenges of Peri-urbanization in the Lower Yangtze Region：The Case of the Hangzhou-Ningbo Corridor，Stanford：Stanford University，2002：6-19.

[107] Zhang，L. J. Wu，Y. Zhen，J. Shu. A GIS based gradient analysis of urban landscape pattern of Shanghai metropolitan area，China，Landscape and Urban Planning，2004，69（2），1-16.

[108] Zhu J，Hu T. Disordered Land Rent Competition in China’s Peri-urbanization，Case Study of Beiqijia Township，Beijing [J]. Urban Studies，2009，41（7）：1629-1646.

后　记

中国的城市化无论总体规模还是发展速度，都堪称前所未有。1981 ~ 2013 年 30 多年间，中国的城市化率由 20.1% 提高到 52.6%，总计增长了 32.5 个百分点，城镇人口总量由 1.99 亿提高到 7.12 亿，净增加了 5.13 亿，相当于美国总人口的 1.5 倍。在高速城市化进程中，无论是产业结构调整、人口集聚，还是基础设施建设，都离不开土地空间载体和土地资源的重新配置。1988 年土地有偿使用制度的建立，使土地收益成为提高政府财政收入和增加城市建设资金的重要来源，启动了“土地资本化”驱动城镇化的加速阶段。过去 20 多年来快速的城镇化进程，亦伴随着可利用土地资源的逐步枯竭，以及人口城镇化速度远低于土地城镇化速度带来的社会问题，使得城镇化快速发展所依赖的资源低成本模式在新时期的发展面临重大挑战。随着土地、劳动力、环境等资源的成本逐渐上升，未来以土地为中心的城镇化方式的转型已迫在眉睫。

在我国，半城市化是转轨经济背景下外来投资、乡村工业化进程和我国城乡二元体制的产物，呈现强烈的自下而上城市化的特征，是转型经济中双轨城市化——政府主导下的城市化和自下而上城市化的重要组成部分。但是，由于城乡二元体制下管制缺失带来的半城市化地区人口、产业空间分散、非农土地景观破碎、利用效益低下、环境恶化、基础设施配套落后等问题，对可持续的城市化进程带来了严峻挑战。半城市化地区人口和非农用地的整合与空间集中，是我国城市化进程和城乡统筹战略的重要组成部分。随着城市规划向城乡规划编制和管理的转变，作为城乡之间过渡地带的半城市化地区的特征和形成机制迫切需要关注。

半城市化地区长期以来是规划界的盲区所在，简单套用城市或乡镇的规划标准或技术规范，无法对半城市化地区的建设起到积极指导作用。目前在国内普遍开展的城乡统筹规划，由于缺乏理论支撑，也未形成科学的范式。对半城市化地区土地利用优化的模式进行探讨，对加强我国城乡统筹规划的编制，提升城乡规划的编制水平，体现我国城乡规划的政策属性将起到积极作用。

基于此，本研究选择京津地区、长三角、珠三角半城市化地区的典型案例，综合应用土地科学、城乡规划、景观生态学、新制度经济学、地理学等相关学科的理论与方法分析半城市化地区土地利用变化的时空模式，以较为全面地了解我国半城市化地区的特征和区域差异，从自上而下的城市辐射、城乡二元体制与自下而上的乡村内生发展机制角度，着眼于二元土地产权中的利益相关者，分析半城市化地区土地利用变化的形成机制，以期较为全面地揭示我国半城市化的现状和土地利用优化对策，为我国健康和可持续的土地城镇化进程提供借鉴。

本研究是在国家自然科学基金委青年科学基金“基于多维视角的半城市化地区土地利用空间特征和形成机制研究”，(项目批准号：51108325)、“国家优秀青年科学基金”（项目批准号：51222813）与中央高校基本科研业务费专项资金资助项目(0100219117) 的联合资助下开展的。作为首届“国家优秀青年科学基金”城乡规划与设计领域的获得者，我真诚地感谢国家自然科学基金委为全国有志于科研的青年学者提供了一个公平、公正和公开的研究平台，我本人在申请和开展研究的过程中也收获了成长和快乐。

感谢同济大学和新加坡国立大学的朱介鸣教授，感谢他长期以来对我研究的关注和指导，并在百忙中为本书作序。我们有幸分享相似的研究兴趣。我和朱介鸣教授的结缘始于 2006 年我在剑桥大学土地经济系完成博士论文时，他充当了我的答辩评委之一。他儒雅恬淡和孜孜不倦的学者风范，始终是我职业生涯学习的典范。感谢同济大学赵民教授近年来无私的支持及在顺德城乡总体规划编制期间所提供的富有远见卓识的指导，感谢黄建中研究员在江阴调研期间的帮助。感谢顺德区规划局、江阴市规划局、顺义区规划局和中国城市规划设计研究院区域所谢从朴副所长，广州市规划院区域所吴军副所长在研究进行中给予的大力支持和帮助。

感谢我的研究生梁印龙、戈壁青、卢鹏鹏、潘晓栋、朱轶佳等为研究的进行收集了大量数据，并参与部分章节的撰写。教学相长，在研究过程中与他们的讨论也常常赋予我灵感的火花。感谢上海大学的李永浮副教授，他朴实真诚的个性和对学术研究持之以恒的追求，及他本人在 GIS 和计量统计上的学术造诣，使他成为我们研究的坚强后盾，也祝我们未来的合作更愉快和富有成效。

感谢中国建筑工业出版社的吴宇江编审，我回国后的第一本著作就由他负责出版，之后的每一次合作，他都给予我最及时和最热心的帮助。

感谢我的父母。他们从 2007 年我回国后就一直照顾我的生活，本应享受的安逸退休生活也为日复一日的柴米油盐和照顾女儿及外孙女所占据。感谢我的先生，虽然他不得不经常疲惫地奔波于京沪两地，但在我最需要的时候，他总是毫不犹豫地陪伴在我身边，在精神上给予我最大的支持。感谢活泼可爱的小女欧阳语萱，她的到来使我的生活充满阳光和乐趣，作为一位母亲的成就感丝毫不亚于我的任何学术成果所带来的喜乐。

最后，谨以此书，献给所有在我生活中出现和感知过的人和事，世界因爱和宽容而美好。感谢你们的存在，使我最终能走向超越自我的平静。

田 莉

2014 年 6 月于同济园